会計制度改革の実証分析

須田一幸

［編著］

同文舘出版

<執筆者一覧>　（執筆順，◎は編者）

◎須田　一幸（早稲田大学大学院ファイナンス研究科教授）
　　　　　　　　　　　　　　序章・第2章§2・第3章・第5章・終章
　薄井　　彰（早稲田大学大学院ファイナンス研究科教授）　第1章§1・第2章§2
　音川　和久（神戸大学大学院経営学研究科助教授）
　　　　　　　　　　　　　　　　　第1章§2・第1章§3・第2章§1
　乙政　正太（阪南大学経営情報学部教授）
　　　　　　　　　　　　　　　　　第1章§3・第2章§1・第4章§1・第4章§3
　首藤　昭信（専修大学商学部助教授）　　　　　　第3章・第4章§2
　宮尾　龍蔵（神戸大学経済経営研究所教授）　　　　　　　第5章§2
　井上　研司（株式会社日本総合研究所　副主任研究員，公認会計士）　第6章§1
　中川　隆哉（株式会社日本総合研究所　主任研究員）　　　第6章§2

はしがき

　本書は，2000年前後に設定された新会計基準の経済的影響を実証分析したものである。ジャーナリズムは当時の会計基準設定の動きを，会計制度改革あるいは会計ビッグバンとよんだ。確かに，この頃相次いで設定された新会計基準は，その数と質において「改革」あるいは「ビッグバン」と称するにふさわしい。したがって，本書は2000年前後の会計制度改革または会計ビッグバンの経済的影響に関する実証研究である，と説明することもできよう。

　最初に本書が誕生する背景を紹介したい。経済産業省企業行動課は，2002年2月7日付で「金融商品の時価会計導入が経済・金融システム・企業経営に与えた影響に関する実証分析の必要性について」を公表し，「これまでに行われた会計基準の変更が，我が国の経済・金融システム・企業経営にどのような影響を与えたかを実証分析するとともに，産業政策の観点から総括し，今後検討される会計基準について我が国として適切な意見を発信するための知的ストックを蓄積することが必要ではないかと考える」と指摘した。当時の担当官は，戸井朗人氏と永井岳彦氏，和久友子氏および栗元秀樹氏である。

　彼らの問題意識に共感した須田は，薄井彰氏(早稲田大学)・音川和久氏(神戸大学)・乙政正太氏(阪南大学)・首藤昭信氏(専修大学)・宮尾龍蔵氏(神戸大学)および日本総合研究所(井上研司氏・中川隆哉氏)に協力を求め，「会計基準の変更が企業経営と経済システムに与えた影響に関する実証分析」をテーマに掲げ，経済産業省企業行動課の資金援助のもとで2002年4月から共同研究を開始した。月に1回のペースで研究会を開き，研究成果がまとまり次第それを研究発表会で報告した。研究発表会には，上記の研究者と経済産業省企業行動課のスタッフのみならず，産業界の方にも出席していただき，それぞれの立場で意見を交換した。まさに産官学の連繫による研究が進められたのである。

　共同研究の成果は，2003年5月に経済産業省から『報告書　新会計基準の設定が企業経営と経済システムに与えた影響に関する実証分析』として公表され

i

た。表題が示すように，報告書では金融商品の時価会計基準のみならず，2000年前後に相次いで設定された新会計基準を分析対象にしている。

　本書は，この報告書をベースにして，それを大幅に加筆修正したものである。2000年前後の会計制度改革による経済的影響は，①証券市場に与えた影響，②企業経営に与えた影響，③政府の規制に与えた影響に区分して分析することができる。本書では，それぞれの影響について具体的な調査項目を設定し，全部で12の実証研究を行った。さらに，会計制度改革の経済的影響を定性的に分析するためアンケート調査も実施した。各々の研究成果が，担当者の手でわかりやすく説明されている。

　本書の刊行にあたり，共同研究の機会を与えてくれた戸井朗人氏(経済産業省経済産業政策局企画官)と永井岳彦氏(経済産業省経済産業政策局企画係長)，和久友子氏(経済産業省経済産業政策局課長補佐)および栗元秀樹氏(経済産業省経済産業政策局課長補佐)に感謝申し上げたい(肩書きは当時)。会計の実証研究が必要であることをいち早く認識し，研究のサポート体制を整えてくれたその卓見と行動力に敬意を表したい。また，研究発表会で貴重な意見を提示していただいた合間篤史氏(新日本製鐵)，阿部直彦氏(タワーズペリン)，伊藤進一郎氏(住友電工)，德住祥蔵氏(新日本製鐵)に感謝申し上げたい。このような産官学の共同研究が続けば，日本の会計学と会計制度の未来は決して暗くないと思われる。

　末筆ながら，図表の多い複雑な書物の出版を快く引き受けてくださった同文舘出版社長・中島治久氏と，編集などに献身的なご尽力をいただいた同社取締役・市川良之氏および同社出版部の塚本真理氏に感謝申し上げたい。出版文化を守る同文舘の方々の熱意に感銘しながら，楽しく本作りをさせていただいた。

2004年8月

須田　一幸

目　次

はしがき　　　　　　　　　　　　　　　　　　　　　　　　　　　i

序　章　問題の提示と本書の構成　　　　　　　　　　　　3

 1　問題の提示　3
 2　本書の構成　8

第1章　証券市場に与えた影響　　　　　　　　　　　　　15

§1　利益情報と資産情報の株価関連性────16

 1　はじめに　16
 2　データとサンプル選択　17
 3　推計結果　22
 4　要約と課題　28

§2　会計基準変更とビッド・アスク・スプレッド─31

 1　はじめに　31
 2　先行研究のレビュー　32
 3　データとサンプル　33
 4　新会計基準導入後のビッド・アスク・スプレッド水準　34
 5　ビッド・アスク・スプレッドの順位回帰分析　37
 6　要約と課題　39

§3 新会計基準の公表と株価変動 —————— 42

 1 はじめに　42
 2 先行研究のレビュー　42
 3 リサーチ・デザイン　44
 4 調査結果と解釈　46
 5 要約と課題　49

第2章　企業経営に与えた影響　　51

§1 退職給付会計基準と研究開発投資 —————— 52

 1 はじめに　52
 2 実証モデルの導出　53
 3 サンプルの選択と変数の定義　58
 4 実証分析の結果　60
 5 要約と課題　64

§2 新会計基準の設定と株式持ち合い —————— 66

 1 はじめに　66
 2 先行研究　67
 3 仮説の設定　70
 4 サンプルと変数の選択　73
 5 相関分析　77
 6 同時方程式の推定　80
 7 要約と課題　83

第3章　社債契約に与えた影響　　89

§1　時価評価基準と社債契約 ―― 90

1　はじめに　90
2　仮説の設定　92
3　サンプルの選択と調査方法　93
4　調査結果　97
5　調査結果の頑健性テスト　101
6　要約と課題　102

§2　時価評価基準と負債コスト ―― 105

1　はじめに　105
2　仮説の設定とサンプルの選択　106
3　時価評価基準の設定と社債発行条件の変化　107
4　負債コストの重回帰分析―全サンプル―　111
5　負債コストの重回帰分析―特約を設定しないサンプル―　116
6　負債コストの重回帰分析―特約を設定したサンプル―　117
7　要約と課題　119

第4章　インセンティブ・システムに与えた影響　　121

§1　個別会計情報と経営者報酬 ―― 122

1　はじめに　122
2　モデルの定式化―弾力性アプローチ―　122
3　サンプル選択と基本統計量　124
4　実証分析の結果　127
5　要約と課題　129

目　次

§2　連結会計情報と経営者報酬 ── 132
1　はじめに　132
2　サンプルの選択　133
3　リサーチ・デザイン　133
4　調査結果　136
5　要約と課題　141

§3　新会計基準の設定とインセンティブ・システム ── 145
1　はじめに　145
2　調査方法　145
3　分析結果　147
4　要約と課題　155

第5章　政府規制に与えた影響　157

§1　税効果会計基準と銀行の自己資本比率規制 ── 158
1　はじめに　158
2　税効果会計実務の決定要因　159
3　税効果会計と証券市場　165
4　検証結果の頑健性テスト　169
5　株価反応の経年変化　172
6　要約と課題　173

§2　新会計基準の設定と銀行の貸出行動 ── 176
1　はじめに　176
2　分析の背景と先行研究　176
3　実証分析の方法　179
4　実証結果　182
5　要約と課題　186

第6章　会計制度改革の影響に関するアンケート調査　189

§1　アンケート調査の概要と結果 ―――― *190*
1　はじめに　190
2　一般企業向けアンケート　193
3　金融業向けアンケート　196
4　要約と課題　199

§2　インセンティブ・システムに関する調査結果 ― *201*
1　はじめに　201
2　アンケート結果　204
3　要約と課題　209

終　章　総括と展望　211

索引　219

会計制度改革の実証分析

序章
問題の提示と本書の構成

1 問題の提示

1.1 会計基準のコスト・ベネフィット分析

　新しい会計基準の設定は一筋縄ではいかない。デュープロセスに従い，多くの意見を反映しようとすればするほど，基準の設定は難航する。民主主義のコストである。これは，国を問わず共通した現象であろう。アメリカ財務会計基準審議会（以後FASBと略称）前委員のVictor H. Brown氏は，会計基準設定について多様な意見が提示される中で，少なくとも次の3点に関して一般的な合意が形成されている，と指摘した(Brown, 1995, p.119)。

　①会計基準は必要であり，何らかの基準設定機関も不可欠である。
　②会計基準の設定は経済的影響をもたらす。
　③会計基準の設定では，そのコスト・ベネフィットを考慮すべきである。そして期待ベネフィットが見積コストを上回る場合にのみ，基準を変更すべきである。

　事実，アメリカでは，財務会計基準書（以後SFASと略称）の補遺「結論の背景と基本的考え方」で，コスト・ベネフィットを説明するケースが多い。たとえば2003年5月に公表されたSFAS第150号では，「SFAS第150号を適用するために会計処理方法を変更しなければならず，その変更時のコストは多額になるかもしれない。しかし，SFAS第150号が適用されれば取引実態がより忠実に財務諸表へ示され，そのベネフィットは，変更時のコストを上回り永続すると考えられる」と述べている。

　わが国では，上記③について合意が形成されているだろうか。会計基準設定に直接関与している人はともかく，一般投資家や企業がコスト・ベネフィット分析の必要性を認識しているとは思えない。仮に認識しているとしても，投資家やアナリストは追加的な会計情報開示のベネフィットだけを強調し，企業は

そのコストを訴えるのが常である。基準設定のコスト・ベネフィットを総合的に評価する姿勢が社会全体に浸透しているとは，必ずしも言えないであろう。

その原因の1つに，会計基準の設定による経済的影響を示す客観的な証拠の不備が指摘されよう。新会計基準の設定で証券市場の効率性と公平性は改善されたのか，契約で使用する会計情報の有用性は高まったのか，新会計基準の設定でどのようなコストが追加的に発生したのか——このような問いに答える豊富な資料がなければ，基準設定のコスト・ベネフィットを総合的に評価する姿勢が社会全体に浸透することは期待できない。

1.2 会計基準の経済的影響

前記③について社会全体の合意が形成されるには，会計基準の設定による経済的影響を示す客観的な証拠が広く厚く蓄積されなければならないだろう。アメリカでは，このような合意が形成される過程で，財務会計基準の経済的帰結 (economic consequences of financial accounting standards) に関する膨大な調査と徹底した議論があった (FASB, 1978)。その経緯を簡単に振り返ってみよう。

アメリカでは，財務会計基準の経済的帰結を巡る議論が30年以上前からあった。会計原則審議会 (APB) では，経済的帰結に基づいた主張が錯綜し収拾がつかなくなり，1973年にFASBが設置された後も，FASBが提示した討議資料や公開草案に対する意見は，ほとんど会計基準の経済的帰結に依拠していた (FASB, 1978, p.I)。そこでFASBの初代会長 M. S. Armstrong 氏は1976年に，会計基準の経済的帰結を示す客観的な証拠を収集するため，特別プロジェクトを企画するよう調査スタッフに指示した。これを受けて調査スタッフは「会計基準の経済的帰結に関する協議会」を組織し，会計基準の経済的帰結に関する実証研究を募集した。1977年1月から12月までの間に，22の実証研究が集まり，協議会でこれらを審査し最終的に6つの実証研究が公表されることになった。

この協議会には，FASBの委員はもとより，証券取引委員会 (SEC) のコミッショナー，会計学会 (AAA) や公認会計士協会 (AICPA) の代表，および証券アナリスト協会 (FAF)，財務担当経営者協会 (FEI)，会計人協会 (NAA)，証券業協会 (SIA) の調査員などが参加していた。およそ企業会計に関連した組織はす

べて協議会に参加し、協議会で経済的帰結に関する実証研究が審査され、同種の研究を今後も支援する旨が確認されたのである(FASB, 1978, p.Ⅱ)。

6つの調査は『財務会計基準の経済的帰結』と題したリサーチ・リポート(FASB, 1978)にまとめられ、FASBから刊行された。FASBはその後も、会計基準の経済的帰結に関する実証研究を積極的に支援し、1983年までに6冊のリサーチ・リポートを刊行している。1970年代後半から1980年代前半にかけて行われた会計基準の経済的帰結に関する実証研究は、FASBがドライビング・フォースになったといえよう(Wolk, et al., 1989, p.97)。

FASBは経済的帰結の実証研究を支援すると同時に、会計基準の設定に際してその経済的帰結を判断材料の1つにしてきた(Brown, 1995, p.127)。すなわち、会計基準のマイナスの影響(コスト)とプラスの影響(ベネフィット)を想定し、コスト・ベネフィット分析をふまえて、(1)当該項目を基準改訂の審議事項にするか、(2)どの程度の開示を求めるか、(3)基準の理論的完成度をどの程度にするか、(4)開示だけを求める基準にするか認識測定の変更をもたらす基準にするか、(5)公開草案に対するコメントをどの程度基準に反映させるか、(6)基準の発効日と経過措置をどのように設定するか、を決めたのである。Brown(1995, pp.127-129)は、SFAS第13号(リース会計基準)やSFAS第87号(年金会計基準)などで、コスト・ベネフィット分析が周到に行われたことを示している。

以上のようにアメリカでは、FASBが経済的帰結の実証研究を奨励し、さらに経済的帰結を基準設定の判断材料に加え、それが前記②③の合意形成に結びついたと考えられる。わが国では、会計基準の経済的帰結に関する実証研究はあまり行われておらず、必ずしも②③について社会的な合意が形成されているとはいえない。

1.3 1995年「会計基準の経済的帰結に関するアンケート調査」

日本会計研究学会特別委員会(委員長：安藤英義一橋大学教授)が1995年に実施した「会計基準の経済的帰結に関するアンケート調査」(以下「特別委員会アンケート調査」と略称)は、会計基準の経済的帰結に関する実証研究のさきがけである。この調査では、アンケートで得たデータを用いて独立性の検定や分散分

析およびロジット回帰分析などを実施し，有価証券の時価情報開示やリース会計基準および外貨換算会計基準の経済的帰結を分析している(安藤, 1996, 103-139頁)。そして，いずれの会計基準についても，そのベネフィットがコストを上回っている証拠を得た。

これらの調査結果にもとづき，「特別委員会アンケート調査」は会計基準のあり方についてインプリケーションをいくつか提示している。たとえば「財務諸表の有用性を高めるため，新たに会計基準を設け会計情報開示を要求するならば，それを補足情報として開示することを求める方が，会計基準設定のデメリットは小さく，かつ情報の有用性は高く評価される」(須田, 1996, 247頁)と指摘した。

ただし，このコスト・ベネフィット分析やインプリケーションの提示は，アンケート調査結果の枠内で行われたことに注意しなければならない。須田(1996, 249頁)は，「特別委員会アンケート調査」に内在する問題点と限界を次のように指摘している。

第1の問題点はアンケートの回答におけるバイアスの存在である。アンケート調査結果の分析は，回答にバイアスがないものとして進められた。しかし「回答者は戦略的行動をとり真の選好を示さない」(Maijoor, 1994, p.64)と考えるほうが自然である。たとえば公的団体による調査だということで，企業が会計規制について好意的な姿勢を示そうとすれば，会計基準設定のデメリットに対する回答には「ない」というバイアスがかかり，会計情報の有用性に関する回答には「大きい」というバイアスがかかる。それを集計してコスト・ベネフィット分析を行った結果は，会計基準設定の経済合理性を示す場合と，規制に対する企業の従順さを示すにすぎない場合がある。両者を識別することは極めて難しい。したがって会計基準の経済的帰結は，様々な分析を積み上げて総合的に判断されなければならない。須田(1996, 249頁)は，株価反応調査がアンケート調査における回答者のバイアスという問題を克服するうえで不可欠なものであると述べている。

第2の問題点は調査対象にある。Wolk et al.(1989, p.97)は，1970年代後半にFASBが中心となって行った会計基準の経済的帰結に関する実証研究について，「残念ながらこれらの研究の焦点は企業と株主および証券アナリストにあ

り，他の利害関係者(債権者や消費者，従業員，政府など)は財務報告規制に関するコスト・ベネフィット分析の対象になっていない」と述べている。

「特別委員会アンケート調査」の対象はもっと狭い。財務諸表作成者たる企業を同時に財務諸表利用者としてとらえ，会計基準設定の正と負の影響を１つの調査で分析しようとしたのである。したがって「特別委員会アンケート調査」に基づいたコスト・ベネフィット分析では，株主・債権者・消費者・従業員・政府のコスト・ベネフィットが考慮されていない。ある会計基準のコスト・ベネフィットを全体として評価するには，これら利害関係者のコスト・ベネフィットを計算要素に入れなければならない。

このような問題点を指摘し，須田(1996，251頁)は「今後の課題」として，「特別委員会アンケート調査により，会計基準のデメリットが業種によって差があることはわかった。今後は，会計基準設定が証券価格にどのような影響を及ぼしたのかを分析する必要がある。もし証券価格に影響を与えたことが判明すれば，続いて，その資金シフトを分析し，資金シフトの意義を検討しなければならない。仮に会計基準の設定で，収益性や成長性などが等しい(または低い)業種に資金がシフトしたとすれば，その基準設定は資源の効率的配分に寄与していないことになる。証券市場における会計情報の役割を果たさないばかりか，マイナスになるのである。証券市場における資源の効率的配分を促進するという会計情報の役割が適切に遂行されるためには，会計基準の経済的帰結の分析を，個別企業の分析から市場全体の分析へと拡張しなければならないのである」と述べた。

1.4 本書による経済的帰結の分析

本書で行う経済的帰結の分析は，大別すると①新会計基準が証券市場に与えた影響，②新会計基準が企業経営に与えた影響，③新会計基準が政府の規制に与えた影響からなる。まさに「会計基準の経済的帰結の分析を，個別企業の分析から市場全体の分析へと拡張」したものであり，須田(1996，251頁)が「今後の課題」としてあげた事項に応えられる内容を備えている。

さらに，①②③の分析で使用するデータは，株価と公表された財務数値が中心であり，「特別委員会アンケート調査」の問題点として第１に指摘された

「アンケート調査における回答者のバイアス」は回避されている。不可欠とされた株価反応調査も①で実施されている。

また「特別委員会アンケート調査」の第2の問題点として、分析対象が企業に限定されていることが指摘されていた。本書の分析対象は、投資家・株主・債権者・経営者・従業員・政府に拡張されており、広範なステークホルダーを視野に入れた経済的帰結の分析が行われている。

したがって本書は、「特別委員会アンケート調査」の問題点を克服し、会計基準の経済的帰結に関する新たな証拠を提示したものとして位置づけられる。「特別委員会アンケート調査」と本書で示したような証拠が蓄積されるにつれて、会計基準設定のコスト・ベネフィットを総合的に評価する姿勢が社会全体に浸透するであろう。

2 本書の構成

経済産業省企業行動課は、2002年2月7日付で「金融商品の時価会計導入が経済・金融システム・企業経営に与えた影響に関する実証分析の必要性について」を公表した。

その問題意識に共感した須田は、薄井　彰氏・音川和久氏・乙政正太氏・首藤昭信氏・宮尾龍蔵氏および日本総合研究所(井上研司氏・中川隆哉氏)に協力を求め、経済産業省企業行動課の資金援助のもとで2002年4月から共同研究を開始した。その成果を2003年5月に経済産業省から『報告書　新会計基準の設定が企業経営と経済システムに与えた影響に関する実証分析』として発表した。表題が示すように、報告書では金融商品の時価会計基準のみならず、2000年前後に相次いで設定された新会計基準を分析対象にしている。

本書は、この報告書をベースにして、それを大幅に加筆修正したものである。2000年前後に新しく設定された会計基準の経済的影響は、①証券市場に与えた影響、②企業経営に与えた影響、③政府の規制に与えた影響、に区分して分析することが可能である。本書では、それぞれについて具体的な調査項目を設定し、全部で12の実証研究を行った。さらに、新会計基準の経済的影響を定性的に分析するためアンケート調査も実施した。以下で、それぞれの概要と調

査担当者を紹介する。

（1）新会計基準が証券市場に与えた影響

　新しい会計基準の設定により，財務諸表の内容は大幅に変化した。それは証券投資意思決定にどのような影響を与えたのだろうか。本書では，第1に，会計情報と株価の一般的関係を分析する(担当者：薄井　彰)。そもそも利益情報や資産情報が株価と無関連ならば，新しい会計基準の設定が証券投資意思決定に与えた影響を調査しても意味がない。そこで，利益情報と資産情報の株価関連性を長期間について観察したのである。

　第2に，新しい会計基準の設定が株価に与えた影響について，イベントスタディを実施する(担当者：音川和久)。もし新会計基準の設定前後で異常な株価変動があれば，それは新しい会計基準が証券投資意思決定に影響を及ぼした証拠となるであろう。第3に，新しい会計基準が設定された前後でビッド・アスク・スプレッド(bid-ask spread)がどのように変化したのかを調査する(担当者：音川和久)。ビッド・アスク・スプレッドは，指値売り注文の最低価格と買い注文の最高価格の差額であり，通常，証券の流動性を示す指標として理解されている。もし新しい会計基準の設定後，ビッド・アスク・スプレッドが(他の要素をコントロールしたうえで)統計的に有意に小さくなったのであれば，それは株式の市場流動性が高まったことを意味する。その場合，新会計基準の設定後に開示された会計情報は株式の市場流動性を高めることに結びついた，と解釈されよう。

（2）新会計基準が企業経営に与えた影響

　たとえ，新しい会計基準の設定が証券投資意思決定に有用な情報を提供することに結びついたとしても，それが企業経営に悪影響を及ぼし，その結果，新会計基準のベネフィットをキャンセル・アウトするようなコストが社会全体で発生している可能性がある。新会計基準の設定により，企業経営にどのような影響があったのか。企業は，どのようなコストをどの程度追加的に負担したのか。本書では，新しい会計基準の設定が企業経営に与えた影響を，7つのセクションに分けて実証研究する。

序章　問題の提示と本書の構成

　第1に，退職給付会計基準が企業の研究開発投資に与えた影響を分析する(担当者：乙政正太・音川和久)。1998年に設定された退職給付会計基準は，退職給付債務を予測給付債務(PBO)で計上することを求めた。その結果，多くの企業は退職給付債務の積み立て不足に陥り，多額の退職給付費用を計上するに至った。これが，企業の研究開発投資に大きな影響を及ぼしたといわれている。はたして，このような関係が実証研究で確認されるのか。本書では，退職給付会計基準の設定と企業の研究開発活動および退職給付債務の計上について同時方程式モデルを設け，それを推定することで3者関係を分析する。

　第2に，新しい会計基準の設定と株式相互持合いの関係を分析する(担当者：薄井　彰・須田一幸)。有価証券の時価評価基準が株式相互持合いの解消を促進している，と報道された(「日本経済新聞」2002年3月22日付)が，実際にそのようなことは観察されるのだろうか。そして，時価評価基準と株式持合いの解消が有意に関連しているのであれば，株式持合いの解消は企業業績にどのような影響を及ぼしたのか。本書では，新会計基準の設定と株式相互持合いおよび企業業績(トービンのq)について同時方程式モデルを設定し，それを推定することで3者関係を分析する。もし時価評価基準が株式持合いの解消を促し，持合いの解消が企業業績にプラスの影響を与えたのであれば，時価評価基準の設定は企業価値を高めることに貢献したことになる。

　第3に，有価証券の時価評価基準が社債契約に与えた影響を分析する(担当者：須田一幸・首藤昭信)。かつて，無担保社債を発行するときは財務制限条項(財務上の特約)を設けることが一般的であった。しかし最近，財務制限条項を設定するケースが激減している。たとえば，利益維持条項や純資産額維持条項を設けた起債はごくまれである。これは，時価評価基準などの影響によるのではないだろうか。時価会計を適用すれば，利益と純資産額のボラティリティは増大し，財務制限条項に抵触する確率が高まるからである。そこで本書では，最初に時価評価基準の導入と社債契約の関係を分析する。その結果に基づいて第4に，社債契約の内容と社債による資金調達コストの関係を調査する(担当者：須田一幸・首藤昭信)。もし時価評価基準の導入により財務制限条項が設定されず，その結果，資金調達コストが増加したのであれば，新会計基準の設定により企業はコストを追加的に負担したことになる。

続いて本書では，新会計基準の設定が企業内のインセンティブ・システムに与えた影響を分析する。わが国の経営者報酬は財務諸表の利益数値と相関していることが，実証研究で確認されている。また，従業員を対象にした成果配分制度は，財務諸表で示された利益をベースにしている(須田一幸, 2000, 第4章)。いいかえれば，経営者と従業員のインセンティブ・システムに会計利益が用いられている。このような関係は新しい会計基準の設定で変化しなかったのだろうか。本書では第5の実証研究として，新会計基準の設定前後における個別財務諸表の利益と経営者報酬の関係を分析する(担当者：乙政正太)。第6に，経営者報酬と個別財務諸表利益の関係と，経営者報酬と連結財務諸表利益の関係をモデル化し，それぞれのモデルの優位性を比較する(担当者：首藤昭信)。第7に，新会計基準の設定がインセンティブ・システムの新規導入に与えた影響を分析する(担当者：乙政正太)。もし新しい会計基準の設定が，会計利益と経営者報酬の関係を変え，インセンティブ・システムの導入に影響を与えたのであれば，企業は新会計基準の設定により追加的コストを負担したことになる。

(3) 新会計基準が政府の規制に与えた影響

　銀行は自己資本比率規制を受け，保険会社はソルベンシー・マージン比率規制の対象になっている。それぞれの規制は財務諸表の数値に依拠している。したがって，新しい会計基準が設定されれば，規制の実効性に影響を与える可能性がある。そこで本書では第1に，税効果会計基準の設定が自己資本比率規制に及ぼした影響を分析する(担当者：須田一幸)。税効果会計により繰延税金資産が計上されれば，自己資本比率は増加する。したがって，経営者が裁量的に繰延税金資産を計上すれば，これらの規制は形骸化する恐れがある。では，銀行の税効果会計実務に対して証券市場はどのように反応したのか。本書では続いて，①銀行が計上した繰延税金資産を証券市場は一般にどのように評価するのか，②もし銀行が資本を底上げするために税効果会計を活用したのであれば，そのような会計行動に証券市場はいかに反応するのか，③証券市場の反応に経年変化は観察されるか，ということを分析する。

　第2に，有価証券の時価評価基準などが銀行の貸出行動に与えた影響を分析

する(担当者:宮尾龍蔵・須田一幸)。時価評価を行う目的の1つとして，期末時点における企業の財政状態を適切に表示することがあげられる。この目的が達成されれば，銀行は時価情報に基づいて融資判断を改善することができよう。たとえば，財政状態が悪化している業種に対する貸出しは，新会計基準の設定以降，減少しているかもしれない。もし時価評価基準などが導入されたことで，銀行の貸出行動に変化が生じたのであれば，それは新会計基準の経済的影響が甚大であることを示唆している。逆に，財政状態の悪い業種に対する貸出しが時価評価基準の設定以後も減少していないのであれば，新しい時価情報は融資判断の改善に寄与していないことになる。

(4) アンケート調査

前記12の実証研究は，株価と財務数値を用いた定量的分析である。しかし新会計基準の経済的帰結には，定量的分析では把握しきれない部分があると思われる。また個々の会計基準の設定による経済的帰結とは別に，会計制度改革の全体的な経済的帰結を分析する必要もあるだろう。そこでわれわれは，会計制度改革の全体的影響を把握し，新会計基準の経済的帰結について定性的分析を行うため，日本総合研究所と協力してアンケート調査を実施した。

2002年8月に「会計基準の変更が企業経営に与えた影響に関するアンケート」を2,667社に送付し，734社から回答を得た(回収率27.5%)。このアンケートで得たデータが実証研究に一部活用され，全体の分析において相乗効果が発揮されたのである。本書では紙幅の関係で，調査結果の全体を示すことはできないが，新会計基準設定の経済的帰結に関するアンケート調査の結果(担当者:井上研司)と業績連動型報酬制度に関するアンケート調査の結果(担当者:中川隆哉)が，第6章で要約されている。

《引用文献》
安藤英義編著(1996)『会計フレームワークと会計基準』中央経済社.
Brown, V. H. (1995). "Accounting Standards: Their Economic and Social Consequences," in Bloom, R. and P. T. Elgers ed., *Issues in Accounting Policy*, Harcourt Brace & Company, 119-129.
Financial Accounting Standards Board (1978). *Research Report: Economic Conse-

quences of Financial Accounting Standards, Financial Accounting Standards Board.
Maijoor, S. (1994). "Cost-Benefit Analysis and Accounting Regulation," *Research in Accounting Regulation*, 8, 59-70.
須田一幸(1996)「会計基準と企業財務―アンケート調査結果に基づいて―」安藤英義編著『会計フレームワークと会計基準』中央経済社, 221-253頁.
須田一幸(2000)『財務会計の機能―理論と実証―』白桃書房.
Wolk, H. I., Francis, J. R. and Tearney M. G. (1989). *Accounting Theory: A Conceptual and Institutional Approach*, 2nd ed., PWS-Kent Publishing Company.

(須田 一幸)

第1章
証券市場に与えた影響

　新しい会計基準の設定により財務諸表の内容は大幅に変化した。それは証券投資者の意思決定に，どのような影響を与えたのか。本章では，§1で会計情報と株価の一般的関係を分析する。そもそも利益情報と資産情報が株価と無関連ならば，新しい会計基準の設定が証券投資意思決定に与えた影響を調査しても意味がない。そこで，最初に利益情報と資産情報の株価関連性を37年間について観察したのである。その結果，いずれの情報も株価と有意に関連し，利益情報と資産情報を統合したモデルの株価説明力が最も大きいことがわかった。§2では，新しい会計基準が設定された前後のビッド・アスク・スプレッドの変化を調査する。証券市場のマイクロストラクチャーの分析である。調査の結果，連結範囲の拡充と減損会計の早期適用がビッド・アスク・スプレッドの低下に結びついた，ということが示される。これは会計制度改革のベネフィットを示す1つの証拠になろう。§3では，研究開発費会計基準と退職給付会計基準の公開草案が発表された前後の株価変動を分析する。会計基準設定のイベント・スタディである。その結果，研究開発型企業の株価は，研究開発費会計基準の公開草案が発表されたとき有意に下落し，退職給付会計基準の公開草案については有意な株価変化が観察されなかった。前者は証券市場における資金シフト（序章参照）を示唆しており，会計制度改革のコストを示す1つの証拠になる。

§1
利益情報と資産情報の株価関連性

1 はじめに

　株価は株主資本の市場評価である。配当割引モデル(Discounted Dividend Model; DDM)のもとでは，株価は期待配当を現在価値に割り引いたものとして表現できる。この配当の源泉は，企業活動から生じるキャッシュフローである。会計システムの1つの役割は，こうしたキャッシュフローから，一定のルールにもとづいて，会計利益を測定し，株主への配当可能な額を確定することである。クリーンサープラス会計(Clean Surplus Accounting)，つまり，株主資本の増加が，当期利益から配当を控除した額に等しい会計システムのもとでは，会計上の利益と配当をリンクできる。Ohlson(1995)やFeltham and Ohlson(1995)は，DDMとクリーンサープラス会計のもとで，財務諸表情報，たとえば，利益，株主資本簿価(以下，簿価という)，あるいは，配当といった会計数値が企業の市場評価に直接的にどのように関連するかについて理論的な基礎を与えている。これらの研究を契機に，利益・簿価と株価の関連性に関して，多くの実証研究が行われている(たとえば，Easton and Harris, 1991; Amir and Lev, 1996; Collins, Maydew, and Weisse, 1997; Lee, Myers, and Swaminathan, 1999; Hand and Landsman, 1998; 薄井，1999)。

　本節の目的は，会計情報にもとづく株式評価モデルを利用して，日本の一般に認められた会計原則(Generally Accepted Accounting Principles; GAAP)にもとづく会計測定値と株価の関連性を実証的に明らかにすることである。1965年以降2001年まで37年にわたって，連続して東京証券取引所に株式公開している企業531社のサンプルについて，当期利益(損益計算書の集約情報)および株主資本(貸借対照表の集約情報)と株価の関連性を調査した。その結果，株価水準については，利益－簿価モデルとタイムトレンド付き利益－簿価モデルは，利益モデルや簿価モデルよりも説明力の高いことが明らかになった。この結果は，

前期の株価で基準化した株価(配当を含まない株式収益率)についても,同様であった。損益計算書と貸借対照表の2つの情報システムから,利益や株主資本という集約した情報を互いに補完しながら投資家に提供するという,会計のより本質的な機能が確認されている。

続く第2項では,データとサンプル選択と推計モデルを説明する。第3項では,モデル(利益モデル,簿価モデル,利益－簿価モデル,タイムトレンド付き利益－簿価モデル,Ohlsonモデル)の推計結果を検討する。最後に結論を述べる。

2 データとサンプル選択

2.1 サンプル

サンプル企業の選択基準は,(ⅰ)1965年3月時点で東証に上場しており,その後,2001年3月まで37年にわたって,連続して株式公開,(ⅱ)6か月決算の場合,決算期は3月期と9月期,(ⅲ)年次決算の場合,決算期は3月期,(ⅳ)利益,配当,簿価(株主資本)などの会計データが日本経済新聞社「NEEDS-CD ROM　日経財務データ」(2001年8月)で利用可能,(ⅴ)株価が東洋経済新報社「株価CD-ROM2002」で利用可能,(ⅵ)銀行,証券,保険業を除く一般事業会社,である。最終的にこれらの基準をみたす531社が抽出された。東証に限定したのは情報ソースの制約である。

2.2 データ

会計データは,日本経済新聞社が2001年8月に更新提供した「NEEDS-CD ROM　日経財務データ」を,株価データは東洋経済新報社「株価CD-ROM2002」をそれぞれ利用している。

利益は税引後当期利益,簿価は総資産から負債を控除した株主資本合計である[1]。1976年以前には,多くの企業が年2回の本決算を報告していた。9月期と3月期の年2回本決算企業の場合には,それらの決算の利益を合算して年次

---

1) 有償増資の現金払込額などが利用できず,増資や株式分割などが月次株価に与える影響を調整できなかったため,会計データは,期末の発行済み株式数でデフレートしていない。なお,東洋経済新報社「株価CD-ROM2002」には,1991年以降の日次株価調整係数は収録されている。

利益を作成している。株主資本と発行済み株式数は3月期末の値を利用している。株式の時価総額は，3月末の終値に期末発行済み株式数を乗じた値である[2]。

クリーンサープラス関係を確保するため，資本取引の影響を次のように調整している。「NEEDS-CD ROM　日経財務データ」に収録されている「資本金」，「新株式払込金・申込証拠金」，「資本準備金」の3項目について，期首期末の増加額は，株主による当期の出資額とみなして，当期末時価総額から控除されている。一方，これらの科目の減少額は，結果として期首期末の資本変動に反映されるので調整しない[3]。

異常利益は実際に観測できないので，期首株主資本に割引率を掛けた恒常利益を会計利益から控除して推計する。ここでは，異常利益を3種類の尺度で推計する。すなわち，割引率を（ⅰ）平均株式リターン，（ⅱ）リスクフリーレート＋平均リスクプレミアム，（ⅲ）リスクフリーレートにそれぞれ設定して，異常利益を推計する。

$$XA1_t = (当期利益)_t - 平均株式リターン \times (株主資本)_{t-1}$$
$$XA2_t = (当期利益)_t - [(リスクフリーレート)_t + 平均リスクプレミアム] \times (株主資本)_{t-1}$$
$$XA3_t = (当期利益)_t - (リスクフリーレート)_t \times (株主資本)_{t-1}$$

株式リターンは次のように定義する。

$$Return = \frac{期末時価総額 + 期末配当 + 中間配当 - 推計期中出資額 - 前期末時価総額}{前期末時価総額}$$

---

[2]　3月の最終営業日に約定しなかった場合，株価は直近月の値を使っている。
[3]　サンプル期間では，減資は，（ⅰ）株式の買入消却，（ⅱ）株式の併合，（ⅲ）額面株式の一部払い戻し，（ⅳ）額面株式の額面の切り捨てなどによって生じた。（ⅰ）と（ⅲ）の資本取引は実際に資本合計が減少するが，シグナリング効果を除けば，企業価値には中立的である。（ⅱ）と（ⅳ）の資本取引は資本金を減少させるが資本合計には影響しない。なお，2001年の商法改正以前では，減資により減少した資本金額が，（ⅰ）や（ⅲ）に要した金額や欠損金を塡補した金額を上回る場合には，減資差益を計上して資本準備金が増加する。ただし，この処理の影響は小さいと考えられる。2001年に額面制度にかわって，単位元制度が導入されたが，サンプル期間では額面制度が適用されている。

この株式リターンは1年間保有した場合の利回りをあらわす。当期のリスクフリーレートは、データの制約から、1966年から1971年では利付金融債（5年債）、1972年以降では利付長期国債（10年債）の3月末時点の応募者利回りを利用している。平均リスクプレミアムは過去の平均を考慮して3％に設定されている[4]。

以下の分析では、変数の増加率を使用するので、対象期間は1966年から2001年の36期とする。

表1-1は、サンプル企業ごとにその時価総額（MV）、当期利益（X）、株主資本（BV）、配当（D）、株式リターン（$Return$）、異常利益（$XA1, XA2, XA3$）を1966-2001年の期間で年次平均して、それらのサンプル平均（531社）の分布を要約したものである。各社の株式時価総額期間平均の平均値は1,212億円、中央値は327億円である。

表1-2は時価総額（MV）、利益（X）、株主資本（BV）、および、各変数の階差の自己相関係数ρである。ラグは1年から5年である。当期の時価総額は、1

表1-1　サンプル企業の年次平均の平均（1966-2001年）の分布

| | 平均値 | 最小値 | パーセンタイル | | | 最大値 |
			25	50	75	
MV	121,205	989	13,611	32,738	107,426	2,597,745
X	2,514	−4,946	178	580	1,957	72,412
BV	50,485	294	5,803	15,446	49,204	929,042
D	1,423	2	119	339	1,019	49,631
$Return$	0.16	0.06	0.13	0.15	0.19	0.51
$XA1$	−5,028	−114,683	−4,940	−1,693	−579	−28
$XA2$	−1,124	−46,582	−1,114	−347	−101	8,572
$XA3$	305	−20,165	−175	6	288	28,154

注）MVは3月末の株価終値に期末発行済み株式数を乗じた時価総額（単位100万円）。X, BV, Dはそれぞれ、当期利益、株主資本、配当（単位百万円）。$Return$は4月から翌年の3月まで株式を保有した場合の配当込み株式リターン。$XA1, XA2, XA3$は、それぞれ、企業の平均株式リターン、リスクフリーレートにリスクプレミアム3％を加えた利率、リスクフリーレートに割引率を設定した場合の異常利益（単位百万円）。

---

[4] 1966年から2001年間での分析期間では、各月の日経平均株価指数年間増加率からこのリスクフリーレートを控除した値の平均は2.6％である。

表1-2 サンプル企業531社の株価・利益・簿価の平均自己相関係数

	ラグ				
	1	2	3	4	5
MV	0.840	0.694	0.563	0.466	0.388
	−0.002	−0.016	−0.096	−0.073	0.001
X	0.435	0.271	0.165	0.118	0.103
	−0.192	−0.082	−0.059	−0.047	−0.002
BV	0.897	0.800	0.707	0.614	0.525
	0.234	0.122	0.051	0.017	0.009
$XA1$	0.659	0.536	0.432	0.368	0.317
	−0.170	−0.056	−0.034	−0.029	−0.002
$XA2$	0.422	0.246	0.140	0.098	0.077
	−0.198	−0.098	−0.060	−0.027	−0.003
$XA3$	0.353	0.167	0.065	0.026	0.007
	−0.201	−0.101	−0.062	−0.025	0.001

注）この表は，サンプル企業について，ラグ1年から5年まで自己相関係数推計値をサンプル平均したもの。期間は1966-2001年。MVは3月末の株価終値に期末発行済み株式数を乗じた時価総額。X，BVはそれぞれ，当期利益，株主資本。$XA1$，$XA2$，$XA3$は，それぞれ，企業の平均株式リターン，リスクフリーレートに平均リスクプレミアム3％を加えた利率，リスクフリーレートに割引率を設定した場合の異常利益。下段は変数の1次階差（前期増減）の自己相関係数推計値。

年前（ラグ1）の時価総額と強い正の自己相関を確認できる（$\rho=0.840$）。当期の時価総額は5年前までは相関がみられる。当期の利益と1年前の利益の自己相関係数は0.435である。つまり，t年の利益は（$t+1$）年の利益をほぼ半分ほど説明している。当期の利益と2年前以降の利益の相関は逓減している。当期の株主資本もまた，1年前の株主資本と強い正の自己相関を確認できる（$\rho=0.897$）。時価総額，利益，株主資本のそれぞれの階差をとれば，自己相関係数はかなり小さくなる。時価総額と利益の1次階差の自己相関係数（ラグ1）は，それぞれ，$\rho=-0.002$，-0.192である。株主資本については，1次階差をとっても，2期前までは若干の自己相関を確認できる（ラグ1で$\rho=0.234$）。おおむね，株価，利益，簿価の過程は，1次の階差をとれば定常になるといえよう。

異常利益では割引率によってその特性は異なる。割引率が平均株式リターンの場合，その異常利益$XA1$は5期にわたって自己相関が高い（ラグ1で$\rho=$

0.659)。1次の階差をとれば,自己相関は小さくなる。異常利益 $XA2$（割引率はリスクフリーレートに平均リスクプレミアムを加算）と異常利益 $XA3$（割引率はリスクフリーレート）の自己相関係数は,ラグ1でそれぞれ,$\rho=0.422$,0.353 とやや強い相関が認められるが,ラグ2以降は,それほど強くない。

2.3 推計モデル

株価は,株主資本の簿価がランダムウォークに従う場合,利益モデルで,線形トレンドモデルに従う場合,利益と簿価の混合モデルにそれぞれ特定できる。さらに,簿価の情報内容を調査するため,Easton and Harris(1991)やCollins, Maydew, and Weisse(1997)らの研究と同様に,簿価だけを説明変数とするモデルを検証する。さらに,規模の影響をコントロールしたモデルを推計する。会計変数で直接に株価や株式リターンを回帰すると,よく知られているように誤差項が分散不均一になる傾向にあり,適切な推計を行えない。そこで,Christie(1987)が提唱するように,各変数を前期の株価で基準化する。これらのモデルは,規模で基準化していると同時に,配当を含まない株式リターンモデルでもある。Easton and Harris(1991)やKothari and Zimmerman (1995)らと同様に,これらを株式リターンモデルとしてあつかう。最終的に,株価水準と前期の株価で基準化した株価について,それぞれ,次の5種類のモデルを推計する。

株価水準

    M1a(利益モデル)：$MV_t = a_1 + b_1 X_t + e_{1t}$

    M2a(利益－簿価モデル)：$MV_t = a_2 + b_2 X_t + c_2 BV_t + e_{2t}$

    M3a(タイムトレンド付き利益－簿価モデル)：

        $MV_t = a_3 + b_3 X_t + c_3 BV_t + d_3 \times TIME + e_{3t}$

    M4a(簿価モデル)：$MV_t = a_4 + c_4 BV_t + e_{4t}$

    M5a(Ohlsonモデル)：$MV_t = a_5 + c_5 BV_t + \beta XA_t + e_{5t}$

基準化された株価の推計

    M1b：$MV_t / MV_{t-1} = a_6 + b_6 X_t / MV_{t-1} + e_{6t}$

    M2b：$MV_t / MV_{t-1} = a_7 + b_7 X_t / MV_{t-1} + c_7 BV_t / MV_{t-1} + e_{7t}$

M3b：$MV_t/MV_{t-1} = a_8 + b_8 X_t/MV_{t-1} + d_8 TIME/MV_{t-1} + e_{8t}$
M4b：$MV_t/MV_{t-1} = a_9 + c_9 BV_t/MV_{t-1} + e_{9t}$
M5b：$MV_t/MV_{t-1} = a_{10} + c_{10} BV_t/MV_{t-1} + \gamma XA_{jt}/MV_{t-1} + e_{10t}$

ただし，eは誤差項である。M3aとM3bでは，1966年-2001年に対して，タイムトレンド$TIME = 1, 2, \cdots, 36$を設定する。M5aとM5bのXAは割引率を平均株式収益率($XA1$)，リスクフリーレートに平均リスクプレミアムを加えた率($XA2$)，リスクフリーレート($XA3$)にそれぞれ設定した異常利益である。

M1は利益と簿価がそれぞれランダムウォークに従うケースのモデルである。M2は，利益と簿価がいずれも1次の自己回帰過程に従うモデルである。Kormendi and Lipe(1987)，Kothari and Zimmerman(1995)らが利益と株価の関係を調査するため，M1aのモデルを利用している。とりわけ，bは利益反応係数(earnings response coefficient; ERC)と呼ばれている。M3のタイムトレンドを考慮したモデルは，薄井(1999)で初めて提唱された。M3は利益と簿価が線形トレンドモデルに従う。M4aでは，長期的にみれば，簿価と株価が一致する，すなわち，時価主義にもとづいて資産と負債が評価されているような状況を想定している。M5は残余利益モデル，あるいはOhlsonモデルである。Ohlsonモデルは，利益と株主資本とそれら以外の情報を組み入れているが，ここでは，Myers(1999)の議論と同様に，その情報が観測不能として，定数項に反映するとする。なお，M5の株主資本の係数は1が期待される。

3 推計結果

3.1 利益モデル，利益－簿価モデル，タイムトレンド付き利益－簿価モデル，簿価モデルの推計結果

表1-3のPanelAは株価水準を従属変数としたモデルを通常最小二乗回帰で推計した結果である。株価水準に対するモデルの自由度修正済み決定係数($Adj. R^2$)は，利益モデル(M1a)，利益－簿価モデル(M2a)，タイムトレンド付き利益－簿価モデル(M3a)，簿価モデル(M4a)では，それぞれ，中央値0.135，0.596，0.648，0.468である。利益－簿価モデル(M2a)とタイムトレンド付き

§1 利益情報と資産情報の株価関連性

表1-3 推計されたパラメータの分布

M1a(利益モデル): $MV_t = a_1 + b_1 X_t + e_{1t}$
M2a(利益－簿価モデル): $MV_t = a_2 + b_2 X_t + c_2 BV_t + e_{2t}$
M3a(タイムトレンド付き利益－簿価モデル): $MV_t = a_3 + b_3 X_t + c_3 BV_t + d_3 TIME + e_{3t}$
M4a(簿価モデル): $MV_t = a_4 + c_4 BV_t + e_{4t}$

Panel A	平均値	標準偏差	最小値	25%	中央値	75%	最大値	p-values 平均	p-values 中央値
M1a(利益モデル)									
const.	56031	166762	−643761	4699	13963	44489	1514749	0.113	0.000
X	18.910	39.218	−48.631	3.464	11.134	24.450	748.359	0.153	0.016
Adj.R^2	0.240	0.262	−0.029	0.020	0.135	0.442	0.913		
DW	0.560	0.337	0.123	0.318	0.477	0.694	2.157		
F-statistic	24.460	42.319	0.000	1.710	6.477	28.714	368.178		
M2a(利益－簿価モデル)									
const.	−12958	79309	−969492	−8453	167	4985	167964	0.365	0.310
X	11.135	21.212	−118.359	2.192	6.939	15.763	229.758	0.183	0.034
BV	1.922	2.613	−10.880	1.127	1.656	2.315	50.053	0.059	0.000
Adj.R^2	0.556	0.231	−0.058	0.418	0.596	0.735	0.965		
DW	0.861	0.405	0.209	0.551	0.796	1.077	2.245		
F-statistic	38.591	42.360	0.038	13.545	26.868	49.441	489.281		
M3a(タイムトレンド付き利益－簿価モデル)									
const.	−17394	81190	−892863	−12151	−1998	1846	743016	0.448	0.416
X	12.961	41.203	−203.028	2.175	7.305	15.046	658.044	0.171	0.027
BV	1.232	3.448	−31.535	−0.077	1.217	2.540	17.184	0.194	0.047
TIME	−5	19495	−344289	−741	298	1550	97555	0.260	0.103
Adj.R^2	0.617	0.185	0.112	0.487	0.648	0.759	0.969		
DW	0.973	0.403	0.229	0.666	0.928	1.209	2.292		
F-statistic	30.367	29.937	2.466	12.089	22.524	37.799	361.355		
M4a(簿価モデル)									
const.	−601	70270	−874654	−588	3274	10865	309725	0.355	0.297
BV	2.228	2.758	−13.570	1.319	1.862	2.503	55.340	0.015	0.000
Adj.R^2	0.469	0.221	−0.029	0.318	0.468	0.648	0.945		
DW	0.571	0.320	0.127	0.347	0.486	0.704	2.244		
F-statistic	51.297	63.580	0.029	17.308	31.832	65.513	606.491		

表1-3　推計されたパラメータの分布（続き）

M1b：$MV_t/MV_{t-1} = a_6 + b_6 X_t/MV_{t-1} + e_{6t}$
M2b：$MV_t/MV_{t-1} = a_7 + b_7 X_t/MV_{t-1} + c_7 BV_t/MV_{t-1} + e_{7t}$
M3b：$MV_t/MV_{t-1} = a_8 + b_8 X_t/MV_{t-1} + d_8 TIME/MV_{t-1} + e_{8t}$
M4b：$MV_t/MV_{t-1} = a_9 + c_9 BV_t/MV_{t-1} + e_{9t}$

Panel B	平均値	標準偏差	最小値	25%	中央値	75%	最大値	p-values 平均	中央値
M1b（利益モデル）									
const.	1.038	0.126	0.606	0.964	1.051	1.115	1.492	0.000	0.000
X	2.692	2.352	−8.978	1.183	2.327	3.898	12.179	0.142	0.047
$Adj.R^2$	0.119	0.127	−0.029	0.023	0.085	0.191	0.655		
DW	1.954	0.310	0.945	1.736	1.990	2.175	2.658		
F-statistic	6.873	8.301	0.000	1.816	4.244	9.267	67.500		
M2b（利益－簿価モデル）									
const.	0.841	0.252	−0.557	0.751	0.885	1.002	1.505	0.024	0.000
X	1.987	2.613	−11.225	0.508	1.705	3.248	18.615	0.265	0.124
BV	0.366	0.450	−0.975	0.084	0.279	0.548	2.930	0.344	0.262
$Adj.R^2$	0.156	0.154	−0.060	0.036	0.120	0.233	0.792		
DW	1.839	0.283	0.994	1.637	1.849	2.047	2.527		
F-statistic	5.285	6.323	0.016	1.648	3.382	6.324	67.524		
M3b（タイムトレンド付き利益－簿価モデル）									
const.	0.771	0.252	−0.697	0.674	0.828	0.930	1.366	0.034	0.000
X	2.214	2.948	−11.209	0.532	1.931	3.552	15.800	0.267	0.154
BV	0.267	0.627	−1.650	−0.105	0.124	0.531	3.169	0.423	0.406
TIME	390.388	1899.757	−7391.345	−23.113	71.279	404.355	26643.990	0.354	0.288
$Adj.R^2$	0.183	0.159	−0.086	0.062	0.157	0.269	0.797		
DW	1.843	0.281	0.995	1.665	1.848	2.052	2.540		
F-statistic	4.418	4.549	0.081	1.773	3.179	5.304	46.740		
M4b（簿価モデル）									
const.	0.863	0.262	−0.605	0.755	0.910	1.029	1.473	0.025	0.000
BV	0.489	0.478	−0.488	0.183	0.372	0.674	3.181	0.217	0.095
$Adj.R^2$	0.087	0.117	−0.029	−0.001	0.053	0.144	0.768		
DW	1.743	0.293	0.891	1.532	1.754	1.969	2.603		
F-statistic	5.266	7.944	0.000	0.948	2.958	6.866	116.802		

利益－簿価モデル(M3a)は，利益モデルや簿価モデルよりも説明力が高い。この結果は，プールされたサンプルで推計したCollins, Maydew, and Weisse (1997)や薄井(1999)の結果と整合的である。タイムトレンド付き利益－簿価モデルは，最も説明力が高い。

ただし，このサンプルでは，観測値の規模をコントロールしていないことや誤差項が自己相関している点などの理由で，見かけ上，モデルの説明力が高まっている可能性も高い。ダービン－ワトソン比(Durbin-Watson ratio：DW)でみれば，各モデルの誤差項には高い自己相関が認められる。M1a, M2a, M3a, M4aのダービン－ワトソン比は，それぞ，中央値0.477, 0.796, 0.928, 0.486である。自己相関係数の符号が特定できないので両側検定を利用すると，誤差項に自己相関がないとする帰無仮説は有意水準5％で棄却できる。

中央値でみれば，推計された利益係数と簿価係数は，すべてのモデルで有意に0と離れている。利益モデル(M1a)では，利益係数の推計値は，中央値11.134である(p-$values$の中央値は0.016)。その逆数($b=1/$割引率)から予想される割引率は，8.98％である。係数推計値の平均でみれば，予想される割引率は5.28％である。M3aでは，タイムトレンド係数の推計値は，10％水準で有意である(p-$values$は0.103)。

表1-3のPanelBは前期の株価で基準化した株価モデルを通常最小二乗回帰で推計した結果である。自由度修正済み決定係数($Adj.R^2$)は，利益モデル(M1b)，利益－簿価モデル(M2b)，タイムトレンド付き利益－簿価モデル(M3b)，簿価モデル(M4b)では，それぞれ，中央値0.085, 0.120, 0.157, 0.053である。モデルの説明力は，タイムトレンド付き利益－簿価モデル(M3b)が最も高い。利益が株式リターンを十分に説明していないことはよく知られている(Lev, 1989)。

利益モデル(M1b)では，利益係数の推計値は，中央値2.327である(p-$values$の中央値は0.047)。その逆数から予想される割引率は，8.98％である。モデルから予想される割引率は42.9％である。明らかにこの水準は高すぎる。Kothari and Zimmerman(1995)の結果と同様に，株式リターンモデルの利益反応係数は過小推計されている。利益－簿価モデル(M2b)の利益と簿価の係数の推計値はそれぞれ，中央値で1.705, 0.279である。p-$values$はそれぞれ0.124,

0.262と10％を上回る。ただし，利益係数は，サンプルの46.9％が10％水準で有意に0と離れている。5％水準ではサンプルの35.8％が有意な推計値である。簿価係数についても，サンプルの31.69％が10％水準で有意に0と離れている。5％水準ではサンプルの23.2％が有意な推計値である。タイムトレンド付き利益－簿価モデル(M3b)の係数の推計結果は，利益－簿価モデルとほぼ同じである。利益係数，簿価係数，タイムトレンド係数の推計値は，それぞれ中央値で1.931，0.124，71.279である。$p\text{-}values$の中央値は，それぞれ0.154，0.406，0.288である。いずれも10％水準より高く，有意な結果が得られていない。10％水準で有意な係数のサンプルは，それぞれ，41.4％，22.8％，26.7％である。5％水準で有意な係数のサンプルは，それぞれ，32.8％，17.1％，17.5％である。簿価モデル(M4b)では，簿価係数の推計値は中央値で0.372である。$p\text{-}values$の中央値は0.095である。

ダービン－ワトソン比でみれば，PanelAの結果と異なり，各モデルの誤差項の自己相関は低い。M1b，M2b，M3b，M4bのダービン－ワトソン比は，それぞ，中央値1.990，1.849，1.848，1.754である。両側検定を利用すると，誤差項に自己相関がないとする帰無仮説は有意水準5％で棄却できない。

3.2　Ohlsonモデルの推計結果

表1-4のPanelAは株価水準を従属変数としたOhlsonモデルの推計結果である(M5a)。異常利益$XA1$，$XA2$，$XA3$は，それぞれ，割引率を(ⅰ)平均株式リターン，(ⅱ)リスクフリーレートに平均リスクプレミアム，(ⅲ)リスクフリーレートにそれぞれ設定して，推計した。異常利益$XA1$，$XA2$，$XA3$として推計したOhlsonモデルの自由度修正済み決定係数($Adj.R^2$)は，それぞれ，中央値0.622，0.554，0.547である。$Adj.R^2$の分布は，割引率を平均株式リターン，あるいは，リスクフリーレートにしても，ほぼ同じである。ただし，さきのMa1，Ma2，Ma3，Ma4の推計結果と同様に，ダービン－ワトソン比でみれば，各モデルの誤差には高い自己相関が認められる。

異常利益を$XA1$，$XA2$，$XA3$として推計したOhlsonモデルの異常利益係数は，中央値でみれば，それぞれ，5.652，3.593，3.610である。$p\text{-}values$の中央値は，それぞれ，0.023，0.108，0.123である。おおよそ異常利益係数は，

表1-4 Ohlsonモデルの推計結果

M5a (Ohlsonモデル): $MV_t = a_5 + c_5 BV_t + \beta XA_t + e_{5t}$
M5b: $MV_t/MV_{t-1} = a_{10} + c_{10} BV_t/MV_{t-1} + \gamma XA_{jt}/MV_{t-1} + e_{10t}$

Panel A	平均値	標準偏差	最小値	25%	中央値	75%	最大値	p-values 平均	p-values 中央値
M5a									
const.	−12739	74730	−911607	−8009	−8	4967	215209	0.360	0.291
BV	3.393	3.013	−14.750	2.036	2.879	3.888	34.465	0.020	0.000
XA1	9.437	18.390	−124.786	1.997	5.652	12.772	184.614	0.175	0.023
Adj.R^2	0.567	0.236	−0.058	0.421	0.622	0.747	0.971		
DW	0.895	0.420	0.152	0.574	0.835	1.148	2.199		
F-statistic	41.504	46.512	0.043	13.717	29.767	52.754	579.558		
const.	−2520	65702	−872225	−1972	1947	8459	313149	0.383	0.328
BV	2.370	2.886	−12.299	1.506	2.007	2.740	58.885	0.018	0.000
XA2	4.841	16.674	−96.877	0.111	3.593	9.478	198.279	0.259	0.108
Adj.R^2	0.524	0.223	−0.059	0.376	0.554	0.700	0.967		
DW	0.764	0.378	0.174	0.493	0.670	0.943	2.234		
F-statistic	33.663	42.995	0.030	11.534	22.716	41.758	521.376		
const.	−2299	64967	−858994	−1787	2121	9035	313182	0.382	0.317
BV	2.230	2.667	−11.876	1.379	1.894	2.571	52.427	0.030	0.000
XA3	4.374	18.190	−99.362	0.079	3.610	9.512	224.352	0.258	0.123
Adj.R^2	0.522	0.222	−0.059	0.372	0.547	0.699	0.967		
DW	0.758	0.374	0.174	0.488	0.668	0.930	2.237		
F-statistic	33.214	42.150	0.029	11.388	22.115	41.722	510.746		

Panel B	平均値	標準偏差	最小値	25%	中央値	75%	最大値	p-values 平均	p-values 中央値
M5b									
const.	0.848	0.251	−0.446	0.761	0.893	1.009	1.481	0.023	0.000
BV	0.667	0.587	−1.533	0.324	0.534	0.840	4.151	0.123	0.032
XA1	2.093	2.726	−9.238	0.604	1.747	3.011	21.315	0.225	0.098
Adj.R^2	0.168	0.159	−0.056	0.045	0.132	0.248	0.809		
DW	1.856	0.281	1.022	1.667	1.876	2.059	2.519		
F-statistic	5.718	6.892	0.070	1.828	3.667	6.757	75.146		
const.	0.861	0.251	−0.573	0.774	0.908	1.014	1.503	0.022	0.000
BV	0.503	0.460	−0.447	0.218	0.407	0.687	3.115	0.191	0.091
XA2	2.419	3.623	−10.133	0.572	1.856	3.672	34.800	0.253	0.142
Adj.R^2	0.153	0.156	−0.060	0.034	0.122	0.228	0.808		
DW	1.830	0.277	0.982	1.637	1.859	2.036	2.578		
F-statistic	5.234	6.576	0.013	1.613	3.442	6.156	74.790		
const.	0.859	0.252	−0.587	0.769	0.909	1.014	1.505	0.022	0.000
BV	0.438	0.450	−0.563	0.150	0.337	0.603	2.999	0.260	0.148
XA3	2.386	3.465	−10.500	0.546	1.795	3.633	31.156	0.262	0.152
Adj.R^2	0.150	0.155	−0.059	0.030	0.116	0.222	0.806		
DW	1.826	0.278	0.980	1.629	1.850	2.035	2.569		
F-statistic	5.135	6.480	0.022	1.545	3.302	5.985	73.856		

有意に0と離れている。

　表1-4のPanelBは前期の株価で基準化した株価を従属変数としたOhlsonモデルの推計結果である(M5b)。自由度修正済み決定係数($Adj.R^2$)の中央値は，異常利益 $XA1$，$XA2$，$XA3$ でそれぞれ，0.132，0.122，0.116である。誤差項の自己相関は，PanelAの結果と異なり，各推計とも低い。$XA1$，$XA2$，$XA3$のダービン－ワトソン比は，それぞれ，中央値1.876，1.859，1.850である。両側検定を利用すると，誤差項に自己相関がないとする帰無仮説は有意水準5％で棄却できない。

　異常利益 $XA1$，$XA2$，$XA3$ の推計値は，中央値でみれば，それぞれ，1.747，1.856，1.795である。p-$values$の中央値は，0.098，0.142，0.152である。ただし，10％水準で有意な係数のサンプルは，51.0％，45.2％，42.9％である。5％水準で有意な係数のサンプルは，41.4％，35.8％，34.1％である。おおよそ，サンプルの半分程度は，異常利益の係数は，有意に0と離れている。

4　要約と課題

　1965年以降2001年まで37年にわたって，連続して株式公開している企業531社のサンプルで，日本のGAAPによる利益や株主資本簿価と株価の関連性について広範な調査を行った。その結果，日本のGAAPにもとづく会計は，クリーンサープラス条件のもとで，損益計算書と貸借対照表の2つの情報システムから，利益や株主資本という集約した株価関連情報を投資家に提供していることが確認されている。

　株価水準に対するモデルの自由度修正済み決定係数は，利益モデル，利益－簿価モデル，タイムトレンド付き利益－簿価モデル，簿価モデル，Ohlsonモデル(平均株式リターンを割引率とする)では，それぞれ，中央値0.135，0.596，0.648，0.468，0.622である。利益－簿価モデル，タイムトレンド付き利益－簿価モデル，Ohlsonモデルは，利益モデルや簿価モデルよりも説明力が高い。

　前期の株価で基準化した株価モデルを通常最小二乗回帰で推計した結果，自由度修正済み決定係数は，利益モデル，利益－簿価モデル，タイムトレンド付き利益－簿価モデル，簿価モデル，Ohlsonモデル(平均株式リターンを割引率と

する)では,それぞれ,中央値0.085, 0.120, 0.157, 0.053, 0.132である。モデルの説明力は,タイムトレンド付き利益－簿価モデルが最も高い。

会計は,これまでクリーンサープラス条件と整合的な情報を提供してきた。ただし,会計の測定範囲の拡大にともない,損益計算書の収益・費用の期間計算から算出される利益と貸借対照表の財政状態の変動計算から算出される利益(株主資本変動)が必ずしも一致しない状況になってきた。いわゆる「その他包括利益」,たとえば,資本に直接算入される有価証券評価損益,外貨換算調整勘定,確定給付債務の追加最小負債などの増加である。残された課題は,このような状況で,会計がどのような集約情報を投資家に提供すべきかということである。

《参考文献》

Amir, E., and Lev, B. (1996). Value-relevance of nonfinancial information: The wireless communications industry. *Journal of Accounting and Economics*, 22, 3-30.

Collins, D., Maydew, E., and Weisse, I. (1997). Changes in the value-relevance of earnings and book values over the past forty years. *Journal of Accounting and Economics*, 24, 39-67.

Easton, P. D., and Harris, T. S. (1991). Earnings as an explanatory variable for returns. *Journal of Accounting Research*, 29, 19-36.

Feltham, G. D., and Ohlson, J. A. (1995). Valuation and clean surplus accounting for operating and financial activities. *Contemporary Accounting Research*, 11, 689-731.

Lee, C. M. C., Myers, J., and Swaminathan, B. (1999). What is the intrinsic value of the Dow? *Journal of Finance*, 54, 1693-1741.

Hand, J. R., and Landsman, W. R. (1998). Testing the Ohlson model: v or not v, this is the question. working paper, University of North Carolina at Chapel Hill.

Kormendi, R., and Lipe, R. (1987). Earnings innovations, earnings persistence and stock returns. *Journal of Business*, 60, 323-345.

Kothari, S., and Zimmerman, L. (1995). Price and return models. *Journal of Accounting and Economics*, 20,155-192.

Myers, J. N. (1999). Implementing residual income valuation with linear information dynamics. *Accounting Review*, 74, 1-28.

Ohlson, J. A. (1995). Earnings, book values, and dividends in equity valuation. *Contemporary Accounting Research*, 11, 661-687.

第1章　証券市場に与えた影響

薄井 彰(1999)「クリーンサープラス会計と企業の市場評価モデル」『會計』155(3), 394-409.

（薄井 彰）

§2
会計基準変更とビッド・アスク・スプレッド

1 はじめに

　本節では，会計基準の変更が東京証券取引所のマーケット・マイクロストラクチャーに及ぼした影響を検討するために，指値売り注文の最低価格と指値買い注文の最高価格の差額として定義されるビッド・アスク・スプレッド(bid-ask spread)に注目する[1]。このビッド・アスク・スプレッドは，情報劣位にあるトレーダー(uninformed trader)が情報優位にあるトレーダー(informed trader)との取引から自己を防衛しようとするために生ずるものであり，証券市場における情報の非対称性の程度を表わす尺度の1つである[2]。さらに，たとえばビッド・アスク・スプレッドが小さい状況では，大量の売買注文であっても相対的に小さな価格変化で取引が執行される。反対に，スプレッドが拡大していれば，たとえ少数の株式売買であっても大きな価格変動が生じうる。すなわち，ビッド・アスク・スプレッドは，投資家が株式を売買する際に負担しなければならない取引費用の一部を構成しており，株式市場の流動性を示す尺度でもある。

　Lev(1988)やLevitt(1998)は，こうした情報の非対称性，それに起因する証券市場の機能不全を解消することが財務報告規制の重要な役割であると主張している。そして，1997年以降に公表された『連結財務諸表制度の見直しに関する意見書』をはじめとする一連の新会計基準もまた，幅広い投資家層の市場参加，活力や秩序のある証券市場の確立を企図しているものと考えられる。そこで，本節は，①1990年代後半から実施された一連の会計基準変更が証券市場参

---

1) 日本の証券取引所，たとえば東京証券取引所や店頭株式市場のマイクロストラクチャーを分析した先行研究として，Lehmann and Modest(1994)，Hamao and Hasbrouck(1995)，大村ほか(1998)，芹田(2002)，宇野ほか(2002)がある。
2) たとえば，Glosten and Milgrom(1985)などの理論研究を参照。

加者間の情報の非対称性や証券市場の流動性を改善させたか否か，②(もしあれば)その改善効果はどのような特徴を有する企業において最も顕著であるかを，ビッド・アスク・スプレッドの時系列動向に焦点を当てながら実証的に分析する[3]。

2 先行研究のレビュー

　ビッド・アスク・スプレッドに対する財務報告の影響について実証的に分析している欧米の先行研究は，分析対象期間の長短にもとづいて大別することができる(包括的なサーベイはCallahan, Lee and Yohn, 1997を参照)。たとえば，Morse and Ushman(1983)は，店頭上場企業25社が1973～76年にかけて発表した延べ378個の四半期利益発表をサンプルとして，その前後21日間のビッド・アスク・スプレッドを調査した。しかし，四半期利益発表日周辺において，有意な変化を発見することはできなかった。Venkatesh and Chiang(1986)は，ニューヨーク証券取引所(NYSE)上場企業75社の1973年のデータを用いて，利益と配当が発表される直前期間のビッド・アスク・スプレッドを分析した。ある発表が行われてから10日以降30日以内に別の発表が行われるようなケースについて，2番目の発表が行われる直前期間のスプレッドが有意に増加することを報告した。Lee, Mucklow and Ready(1993)は，NYSEに上場する企業230社の1988年のデータを用いて，四半期利益発表時点のビッド・アスク・スプレッドとデプスを調査した。そして，利益発表の数日前からスプレッドが増加しデプスが減少すること，さらに利益発表時点を含む30分間にスプレッドが著しく拡大することを析出した。Coller and Yohn(1997)は，NYSE上場企業などが1988～92年にかけて開示した延べ278個の経営者利益予測を分析対象とした。そして，予測情報が開示される以前のビッド・アスク・スプレッドは業種や規模が類似する非開示企業のほうが有意に小さいこと，開示企業のスプレッドは公表日およびその翌日において増加すること，しかしそれ以降のスプレッドは

---

[3] スプレッドの水準が小さい企業ほど低い資本コストを享受しているというAmihud and Mendelson(1986, 1989)の研究結果にもとづけば，ビッド・アスク・スプレッドは企業サイドにとっても非常に重要な変数である。

開示企業と非開示企業の間で有意な差異がないことを発見した。

それに対して，ビッド・アスク・スプレッドの動向を数カ月から1年以上にも及ぶ長期間にわたって追跡した研究もある。たとえば，Greenstein and Sami(1994)は，証券取引委員会(SEC)の要求に従いセグメント情報を1970年に初めて開示した企業のビッド・アスク・スプレッドが有意に減少したことを発見した。Boone(1998)は，会計連続通牒第253号にもとづいて石油・ガス埋蔵量の割引現在価値を開示した企業のビッド・アスク・スプレッドが有意に減少したことを例証した。また，Leuz and Verrecchia(2000)は，国際会計基準や米国会計基準に変更した企業のほうがドイツの国内基準を継続採用している企業に比べてビッド・アスク・スプレッドが有意に小さいことを報告した。

以下では，新しい会計基準の導入が東京証券取引所上場企業のビッド・アスク・スプレッドに及ぼした長期的な影響を検証することに主眼があるから，後者の先行研究を参照しながらリサーチ・デザインを構築する。

3 データとサンプル

本節で使用する証券市場に関連する変数は，日本経済新聞社が提供する『日経個別株式TICKデータ』(1996年4月から2002年3月までの72カ月間)から抽出した。また，財務諸表に関連する変数は，日本経済新聞社『日経NEEDS企業財務データ』と『日経テレコン21』，および週刊経営財務編集部編『会計ビッグバンによる会計処理の変更　実例集』から入手した。

上記の日経個別株式TICKデータに収録されている東京証券取引所上場企業は全部で2,328社である。そのうち，新規上場や上場廃止などの理由から全期間にわたって東京証券取引所に上場していない企業759社，以下で説明する証券市場関連変数の月次平均または月次標準偏差が全期間にわたって計算できない企業223社は，サンプルから除外した。したがって，本節の基本サンプルは，東京証券取引所第一部または第二部に上場する企業1,346社である。

4 新会計基準導入後のビッド・アスク・スプレッド水準

図1-1は，取引終了時点の気配値にもとづいて計算されるビッド・アスク・スプレッドを第一部上場企業とそれ以外の企業に区分して単純平均値を計算したものである。日々変動するビッド・アスク・スプレッドに対して，本節では，新会計基準の導入が個別企業のビッド・アスク・スプレッドに及ぼした影響を抽出するために，次のような実証モデルを推定する。

$$\ln(SPR) = \alpha_0 + \alpha_1 \ln(VOL) + \alpha_2 \ln(PRI) + \alpha_3 \ln(STD) + \alpha_4 DMY + \varepsilon \quad (1)$$

SPRは，取引終了時点の売り一般気配値(Ask)と買い一般気配値(Bid)にもとづいて計算されるビッド・アスク・スプレッド($=(Ask-Bid)/[(Ask+Bid)/2]$)の月次平均である。VOLは，各取引日の出来高を発行済株式数で割算した比率の月次平均である。PRIは，各取引日の終値を月次平均したものである。STDは，各取引日の終値にもとづいて計算される株価変化率の月次標準偏差を示す。これらは，先行研究において指摘されてきたビッド・アスク・スプレッドの決定要因である(たとえばCallahan, Lee and Yohn, 1997, p.52, table 1を参照)。そして，DMYは，本節において最も注目すべき変数であり，新会計基準導入後の期間ならば1，それ以外の期間ならばゼロの値をとるダミー変数である。したがって，DMYの係数がマイナスの符号ならば，それは，ビッド・

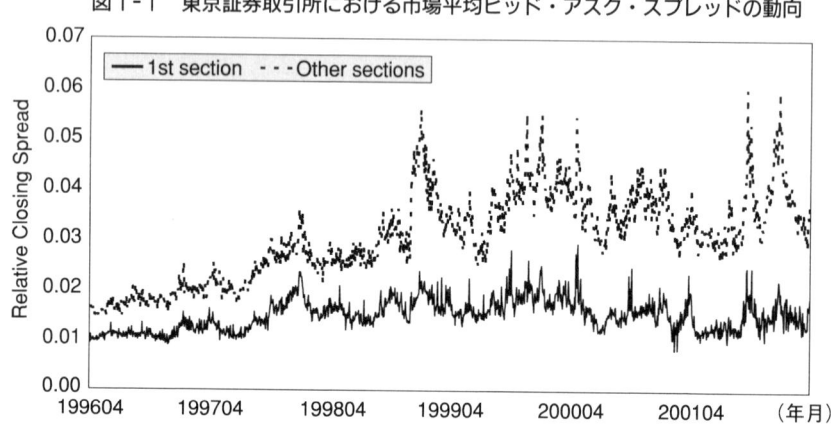

図1-1 東京証券取引所における市場平均ビッド・アスク・スプレッドの動向

§2 会計基準変更とビッド・アスク・スプレッド

アスク・スプレッドの決定要因の変化を所与としたうえで,新会計基準の導入以降にビッド・アスク・スプレッドが低下した,すなわち情報の非対称性および市場の流動性が改善したことを示す。反対に,プラスの符号は,ビッド・アスク・スプレッドが上昇した,すなわち情報の非対称性や市場の流動性が悪化したものと考えられる。なお,ダミー変数を除く各変数は,対数変換したものを使用する。

(1)式の推定方法は,次のとおりである。まず,各企業のビッド・アスク・スプレッドに対する新会計基準の影響を検出するため,企業毎に72カ月間の時系列データを用いて推定する。次に,新会計基準導入時点を事前に特定することはしない。その代わりに,前半期間と後半期間を区分する基準時点(base date)を任意に定めたうえで,ダミー変数の値は,基準時点を含むそれ以前の期間についてゼロ,それ以後の期間について1とする。基準時点の設定は1996年10月から2001年9月までの各月について任意に行い,実証モデルはその都度繰り返し推定する。さらに,誤差項の一階の自己相関に対処するため,Prais-Winsten変換法を用いて二段階で係数推定値を求める。

したがって,(1)式の推定を161,520($=1,346 \times 60 \times 2$)回繰り返した結果は,次のとおりである。1番目に,ビッド・アスク・スプレッドの決定要因にかかる係数は一般的に,出来高(VOL)と株価水準(PRI)がマイナス,株価のボラティリティ(STD)がプラスである。これらは,先行研究の結果と基本的に首尾一貫している。2番目に,モデルの説明力を示す自由度修正済み決定係数は,各基準時点についてサンプル企業の平均値が約55%である。3番目に,Durbin-Watson検定によれば,各基準時点について,サンプル企業の圧倒的大部分(少なくとも1,326社)は,誤差項に一階の自己相関がないという帰無仮説を両側10%の有意水準で棄却できない。

一方,図1-2は,任意に定めた60個の基準時点毎に,1,346社のダミー変数(DMY)の係数推定値の平均値および中央値をグラフ化したものである[4]。ダミー変数の係数推定値は,その定義によって,基準時点を含むそれ以前の期間と比較した場合の,基準時点以後のビッド・アスク・スプレッドの水準を示す。したがって,基準時点を1999年10月に設定した場合にダミー変数の係数の平均値および中央値がマイナスになることは,平均的な企業について,1999年11月

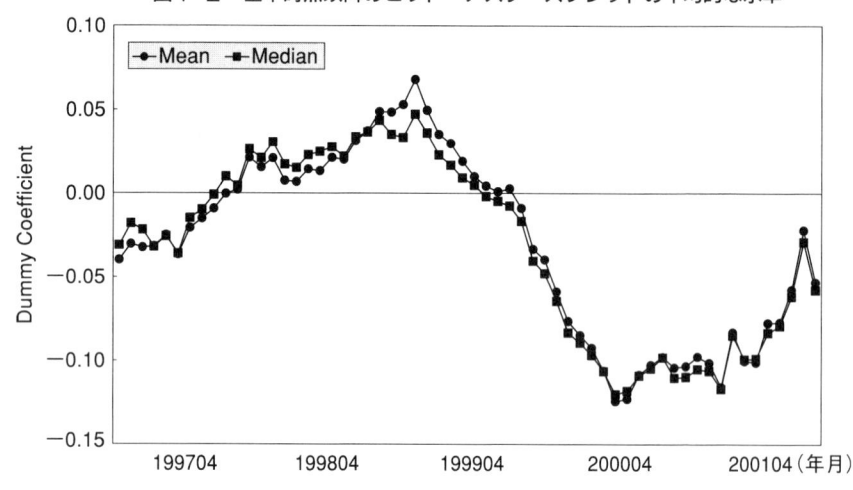

図1-2 基準時点以降のビッド・アスク・スプレッドの平均的な水準

以降の期間はそれ以前の期間に比べて，ビッド・アスク・スプレッドの水準が小さいことを意味する。そして，この時期は，1999年4月1日以降に開始する事業年度について，上半期の中間決算情報が公表される時期に相当する。また，基準時点を2000年4月に設定した場合，ダミー変数の係数の平均値および中央値は，最も大きなマイナスの値を示している。すなわち，平均的な企業について，2000年5月以降の期間はそれ以前の期間に比べてビッド・アスク・スプレッドの水準が大きく低下していることを意味する。そして，この時点は，1999年4月1日以降に開始する事業年度について，当該年度の年次決算情報が公表される時期に相当する。こうした実証結果から，一般的に主張されている新会計基準の導入時期と相前後して，ダミー変数の係数がマイナス，すなわち新会計基準導入以降の期間のビッド・アスク・スプレッドはそれ以前の期間に比べて小さく，情報の非対称性や市場の流動性が改善したものと解釈される。

---

4) 分析結果の頑健性を確認するために，①Prais-Winsten変換法を用いずに通常最小二乗法（OLS）を用いた場合，②データ期間を1999年4月から2002年3月までの36カ月間とした場合，③取引終了時点の気配値にもとづいて各取引日のビッド・アスク・スプレッドを計算するのではなく，日中の約定成立時点において有効であった気配値にもとづいて計算されるビッド・アスク・スプレッドの日次単純平均を用いた場合について，（1）式を再度推定しなおした。しかし，本文で指摘した基本的な傾向について，大きな変化はみられない。

5 ビッド・アスク・スプレッドの順位回帰分析

しかしながら，それは単なる偶然の一致にすぎないかもしれない。本節では，新会計基準の導入がビッド・アスク・スプレッドを低下させたことを示す直接的な証拠を獲得するために追加的な分析を実施した。たとえば，持株基準から支配力基準への変更は連結範囲を拡大し，企業グループ全体の経営実態をよりいっそう明瞭に表示できるものと期待されているが，100％所有の子会社を利用しながらグループ展開を図るというような経営戦略を採用している企業の連結範囲は，持株基準であれ支配力基準であれ基本的に異ならない。すなわち，新会計基準の影響は企業間で同じではないから，各企業に対する新会計基準の影響度と導入後のビッド・アスク・スプレッドの低下を示すダミー変数の間に有意な相関関係を発見することができれば，それは，新会計基準の導入がビッド・アスク・スプレッドを低下させたことを示す直接的な証拠と考えられる。

そこで，銀行・証券・保険の各業種に属する企業を除いた2000年3月期決算企業1,056社のデータを用いて，表1-5で定義された新会計基準の影響度を示す11個の変数と5つのコントロール変数を独立変数，(1)式で推定された各企業のダミー変数(DMY)の係数(基準時点を2000年4月または5月とした場合)を従属変数とする多変量回帰モデルを設定し，順位回帰(rank regression)という手法を用いて推定した。

表1-6は，その推定結果である。1番目に，2000年3月期に連結範囲または持分法適用範囲を変更した企業はそうでない企業に比べて，ビッド・アスク・スプレッドが有意に低下している。このことは，持株基準から支配力基準・影響力基準への変更による連結範囲・持分法適用範囲の拡大が企業グループ全体の経営実態をより明確に表示できるようになったことが一因かもしれない。2番目に，米国会計基準を採用する企業のほうが，ビッド・アスク・スプレッドがより大きく低下する傾向がみられる。これは，国際会計基準や米国会計基準に変更した企業のほうがドイツの国内基準を継続採用している企業に比べてビッド・アスク・スプレッドが小さいことを報告した先行研究(Leuz and Verrecchia, 2000)と首尾一貫するものである。3番目に，売上高に比べて研究開発費

表1-5 新会計基準の影響度を測定する変数

連結財務諸表原則関連変数
　CONSOL＝2000年3月期において連結財務諸表を新たに開示すれば1，そうでなければ0
　CONRNG＝2000年3月期において連結範囲または持分法適用範囲を変更していれば1，そうでなければ0
　CONPAR＝連結総資産と親会社総資産の差額(絶対値)を親会社総資産で割算した比率
　SECSTD＝米国会計基準採用企業ならば1，そうでなければ0
キャッシュ・フロー計算書作成基準関連変数
　CASHFL＝売上高に対する会計発生高(税金等調整前利益－営業キャッシュ・フロー)の絶対値の比率
研究開発費会計基準関連変数
　RDCOST＝売上高に対する研究開発費の比率
中間連結財務諸表作成基準関連変数
　INTERM＝1999年9月中間期において中間連結財務諸表を早期開示していれば1，そうでなければ0
税効果会計基準関連変数
　DEFTAX＝総資産に対する繰延税金資産・負債合計の比率
退職給付会計基準関連変数
　POSRET＝2000年3月期において退職給付関連の限定意見が表明されていれば1，そうでなければ0
セグメント情報会計基準関連変数
　SEGMET＝2000年3月期においてセグメント情報関連の限定意見が表明されていれば1，そうでなければ0
減損会計基準関連変数
　IMPLOS＝売上高に対する資産処分損・評価損(特別損失計上分)の比率
その他のコントロール変数
　TASSET＝期末総資産額(自然対数変換)
　LARSTK＝大株主持株比率
　FOREGN＝外国人持株比率
　INDIVI＝個人持株比率
　LISSEC＝東京証券取引所第一部に継続上場ならば1，そうでなければ0

表1-6 順位回帰の推定結果

Base Date	200004		200005	
	Coefficient	t-statistic	Coefficient	t-statistic
Intercept	0.453	5.511	0.479	5.808
CONSOL	−0.004	−0.108	0.001	0.031
CONRNG	−0.042	−1.841	−0.046	−1.995
CONPAR	−0.035	−0.930	−0.046	−1.233
SECSTD	−0.120	−1.815	−0.100	−1.516
CASHFL	0.009	0.276	0.004	0.110
RDCOST	0.082	2.362	0.074	2.116
INTERM	0.021	0.781	0.003	0.111
DEFTAX	−0.037	−1.081	−0.037	−1.083
POSRET	−0.009	−0.428	−0.002	−0.077
SEGMET	−0.011	−0.334	−0.016	−0.463
IMPLOS	−0.056	−1.726	−0.063	−1.932
TASSET	0.032	0.663	0.067	1.379
LARSTK	0.163	3.504	0.143	3.067
FOREGN	−0.020	−0.407	−0.021	−0.416
INDIVI	0.053	0.991	0.045	0.826
LISSEC	−0.029	−1.129	−0.039	−1.509
Adj.R^2	0.039		0.033	
F-statistic	3.688		3.236	
Observations	1056		1056	

が大きく,研究開発活動に積極的な企業ほどビッド・アスク・スプレッドが低下していない。このことは,研究開発支出に関する会計基準が整備された背景や意図とは必ずしも合致しないが,即時費用処理によってオフ・バランスとなっている研究開発資産が大きい企業ほど市場の流動性が低いことを示唆する米国の研究結果(Boone and Raman, 2001)とは整合的である。4番目に,2000年3月期に巨額の資産処分損・評価損を計上し,保有資産の減損を自発的に処理した企業ほど,ビッド・アスク・スプレッドが有意に低下している。このことは,減損会計の導入が情報の非対称性や市場の流動性を改善しうることを示唆するものである。5番目に,株主構成については,大株主持株比率が低い企業ほど,ビッド・アスク・スプレッドが有意に低下していることが確認された。最後に,各変数の統計的有意水準は必ずしも高くなく,モデルの説明力を示す決定係数は3％ほどにすぎないから,新会計基準導入後のビッド・アスク・スプレッドの低下について,その企業間差異を十分に説明できているわけではない。

6 要約と課題

　本節は,昨今導入された新会計基準が証券市場における情報の非対称性または流動性を改善させたか否かを検証するために,ビッド・アスク・スプレッドの時系列動向に焦点を当てた。分析結果は,新会計基準の導入時期に関する一般的な主張と首尾一貫して,新基準導入後の期間のビッド・アスク・スプレッドはそれ以前の期間に比べて小さく,情報の非対称性や市場の流動性が改善したことを示している。さらに,各企業に対する新基準の影響度と導入後のビッド・アスク・スプレッドの低下を示す変数間に,有意な相関関係が存在することを示唆している。ただし,新基準導入後のビッド・アスク・スプレッドの低下について,その企業間差異を十分に説明することはできていない。したがって,本節は,ビッド・アスク・スプレッドが最近低下傾向にあることを示す証拠を獲得したが,それが新会計基準の導入に起因することを示す強力な証拠を提供しているわけではない。

　もっとも,①すでに導入された新会計基準の影響度を示す変数の精緻化,②

比較的最近になって導入された金融商品や退職給付などの新会計基準および今後導入予定の会計基準の影響も把握するためのサンプル期間の拡大、③売り気配値または買い気配値で待機している注文株数によって測定される市場の厚み（depth）を加えた情報の非対称性や市場の流動性についての包括的な調査など、本節のリサーチ・デザインを改善するために今後検討すべき課題が数多く残されている。

《参考文献》

Amihud, Y., and Mendelson, H. (1986). Asset Pricing and the Bid-Ask Spread. *Journal of Financial Economics*, 17, 223-249.

Amihud, Y., and Mendelson, H. (1989). The Effects of Beta, Bid-Ask Spread, Residual Risk, and Size on Stock Returns. *Journal of Finance*, 44, 479-486.

Boone, J. P. (1998). Oil and Gas Reserve Value Disclosures and Bid-Ask Spreads. *Journal of Accounting and Public Policy*, 17, 55-84.

Boone, J. P., and Raman, K. K. (2001). Off-Balance Sheet R&D Assets and Market Liquidity. *Journal of Accounting and Public Policy*, 20, 97-128.

Callahan, C. M., Lee, C. M. C., and Yohn, T. L. (1997). Accounting Information and Bid-Ask Spreads. *Accounting Horizons*, 11, 50-60.

Coller, M., and Yohn, T. L. (1997). Management Forecasts and Information Asymmetry: An Examination of Bid-Ask Spreads. *Journal of Accounting Research*, 35, 181-191.

Glosten, L. R., and Milgrom, P. R. (1985). Bid, Ask and Transaction Prices in a Specialist Market with Heterogeneously Informed Traders. *Journal of Financial Economics*, 14, 71-100.

Greenstein, M. M., and Sami, H. (1994). The Impact of the SEC's Segment Disclosure Requirement on Bid-Ask Spreads. *The Accounting Review*, 69, 179-199.

Hamao, Y., and Hasbrouck, J. (1995). Securities Trading in the Absence of Dealers: Trades and Quotes on the Tokyo Stock Exchange. *Review of Financial Studies*, 8, 849-878.

Lee, C. M. C., Mucklow, B., and Ready, M. J. (1993). Spreads, Depths, and the Impact of Earnings Information: An Intraday Analysis. *Review of Financial Studies*, 6, 345-374.

Lehmann, B. N., and Modest, D. M. (1994). Trading and Liquidity on the Tokyo Stock Exchange: A Bird's Eye View. *Journal of Finance*, 49, 951-984.

Leuz, C., and Verrecchia, R. E. (2000). The Economic Consequences of Increased Disclosure. *Journal of Accounting Research*, 38, 91-124.

Lev, B. (1988). Toward a Theory of Equitable and Efficient Accounting Policy.

The Accounting Review, 63, 1-22.

Levitt, A. (1998). The Importance of High Quality Accounting Standards. *Accounting Horizons*, 12, 79-82.

Morse, D., and Ushman, N. (1983). The Effect of Information Announcements on the Market Microstructure. *The Accounting Review*, 58, 247-258.

大村敬一・宇野淳・川北英隆・俊野雅司(1998)『株式市場のマイクロストラクチャー』日本経済新聞社.

音川和久(2002)「新会計基準とマーケット・マイクロストラクチャー」『会計』161, 734-744.

音川和久(2003)「企業の財務報告と株式市場の流動性」早稲田大学産業経営研究所編『産研アカデミック・フォーラム』11, 19-34.

芹田敏夫(2002)「インプライド・ビッド・アスク・スプレッドの推定—日中取引データを用いた日本株式の実証分析」松浦克己・米澤康博編著『金融の新しい流れ—市場化と国際化』日本評論社, 229-259.

週刊経営財務編集部編(2000)『会計ビッグバンによる会計処理の変更 実例集』税務研究会.

宇野淳・嶋谷毅・清水季子・万年佐知子(2002)「JASDAQ市場のマーケット・マイクロストラクチャーとスプレッド分布」日本銀行金融市場局ワーキングペーパーシリーズ, 2002-J-2.

Venkatesh, P. C., and Chiang, R. (1986). Information Asymmetry and the Dealer's Bid-Ask Spread: A Case Study of Earnings and Dividend Announcements. *Journal of Finance*, 41, 1089-1102.

(音川 和久)

§3

新会計基準の公表と株価変動

1 はじめに

　本節の目的は，1990年代後半から実施された会計基準の新設や変更が企業経営に及ぼした影響を，基準書や公開草案の公表日周辺の株価変動という観点から調査することである。取り上げる会計基準は，日本総合研究所が2002年8月に実施したアンケート調査「会計基準の変更が企業経営に与えた影響」と同じ8つの会計基準，すなわち①連結財務諸表原則の改訂，②連結キャッシュ・フロー計算書の作成基準，③研究開発費に係る会計基準，④退職給付に係る会計基準，⑤金融商品に係る会計基準，⑥税効果会計に係る会計基準，⑦外貨建取引等会計処理基準の改訂，⑧販売用不動産の強制評価減に関する監査上の取扱いである。こうした新しい会計基準のそれぞれについて，基準書公表日および公開草案公表日を中心に，その前後の株価動向を調査する。

　株価動向を調査する企業は，①研究開発投資を積極的に行っている企業(以下，研究開発型企業)，②設備投資を積極的に行っている企業(以下，設備投資型企業)，③銀行業に所属する企業(以下，銀行)，④建設業または不動産業に所属する企業(以下，建設・不動産企業)という4つのグループである。もし新しい会計基準がこうした企業に対して有利(不利)な影響をもたらすことが株式市場において予想されるならば，当該企業グループの株価は，その公表時点において上昇(下落)するはずである。

2 先行研究のレビュー

　アメリカでは，会計基準の新設や変更に起因する経済的影響について，企業の株価変動という観点から分析した実証研究が蓄積されている[1]。

　たとえば，Leftwich(1981)は，持分プーリング法の適用を制限する会計原則

審議会(APB)意見書第16号および第17号の公表に関する基準設定過程を分析した。過去の合併において少なくとも1度は持分プーリング法を採用した企業をサンプルとし，企業結合会計の審議開始など当該基準の採択確率を変化させるような21個のイベントについて，その前後各5日間の株価動向を調査した。そして，8つのイベントで有意な株価の下落が観察されるとともに，企業サイドの費用負担が相対的に少ない基準案が採択されそうになったケースでは有意な株価の上昇がみられた。

Collins, Rozeff and Dhaliwal(1981)は，石油・ガス探査コストの会計処理についてフル・コスト法(full-cost method)の適用を禁止し，成功努力法(successful-efforts method)の採用を規定した財務会計基準書(SFAS)第19号の公開草案が公表された時点の株価変動を調査した。また，Lys(1984)は，Collins, Rozeff and Dhaliwal(1981)が分析した公開草案公表時点のほかに，3つのイベントを追加的に特定し，その時点の株価変動も調査した。それによれば，Wall Street Journalが公開草案の内容を報道した時点において，失敗した探査のコストも資産計上するフル・コスト法を採用している企業の株価は，成功した探査にかかるコストのみを資産計上する成功努力法を採用している企業のそれに比べて有意に下落したことが発見された。

Noreen and Sepe(1981)は，インフレーション会計に関する財務会計基準審議会(FASB)や証券取引委員会(SEC)の基準設定過程を分析対象とした。そして，インフレーション会計の強制的開示に関する基準の採択確率を増加させるようなイベント日に株価が下落した企業グループほど，そうした基準の採択確率を減少させるイベント日には株価が上昇するという相関関係が存在することを発見した。一方，Beaver, Christie and Griffin(1980)は，SECによる会計連続通牒(ASR)第190号の基準設定過程を調査した。インフレーション調整の影響が大きい企業とそうでない企業の株価動向を比較したが，有意な差異を発見することはできなかった。

本節では，1990年代後半に日本で実施された一連の会計基準の新設や変更に

---

1) この文献レビューは，Watts and Zimmerman(1986, ch.12)やBrown(1994, ch.10)に依拠している。

ついて，その公開草案や基準書の公表日周辺の株価動向を総合的に調査する。

3 リサーチ・デザイン

　本節で分析対象となる企業は，1997年1月から2000年12月の期間にわたって東京証券取引所に継続して上場していた企業である。そのうち，研究開発型企業とは，2000年度中に終了した会計年度の研究開発費(連結ベース)が期首総資産の3％を超える企業のことである。次に，設備投資型企業とは，2000年度中に終了した会計年度の設備投資の金額(連結ベース)が期首総資産の5％を超える企業のことである。財務諸表データは，日本経済新聞社の『日経NEEDS企業財務データ』から入手した。一方，銀行，建設または不動産の各産業に所属しているかどうかは，東洋経済新報社『株価CD-ROM2001年版』の産業分類にもとづいて判断した。こうしたサンプル要件を満足する企業はそれぞれ，①研究開発型企業247社，②設備投資型企業309社，③銀行88社，④建設・不動産企業166社である。

　表1-7は，前述した8つの新しい会計基準に関する公開草案公表日と基準書公表日の一覧である。本節では，公開草案公表日および基準書公表日を中心に，その前後各10日間をイベント期間と定義する。そして，イベント期間を除く1997年1月から2000年12月までの日次株価データ(731日分)を用いて，(1)式の市場モデルをサンプル企業ごとに推定する。なお，株価データは，東洋経済新報社の『株価CD-ROM2001年版』から抽出している。

表1-7　新しい会計基準の公開草案と基準書の公表日

基準名	公開草案公表日	基準書公表日
連結財務諸表原則の改訂	19970207	19970606
連結キャッシュ・フロー計算書の作成基準	19971222	19980313
研究開発費に係る会計基準	19971222	19980313
退職給付に係る会計基準	19980417	19980616
金融商品に係る会計基準	19980616	19990122
税効果会計に係る会計基準	19980618	19981030
外貨建取引等会計処理基準の改訂	19990618	19991022
販売用不動産の強制評価減に関する監査上の取扱い	20000119	20000706

$$R_{i,t} = a_i + \beta_i * R_{M,t} + \varepsilon_{i,t} \tag{1}$$

ここで、$R_{i,t}$は、企業 i の日次 t における株価(終値ベース)にもとづいて計算される日次株価変化率である。取引が成立しなかった場合、その日の株価変化率はゼロと定義する。一方、$R_{M,t}$は、日次 t における東証株価指数(TOPIX)の終値ベースにもとづいて計算される日次変化率である。なお、a_iとβ_iは市場モデルの係数で、$\varepsilon_{i,t}$は誤差項である。

次に、全体で254日間にわたるイベント期間の各取引日について、市場モデルのパラメータ推定値にもとづく残差リターン(residual return)を、(2)式に従って計算する。

$$Z_{i,t} = R_{i,t} - (a_i + b_i * R_{M,t}) \tag{2}$$

ここで、a_iとb_iは、通常最小二乗法(OLS)にもとづくα_iとβ_iの係数推定値である。

本節の目的は、新しい会計基準の公開草案や基準書の公表日周辺の株価変動を通じて、株式市場が企業に対する新会計基準の影響をどのように理解していたのかを分析することである。そのために、本節では、4つの企業グループごとに、(3)式で定義される平均残差リターン(average residual return: ARR)を、イベント期間の各取引日について計算する。

$$ARR_t = \frac{1}{N}\sum_{i=1}^{N} Z_{i,t} \tag{3}$$

ここで、Nは、各サンプル・グループの企業数を表わす。もし新しい会計基準が各企業グループに対して有利(不利)な影響をもたらすことが株式市場において予想されるならば、平均残差リターンは、統計的に有意なプラス(マイナス)の値を示すであろう。平均残差リターンの統計的有意性は、①各イベント日のクロスセクショナルな標準偏差を利用した t 統計量、②市場モデル推定期間の平均残差リターンの時系列から計算される標準偏差を利用した t 統計量、③ノンパラメトリックな符号検定にもとづく z 統計量の3種類にもとづいて判断される(後藤、1997)。

4 調査結果と解釈

　本節では，8つの会計基準の公開草案と基準書の公表日をそれぞれ日次ゼロと定義した場合の日次−10から日次＋10までのイベント期間（全体で254日間）の平均残差リターンを，4つの企業グループごとに計算した。紙幅の都合で，特に興味深い発見事項のみを指摘すれば，次のようなものである。

　1番目は，研究開発費に係る会計基準の公開草案公表日である1997年12月22日周辺の株価動向である。表1−8の結果は，研究開発型企業の株価が研究開発費会計基準の公開草案公表日周辺において有意に下落していることを示唆する[2)3)]。ありうべき1つの解釈は，新しい会計基準の設定が企業の研究開発活動に悪影響を及ぼすという株式市場の見方に，その原因を求めることができる。

表1−8　研究開発費に係る会計基準の公開草案公表と研究開発型企業の株価動向

Event Date	Date	Mean	Std. Dev.	Positive	Negative	t-stat. 1	t-stat. 2	z-stat.
−10	19971208	−0.006	0.032	126	121	−2.950	−1.060	0.255
−9	19971209	−0.003	0.033	96	151	−1.630	−0.600	−3.436
−8	19971210	−0.001	0.030	125	122	−0.728	−0.242	0.127
−7	19971211	−0.004	0.025	121	126	−2.792	−0.767	−0.255
−6	19971212	−0.009	0.034	113	134	−3.978	−1.506	−1.273
−5	19971215	−0.010	0.035	102	145	−4.598	−1.759	−2.672
−4	19971216	−0.004	0.032	99	148	−1.987	−0.696	−3.054
−3	19971217	0.001	0.036	118	129	0.408	0.161	−0.636
−2	19971218	−0.005	0.032	118	129	−2.720	−0.955	−0.636
−1	19971219	−0.017	0.042	101	146	−6.434	−3.029	−2.800
0	19971222	−0.017	0.050	104	143	−5.369	−2.962	−2.418
1	19971224	−0.014	0.054	98	149	−4.157	−2.473	−3.181
2	19971225	0.016	0.052	153	94	4.850	2.770	3.690
3	19971226	−0.010	0.060	110	137	−2.635	−1.761	−1.654
4	19971229	−0.008	0.041	91	156	−2.898	−1.307	−4.072
5	19971230	0.004	0.038	124	123	1.660	0.707	0.000
6	19980105	0.008	0.043	161	86	3.033	1.457	4.709
7	19980106	−0.006	0.042	125	122	−2.123	−0.985	0.127
8	19980107	−0.002	0.032	110	137	−0.872	−0.313	−1.654
9	19980108	0.011	0.032	165	82	5.486	1.943	5.218
10	19980109	0.001	0.030	136	111	0.300	0.101	1.527

2番目は,退職給付に係る会計基準の公開草案公表日である1998年4月17日周辺の株価動向である。表1-9の結果によれば,研究開発型企業の株価は,退職給付に係る会計基準の公開草案公表日において有意に下落しているわけではない[4)5)]。こうした結果に対する1つの解釈は,退職給付に関する新しい会計基準の設定が研究開発型企業に対して重大な影響を及ぼすというような想定を株式市場が当初はしていなかったというものである。しかし,その後の長引く株価の低迷や金利の低下は年金資産の運用利回りを大幅に悪化させるとともに,その穴を埋めるための追加拠出も企業業績の悪化でその余力が乏しくなっている。そして,数多くの企業が,退職給付の水準引下げ,確定拠出年金制度の導入,および厚生年金基金の代行部分の返上など退職給付関連の負担を軽減するために様々な方策を実行しているという現状がみられる。この点について,本書の第2章§1では,基準書の設定当初には予想されていなかった退職給付会計基準の企業経営に対する影響を,経営者の裁量行動という別の観点から調査している。

3番目は,税効果会計に係る会計基準の基準書公表日である1998年10月30日周辺の株価動向である。表1-10の結果は基本的に,銀行の株価が税効果会計基準の基準書公表日において有意に上昇していることを示唆する[6)7)]。ありう

---

2) ただし,この分析結果を解釈する場合,連結キャッシュ・フロー計算書の作成基準も1997年12月22日に公表されている点は注意が必要である。
3) 小谷(2001)は,研究開発費に係る会計基準の基準設定過程に焦点を当てた実証研究であるが,旧基準に準拠して研究開発支出を繰延資産計上していた企業の株価が公開草案公表日に有意に下落したことを示す証拠を提示している。また,設備投資型企業,銀行,建設・不動産企業の各グループについても,研究開発費に係る会計基準の公開草案公表日において有意な株価の下落がみられる。
4) 退職給付に係る会計基準の基準書公表日である1998年6月16日についても,研究開発型企業の株価変化は,統計的に有意にゼロと異ならない。ただし,この分析結果を解釈する場合,金融商品に係る会計基準の公開草案が1998年6月16日に公表されている点,および税効果会計に係る会計基準の公開草案が1998年6月18日に公表されている点は注意が必要である。
5) 設備投資型企業,銀行,建設・不動産企業の各グループについても,退職給付会計基準の公開草案や基準書の公表日において顕著な株価の下落は生じていない。
6) 税効果会計に係る会計基準の公開草案公表日である1998年6月18日についても,銀行の株価は有意に上昇している。ただし,この分析結果を解釈する場合,退職給付に係る会計基準の基準書および金融商品に係る会計基準の公開草案が1998年6月16日に公表されている点は注意が必要である。
7) 建設・不動産企業については,税効果会計基準の公開草案公表日において有意な株価の上昇が観察されるが,研究開発型企業や設備投資型企業の株価は,必ずしも上昇しているわけではない。

第1章 証券市場に与えた影響

表1-9 退職給付に係る会計基準の公開草案公表と研究開発型企業の株価動向

Event Date	Date	Mean	Std. Dev.	Positive	Negative	t-stat.1	t-stat.2	z-stat.
−10	19980403	0.006	0.041	144	103	2.111	0.964	2.545
−9	19980406	−0.001	0.034	111	136	−0.298	−0.112	−1.527
−8	19980407	0.008	0.031	131	116	4.308	1.459	0.891
−7	19980408	0.007	0.034	130	117	3.203	1.204	0.764
−6	19980409	0.002	0.035	108	139	0.769	0.301	−1.909
−5	19980410	0.002	0.023	140	107	1.556	0.390	2.036
−4	19980413	0.003	0.026	141	106	1.625	0.463	2.163
−3	19980414	0.003	0.025	126	121	1.572	0.439	0.255
−2	19980415	0.004	0.026	144	103	2.740	0.782	2.545
−1	19980416	0.000	0.027	142	105	0.186	0.056	2.291
0	19980417	−0.002	0.025	134	113	−1.015	−0.279	1.273
1	19980420	−0.002	0.029	116	131	−1.287	−0.414	−0.891
2	19980421	−0.002	0.023	88	159	−1.573	−0.398	−4.454
3	19980422	−0.002	0.024	127	120	−1.275	−0.345	0.382
4	19980423	0.000	0.022	111	136	−0.245	−0.060	−1.527
5	19980424	0.006	0.029	122	125	3.081	0.975	−0.127
6	19980427	−0.001	0.027	130	117	−0.607	−0.183	0.764
7	19980428	−0.003	0.022	121	126	−1.860	−0.458	−0.255
8	19980430	−0.006	0.025	93	154	−3.584	−0.997	−3.818
9	19980501	0.002	0.028	130	117	1.037	0.323	0.764
10	19980506	−0.001	0.025	130	117	−0.522	−0.144	0.764

表1-10 税効果会計に係る会計基準の基準書公表と銀行の株価動向

Event Date	Date	Mean	Std. Dev.	Positive	Negative	t-stat.1	t-stat.2	z-stat.
−10	19981016	−0.003	0.028	27	61	−0.932	−0.344	−3.518
−9	19981019	0.003	0.022	41	47	1.255	0.370	−0.533
−8	19981020	0.000	0.019	34	54	−0.105	−0.026	−2.025
−7	19981021	0.011	0.033	48	40	3.022	1.341	0.746
−6	19981022	0.015	0.042	49	39	3.442	1.917	0.959
−5	19981023	−0.005	0.022	39	49	−2.045	−0.606	−0.959
−4	19981026	−0.008	0.026	37	51	−3.036	−1.044	−1.386
−3	19981027	−0.010	0.024	35	53	−3.816	−1.218	−1.812
−2	19981028	0.005	0.015	63	25	3.156	0.626	3.944
−1	19981029	0.001	0.017	34	54	0.559	0.126	−2.025
0	19981030	0.008	0.023	54	34	3.145	0.981	2.025
1	19981102	0.006	0.034	40	48	1.751	0.804	−0.746
2	19981104	0.004	0.034	42	46	1.159	0.522	−0.320
3	19981105	−0.008	0.028	36	52	−2.671	−0.989	−1.599
4	19981106	0.000	0.018	47	41	0.158	0.038	0.533
5	19981109	−0.007	0.018	37	51	−3.628	−0.859	−1.386
6	19981110	−0.004	0.023	37	51	−1.533	−0.468	−1.386
7	19981111	0.010	0.023	51	37	4.030	1.246	1.386
8	19981112	−0.004	0.018	40	48	−2.193	−0.537	−0.746
9	19981113	−0.005	0.019	32	56	−2.432	−0.618	−2.452
10	19981116	0.006	0.023	44	44	2.357	0.737	0.000

べき1つの解釈は，税効果会計の導入が銀行の自己資本比率規制の回避にとってプラスの影響を及ぼすという株式市場の見方に，その原因を求めることができる。

5 要約と課題

本節は，1990年代後半から日本で実施された一連の会計基準の新設や変更が企業経営に及ぼした影響を，基準書や公開草案の公表日周辺の株価変動という観点から調査した。そして，いくつかの興味深い発見事項を指摘した。しかし，本節の分析結果の中には，解釈が非常に困難であるケースもあり，それらに対して十分な検討を加えることはできなかった。また，公開草案や基準書の公表に対する株価反応はおそらく企業間で異なっているが，それらを説明するためのクロスセクション・モデルの構築も今後の課題である。さらに，株式市場は，公開草案や基準書の正式な公表のほかにも新聞報道によって基準設定過程の詳細を知る機会を有している。したがって，本節で用いたイベント日の特定方法には問題があり，その他のイベント日が存在するか否かをもう一度検討する必要がある。

《参考文献》

Beaver, W. H., Christie, A. A., and Griffin, P. A. (1980). The Information Content of SEC Accounting Series Release No. 190. *Journal of Accounting and Economics*, 2, 127-157.

Brown, P. (1994). *Capital Markets-Based Research in Accounting: An Introduction*, Cooper & Lybrand(山地秀俊・音川和久訳『資本市場理論に基づく会計学入門』勁草書房，1999).

Collins, D. W., Rozeff, M., and Dhaliwal, D. (1981). The Economic Determinants of the Market Reaction to Proposed Mandatory Accounting Changes in the Oil and Gas Industry: A Cross-Sectional Analysis. *Journal of Accounting and Economics*, 3, 37-71.

後藤雅敏(1997)『会計と予測情報』中央経済社.

小谷学(2001)「会計基準変更の経済的帰結―研究開発費会計のイベント・スタディ―」神戸大学大学院経営学研究科博士課程モノグラフシリーズ，No.0108.

Leftwich, R. (1981). Evidence of the Impact of Mandatory Changes in Accounting Principles on Corporate Loan Agreements. *Journal of Accounting and*

Economics, 3, 3-36.
Lys, T. (1984). Mandated Accounting Changes and Debt Covenants: The Case of Oil and Gas Accounting. *Journal of Accounting and Economics*, 6, 39-65.
Noreen, E., and Sepe, J. (1981). Market Reactions to Accounting Policy Deliberations: The Inflation Accounting Case. *The Accounting Review*, 56, 253-269.
須田一幸(2000)『財務会計の機能―理論と実証』白桃書房.
Watts, R. L., and Zimmerman, J. (1986). *Positive Accounting Theory*, Prentice-Hall(須田一幸訳『実証理論としての会計学』白桃書房, 1991).

(音川 和久・乙政 正太)

第2章
企業経営に与えた影響

　新会計基準の設定が企業活動に悪影響をもたらした，と指摘されることがある。たとえば新会計基準の設定により，設備投資や研究開発活動が停滞し，株式相互持合いの解消が進み株価を低迷させている，と論じられる。このような事実が実際に観察されるのだろうか。本章では，§1で退職給付会計基準が研究開発活動に与えた影響を調査する。その結果，退職給付会計基準は研究開発型企業の研究開発活動に影響を与えていないことがわかった。そのような企業にとって，研究開発活動は経営の生命線であり，退職給付会計基準の設定には左右されないと考えられる。ただし，研究開発型企業は退職給付会計基準の適用にあたって，研究開発投資に支障がないよう退職給付債務を裁量的に計上することが判明した。企業の戦略的会計行動が観察されたのである。§2では，新しい会計基準の設定と株式相互持合いと企業業績の三者関係を，同時方程式モデルを用いて分析する。分析の結果，連結会計と時価会計の影響が大きい企業ほど，持合い株式を多く放出していることがわかった。さらに，持合い株式の放出割合と企業業績の間に，統計的に有意な正の関係が観察された。これは，企業業績が高まるように持合い株式が放出されている，ということを意味する。すなわち，新しい会計基準の設定を契機として，各社は企業業績を高める方向で持合い株式を合理的に放出していると解釈される。これは，会計制度改革のベネフィットを示す1つの証拠になる。

§7

退職給付会計基準と研究開発投資

1 はじめに

　本節の目的は，退職給付会計基準の導入が企業の研究開発投資に与えた影響を実証的に検証することである。周知の通り，国際基準に近づける形で，日本の会計基準は大幅に改訂されている。退職給付会計は，2000年(平成12年) 4月1日以後開始する事業年度から本格的に適用されるようになったが，この制度の導入初年度の影響はかなり大きいといわれている(岡部，2002)[1]。

　退職給付会計の導入は，適用初年度に退職給付債務の積立不足を発生させるので，この退職給付債務の処理(償却)が会計利益を圧迫することになる。このような結果は企業の投資行動にも多大な影響を及ぼしている可能性がある。研究開発投資は，企業の将来の収益性を左右する重要な活動であるため，企業収益が悪化する場合に，新製品・新技術・新規事業の開発にどのように取り組むかは企業にとって重要な戦略となろう[2]。

　そのために，経営者が退職給付債務の処理に気を配ると同時に，研究開発支出もどのように抑えるかを工夫しようとする可能性がある。その他の投資(たとえば，設備投資)とは異なって，研究開発費は償却されないで一括費用計上される[3]。そのため，会計利益に対する影響度は大きいと考えられる。会計利益は研究開発費の多寡と連動しているという証拠も多く(Perry and Robert, 1994; Bange and De Bond, 1994; Mande et al., 2000)，研究開発投資の増減は利

---

1) 旧基準では，退職給与引当金がせいぜい期末要支給額の40％積み立てられていたにすぎず，適用初年度において，旧基準と新基準にもとづく退職給付引当金の差額は莫大な金額に達することが予想された。
2) 第1章§3の調査では，退職給付会計基準に係る公開草案などの公表日において，株価は有意に下落しているわけでなかった。すなわち，退職給付会計基準の設定が研究開発型企業に対して重大な影響を及ぼす，ということを株式市場は当初，予想していなかったと考えられる。
3) 1999年4月1日以降に開始する事業年度から，研究開発費については繰延処理が禁止され，一括費用計上だけが認められるようになった。

益調整のための経営者の実体的裁量行動(real discretion)となっていることもある。

　企業内部で，研究開発投資という実体的裁量行動と退職給付債務の計算という会計的裁量行動をどのように駆使しているかは非常に興味深い問題である。本節では，退職給付債務の会計処理と研究開発活動の相互関係を実証的に分析することで，退職給付会計基準が企業の研究開発投資に与えた影響と，退職給付会計における企業の裁量的行動を明らかにする。

2 実証モデルの導出

　まず，経営者が下記のようなコスト最小化問題に直面している状況を想定しよう[4]。

Minimize Cost=
RDC, UBO
$$1/2\{\lambda_1(ROA-\widetilde{ROA}+\xi_1)^2+\lambda_2(LEV-\widetilde{LEV}+\xi_2)^2+\lambda_3(RDC-\widetilde{RDC}+\xi_3)^2 \\ +\lambda_4(UBO-\widetilde{UBO}+\xi_4)^2\} \quad (1)$$
Subject to：
ROA＝ERN－γ_1 RDC＋γ_2 UBO
LEV＝LIB－δ_1 UBO

　(1)式は，次のように解釈することができる。1番目に，(1)式の第1項は，経営者が利益目標から乖離することから発生するコストを表している。利益水準(ROA)について，経営者およびその企業にとって最適な水準($\widetilde{ROA}$)が存在すると仮定しよう。たとえば，業績が過度に良好であれば，新規参入企業が増加し，市場競争の激化を招くかもしれない。反対に，業績が過度に悪化すれば，経営者自身の報酬削減や解雇，さらには企業倒産という事態に陥るかもしれない。したがって，上方であれ下方であれ，最適な利益水準から乖離する

---

[4]　本節で使用する実証モデルのアイデアは，Beatty, Chamberlain and Magliolo(1995)とChen and Daley(1996)に依拠している。

ことは 1 単位当たり $\lambda_1 (>0)$ のコストが発生するので，経営者は，目標とする利益水準を達成するように努める。しかし，どのような利益水準が最適であるかは，経営者にとって不確実であるとしよう。すなわち，経営者自身が最適な利益水準を達成していると思った場合でも，実際は ξ_1 の分だけ最適水準から乖離しているかもしれない（ただし $E[\xi_1]=0$ とする）。そして，コスト関数は，上方への乖離であれ下方への乖離であれプラスのコストが発生すること，および乖離の程度が大きくなるにつれてコストがよりいっそう急増することを想定し，それを 2 次関数で表現しよう。

2 番目に，（1）式の第 2 項は，経営者がレバレッジ目標から逸脱することから発生するコストを表している。レバレッジ(LEV)についても，利益水準(ROA)と同様に，経営者およびその企業にとって最適な水準($\overline{LEV}$)が存在すると仮定しよう。たとえば，レバレッジが高水準にあることは，企業の安全性を低下させ借入金利の上昇を招くかもしれない。反対に，レバレッジを必要以上に低くすることは，事業規模の縮小につながり何らかの収益機会を犠牲にしているかもしれない。したがって，上方であれ下方であれ，最適なレバレッジ水準から乖離することは 1 単位当たり $\lambda_2(>0)$ のコストが発生するので，経営者は，目標とするレバレッジ水準を達成するように努める。しかし，どのようなレバレッジ水準が最適であるかは，経営者にとって不確実であるとしよう。すなわち，経営者自身が最適なレバレッジ水準を達成していると思った場合でも，実際は ξ_2 の分だけ最適水準から乖離しているかもしれない（ただし $E[\xi_2]=0$ とする）。そして，コスト関数は，上方への乖離であれ下方への乖離であれプラスのコストが発生すること，および乖離の程度が大きくなるにつれてコストがよりいっそう急増することを想定し，それを 2 次関数で表現しよう。

3 番目に，利益水準とレバレッジ水準に関する目標を達成するために，経営者が利用可能な手段(内生的に決定できるもの)は，研究開発支出(RDC)と退職給付債務のオフ・バランス化(以下，未認識退職給付債務，UBO)の 2 つだけであると仮定しよう。研究開発支出は，一括費用計上によって利益水準に対して直接的な影響を及ぼす。また，未認識退職給付債務は，それらの認識が［(借)退職給付費用×××　(貸)退職給付引当金×××］という会計処理を通じて行われることを前提にすれば，退職給付引当金のオン・バランス化によってレバ

レッジ水準に対して直接的な影響を与えるとともに，退職給付費用の増減を通じて利益水準に対する影響も有する。経営者がRDCとUBOの水準を内生的に決定する前の利益水準(ERN)を［損益計算書上の税引前利益＋研究開発費－未認識退職給付債務］として定義すれば，損益計算書の報告利益水準(ROA)は，（1）式の1番目の制約条件のように分解することができる(ここで$\gamma_1 = \gamma_2 = 1$)。同様に，経営者がオフ・バランス化する退職給付債務の金額を内生的に決定する前のレバレッジ水準(LIB)を［貸借対照表上の総負債＋未認識退職給付債務］として定義すれば，貸借対照表の数字にもとづいて計算されるレバレッジ水準(LEV)は，（1）式の2番目の制約条件のように分解することができる(ここで$\delta_1 = 1$)。

4番目に，（1）式の第3項と第4項は，こうした2つの手段には非裁量的な部分が存在し，その最適水準から乖離することに起因するコストをあらわしている。たとえば，企業が将来的に存続するためには，何らかの研究開発投資が必要である。そのような投資をカットすれば，将来の存続基盤が危うくなるかもしれない。反対に，研究開発支出を必要以上に拡大することは，マイナスの正味割引現在価値(NPV)を有するようなプロジェクトにまで投資することを意味するかもしれない。また，未認識退職給付債務の金額を過度に操作することは，監査人による限定監査意見の表明につながるかもしれない。そこで，前述のケースと同様に，利益やレバレッジに関する目標達成を考慮しない場合の最適な研究開発水準($\widetilde{RDC}$)または未認識退職給付債務の金額($\widetilde{UBO}$)が存在し，それらから乖離すれば，それぞれ1単位当たりλ_3とλ_4(>0)のコストが発生すると仮定しよう。そして，経営者にとって，どのような水準が最適であるかは不確実であり，経営者自身が最適水準を達成していると思った場合でも，実際はξ_3とξ_4の分だけ乖離しているかもしれない(ただし$E[\xi_3] = E[\xi_4] = 0$とする)。そして，コスト関数は，上方への乖離であれ下方への乖離であれプラスのコストが発生すること，および乖離の程度が大きくなるにつれてコストがよりいっそう急増することを想定し，それを2次関数で表現しよう。

前述したような経営者が直面するコスト最小化問題の1階条件は，次のとおりである。

第2章 企業経営に与えた影響

$$RDC = \alpha_{10} \qquad\qquad + \alpha_{12} UBO + \alpha_{13} ERN \qquad + \alpha_{15} \widetilde{RDC} \qquad + \varepsilon_1 \quad (2)$$
$$UBO = \alpha_{20} + \alpha_{21} RDC \qquad + \alpha_{23} ERN + \alpha_{24} LIB \qquad + \alpha_{26} \widetilde{UBO} + \varepsilon_2 \quad (3)$$

$\alpha_{10} = (-\lambda_1 \gamma_1 \widetilde{ROA})/(\lambda_1 \gamma_1^2 + \lambda_3)$ \qquad (<0 if $\widetilde{ROA}>0$)

$\alpha_{12} = (\lambda_1 \gamma_1 \gamma_2)/(\lambda_1 \gamma_1^2 + \lambda_3)$ \qquad (>0)

$\alpha_{13} = (\lambda_1 \gamma_1)/(\lambda_1 \gamma_1^2 + \lambda_3)$ \qquad (>0)

$\alpha_{15} = (\lambda_3)/(\lambda_1 \gamma_1^2 + \lambda_3)$ \qquad (>0)

$\varepsilon_1 = (\lambda_1 \gamma_1 \xi_1 - \lambda_3 \xi_3)/(\lambda_1 \gamma_1^2 + \lambda_3)$ \qquad ?

$\alpha_{20} = (\lambda_1 \gamma_2 \widetilde{ROA} - \lambda_2 \delta_1 \widetilde{LEV})/(\lambda_1 \gamma_2^2 + \lambda_2 \delta_1^2 + \lambda_4)$ \qquad ?

$\alpha_{21} = (\lambda_1 \gamma_1 \gamma_2)/(\lambda_1 \gamma_2^2 + \lambda_2 \delta_1^2 + \lambda_4)$ \qquad (>0)

$\alpha_{23} = (-\lambda_1 \gamma_2)/(\lambda_1 \gamma_2^2 + \lambda_2 \delta_1^2 + \lambda_4)$ \qquad (<0)

$\alpha_{24} = (\lambda_2 \delta_1)/(\lambda_1 \gamma_2^2 + \lambda_2 \delta_1^2 + \lambda_4)$ \qquad (>0)

$\alpha_{26} = (\lambda_4)/(\lambda_1 \gamma_2^2 + \lambda_2 \delta_1^2 + \lambda_4)$ \qquad (>0)

$\varepsilon_2 = (-\lambda_1 \gamma_2 \xi_1 + \lambda_2 \delta_1 \xi_2 - \lambda_4 \xi_4)/(\lambda_1 \gamma_2^2 + \lambda_2 \delta_1^2 + \lambda_4)$ \qquad ?

　言うまでもないが，研究開発支出や未認識退職給付債務の最適水準を特定化することは非常に困難である。しかしながら，研究開発や退職給付に関するような情報を詳細に検討すれば，次のような特徴的パターンが存在することがわかる。すなわち，製薬産業など同業他社が積極的に研究開発を行っている産業に所属している場合，その企業の研究開発支出は，同業他社との競争関係を維持するために概して高くなる。また，同一業種の中でも，新薬開発戦略を推進する企業は毎年，高水準の負担であっても積極的な研究開発投資を継続するし，後発品製造の経営戦略を採用する企業は，研究開発活動に対する投資よりも製造原価の削減に専念する傾向がある。つまり，企業の研究開発投資は高い系列相関を有している。一方，他の事情が等しいかぎり，人件費負担の大きい労働集約的な企業ほど，未認識退職給付債務の金額も多くなることが期待できる。こうした関係は，(4)式および(5)式のように表現できる。

$$\widetilde{RDC} = a_1 RDB + a_2 IRDC \qquad\qquad (4)$$
$$\widetilde{UBO} = b_1 LAB \qquad\qquad (5)$$

ただし，RDBは前年度の研究開発支出，IRDCは研究開発支出に関する産業インデックス(同一業種に属する企業の平均値)を示す。また，LABは，労働集約

度の代理変数(従業員数÷総資産)である。なお，a_1，a_2およびb_1はすべて，前述した理由からプラスであることが期待される。

さらに，前述した変数の中には，実証モデルとして推定する場合に定義上の問題をもつものがある。すなわち，研究開発費が大きくなればなるほど，それらを損益計算書の報告利益に加え戻すことによってERNが増加するであろう。反対に，未認識退職給付債務の金額が大きくなればなるほど，報告利益から減算することによってERNが小さくなり，貸借対照表上の総負債額に加算することによってLIBが増大するであろう。前述した変数の定義によって，ERNまたはLIBという変数とRDCまたはUBOという変数の間に，人為的な相関関係をつくり出してしまうことが大いに懸念される。そこで，以下では，そうした懸念を軽減するために，ERNの代わりに［損益計算書上の税引前利益＋研究開発費＋退職給付費用］として定義されるERN2変数，LIBの代わりに［貸借対照表上の総負債－退職給付引当金］として定義されるLIB2変数を使用する。

以上から，（2）式および（3）式は，（4）式と（5）式で表現される研究開発や退職給付に関するパターン，およびERNとLIBに内在する問題点を克服するための別定義を用いて書きかえることができる。

$$RDC = \beta_{10} + \beta_{12} UBO + \beta_{13} ERN2 + \beta_{15} RDB + \beta_{16} IRDC + \varepsilon_1 \quad (6)$$

$$UBO = \beta_{20} + \beta_{21} RDC + \beta_{23} ERN2 + \beta_{24} LIB2 + \beta_{27} LAB + \varepsilon_2 \quad (7)$$

$\beta_{10} = (-\lambda_1 \gamma_1 \widetilde{ROA}) / (\lambda_1 \gamma_1^2 + \lambda_3)$ \quad (< 0 if $\widetilde{ROA} > 0$)

$\beta_{12} = (\lambda_1 \gamma_1 \gamma_2) / (\lambda_1 \gamma_1^2 + \lambda_3)$ \quad (> 0)

$\beta_{13} = (\lambda_1 \gamma_1) / (\lambda_1 \gamma_1^2 + \lambda_3)$ \quad (> 0)

$\beta_{15} = (\lambda_3)(a_1) / (\lambda_1 \gamma_1^2 + \lambda_3)$ \quad (> 0)

$\beta_{16} = (\lambda_3)(a_2) / (\lambda_1 \gamma_1^2 + \lambda_3)$ \quad (> 0)

$\varepsilon_1 = (\lambda_1 \gamma_1 \xi_1 - \lambda_3 \xi_3) / (\lambda_1 \gamma_1^2 + \lambda_3)$ \quad ?

$\beta_{20} = (\lambda_1 \gamma_2 \widetilde{ROA} - \lambda_2 \delta_1 \widetilde{LEV}) / (\lambda_1 \gamma_2^2 + \lambda_2 \delta_1^2 + \lambda_4)$ \quad ?

$\beta_{21} = (\lambda_1 \gamma_1 \gamma_2) / (\lambda_1 \gamma_2^2 + \lambda_2 \delta_1^2 + \lambda_4)$ \quad (> 0)

$\beta_{23} = (-\lambda_1 \gamma_2) / (\lambda_1 \gamma_2^2 + \lambda_2 \delta_1^2 + \lambda_4)$ \quad (< 0)

$\beta_{24} = (\lambda_2 \delta_1) / (\lambda_1 \gamma_2^2 + \lambda_2 \delta_1^2 + \lambda_4)$ \quad (> 0)

$\beta_{27} = (\lambda_4)(b_1) / (\lambda_1 \gamma_2^2 + \lambda_2 \delta_1^2 + \lambda_4)$ \quad (> 0)

$$\varepsilon_2 = (-\lambda_1\gamma_2\xi_1 + \lambda_2\delta_1\xi_2 - \lambda_4\xi_4)/(\lambda_1\gamma_2{}^2 + \lambda_2\delta_1{}^2 + \lambda_4) \qquad ?$$

本節では，すべての経営者が2001年3月に終了する会計年度において同様のコスト最小化問題に直面していたと仮定し，クロスセクション・データを用いて(6)式および(7)式を推定する。以下では，便宜的に，(6)式を「研究開発モデル」，(7)式を「退職給付モデル」と呼ぶことにする。

3 サンプルの選択と変数の定義

3.1 サンプル選択

本節で分析対象となるのは，次の要件を満たす企業1,120社である。

① 2001年3月期に連結財務諸表を公表している上場企業(金融・証券・保険業は除く)。この年度は退職給付会計基準が適用される初年度である。

② 当該年度の研究開発費がゼロではない企業。

③ 当該年度の割引率と期待運用収益率が設定されている企業。割引率と期待運用収益率が設定されていない企業は退職給付制度を設けていない可能性が高いので，サンプルから削除している。

④ 研究開発モデルおよび退職給付モデルの両方を推定するために必要なデータが利用可能であること。

3.2 変数の定義

上記のモデルで示された変数の定義を示す。財務データはすべて『日経NEEDS企業財務データ』から抽出している。

$$\text{研究開発モデル:} \quad \underset{(期待符号)}{RDC} = c_1 + \underset{(+)}{c_2\,UBO} + \underset{(+)}{c_3\,ERN2} + \underset{(+)}{c_4\,RDB} + \underset{(+)}{c_5\,IRDC} + \varepsilon_1$$

$$\text{退職給付モデル:} \quad \underset{(期待符号)}{UBO} = d_1 + \underset{(+)}{d_2\,RDC} + \underset{(-)}{d_3\,ERN2} + \underset{(+)}{d_4\,LIB2} + \underset{(+)}{d_5\,LAB} + \varepsilon_2$$

RDC＝当期研究開発費÷総資産

UBO＝未認識退職給付債務÷総資産

ERN2＝(税引前利益＋研究開発費＋退職給付費用)÷総資産

LIB2＝(総負債－退職給付引当金)÷総資産
　　　RDB＝前期研究開発費÷総資産
　　　IRDC＝産業インデックス(産業ごとの加重平均研究開発費)
　　　LAB＝従業員数÷総資産

　ここでは，RDCとUBOは内生変数で，それ以外の変数は外生変数である。ERN2とLIB2は，前述のように，変数間の人為的な相関を取り除くために，未認識退職給付債務の金額で変数を調整していない。したがって，ERN2で，研究開発費と退職給付関連の費用(退職給付費用)を除くその他の利益が良好(不調)であれば，経営者は，研究開発支出を増加(減少)させる，あるいは退職給付債務を処理する(しない)か否かを調査する。一方，LIB2で，退職給付関連の負債(退職給付引当金)を除くその他の負債が多い(少ない)企業ほど，経営者が退職給付債務のオン・バランス化を回避(推進)することによって未認識退職給付債務が増加(減少)するか否かを調査する。RDCとRDBは，有価証券報告書の「研究開発活動」欄に記載されている研究開発費の金額である。IRDCは日経中分類にもとづいて，産業ごとの研究開発費の加重平均値を求めている。LABは従業員数である。なお，各変数は，企業規模の影響をコントロールするために総資産でデフレートしている。

3.3 基本統計量

　表2-1には，各変数の記述統計量が示されている。RDCの平均値(中央値)から，日本企業は，総資産の2.01(1.28)％を研究開発に投資している。その比率は，前年度の研究開発費(RDB)と大差がない。日本企業はまた，平均値(中央値)で総資産の3.40(1.82)％に相当する退職給付債務が未処理のままである。中には，未認識退職給付債務の額が，総資産の30％を超過するような企業も存在している。

　表2-2には，各変数の相関係数が表示されている。UBOとRDCの相関係数は0.104でプラスである。すなわち，研究開発に積極的な企業ほど未認識退職給付債務が多く，退職給付債務の処理が進んでいないことがわかる。RDCとRDBの相関は0.936と実に高く，各企業の研究開発が長期的な視野をもって戦

表2-1 基本統計量

	平均値	標準偏差	最小値	第1四分位	中央値	第3四分位	最大値
RDC	0.0201	0.0216	0.0000	0.0046	0.0128	0.0288	0.1961
UBO	0.0340	0.0433	−0.0422	0.0049	0.0182	0.0471	0.3069
ERN2	0.0711	0.0622	−0.2935	0.0346	0.0656	0.1049	0.3060
RDB	0.0197	0.0216	0.0000	0.0044	0.0124	0.0279	0.1853
LIB2	0.5500	0.2067	0.0798	0.3947	0.5501	0.7074	0.9947
LAB	0.0284	0.0229	0.0027	0.0154	0.0236	0.0347	0.3612
IRDC	0.0237	0.0173	0.0000	0.0095	0.0192	0.0358	0.0667

表2-2 各変数間の相関係数

	RDC	UBO	ERN2	RDB	LIB2	LAB	IRDC
RDC	1.000						
UBO	0.104	1.000					
ERN2	0.532	−0.039	1.000				
RDB	0.936	0.112	0.508	1.000			
LIB2	−0.250	0.254	−0.502	−0.223	1.000		
LAB	0.168	0.190	0.164	0.138	−0.107	1.000	
IRDC	0.622	0.106	0.418	0.603	−0.274	0.301	1.000

略的に継続されていることが推察される。また，RDCとIRDCの相関は0.622であるから，各企業の研究開発は，所属する産業特性にも左右されていることが理解できる。RDCとERN2の0.532という相関は，好業績の企業ほど研究開発投資に積極的であることを示唆する。また，UBOとLIB2の0.254というプラスの相関は，レバレッジの高い企業ほど未認識の退職給付債務が多いことを示す。最後に，たとえばRDBとIRDCの相関など，いくつかの独立変数間で高い相関係数が観察されるが，回帰係数の推定値の期待符号が逆転していなければ，多重共線性の問題はそれほど重大でないと判断している。

4 実証分析の結果

4.1 最小二乗法による推定結果

ここではまず，最小二乗法(OLS)にもとづく推定結果を考察する。結果は，

§1 退職給付会計基準と研究開発投資

表2-3 最小二乗法(OLS)による推定結果

	研究開発モデル	退職給付モデル
	RDC	UBO
定数項	−0.0007	−0.0194
	(−1.95)	(−4.05)***
UBO	0.0009	
	(0.15)	
RDC		0.2871
		(3.83)***
ERN2	0.0224	0.0082
	(3.20)***	(0.32)
LIB2		0.0663
		(10.60)***
LAB		0.3737
		(4.03)***
RDB	0.8562	
	(24.0)***	
IRDC	0.0992	
	(3.64)***	
Adj.R^2	0.88	0.13
N	1,120	1,120

注)*** 1％水準で有意。
　　t値はWhiteの標準誤差に基づいて計算されている。

表2-3にまとめられている。表の中のカッコ内はWhiteの標準誤差にもとづいて計算されるt値を，Adj.R^2は自由度修正済み決定係数を，Nはサンプル数をあらわしている。

まず，研究開発モデルにおいて，UBOの係数はプラスであるが，統計的に有意ではない。ERN2，RDB，およびIRDCの係数はいずれもプラスであり，1％水準で有意である。会計利益の余裕が大きいほど，研究開発投資への意欲が増す。また，前期の研究開発投資が多いほど，当期の研究開発も継続して積極的な投資が行われることが判明した。さらに，研究開発投資が活発な産業に所属する企業ほど，研究開発投資を活発に行っていることが証拠として得られた。

次に，退職給付モデルにおいて，RDCはプラスの有意な係数を示している。

すなわち，研究開発に積極的な企業ほど，オフ・バランスとなっている退職給付債務が大きいことを示唆している。ERN2の係数は期待とは反してプラスになっているが，統計的に有意ではない。LIB2とLABはいずれもプラスの係数であり，1％水準で統計的に有意になっている。負債水準が高い企業および労働集約的な企業では，未認識退職給付債務の金額も大きいことが明らかになった。

4.2 二段階最小二乗法による推定結果

次に，上記で設定された同時方程式モデルを推計するために二段階最小二乗法(2SLS)が適用される[5]。結果は表2－4であるが，先述の最小二乗法の結果と大きく変化するところはない。

研究開発モデルにおいて，UBOは相変わらず有意な変数とはなっていない。研究開発投資は企業の将来の存続・競争力維持にとって生命線であるので，未認識退職給付債務の多寡にかかわらず決定されるといえそうである。その他，ERN2，RDB，およびIRDCの係数は統計的に有意にプラスである。業績が好調な企業ほど研究開発投資も積極的であることが示された。また，前年度の研究開発や，同じ産業に属する他企業の研究開発投資の動向も，研究開発投資の水準を決定づける要因となっているという証拠が得られた。退職給付会計基準の導入は企業経営に大きなインパクトを与えていたはずであるが，実証結果によれば，研究開発投資の水準は，退職給付債務に関連する項目よりも，その他の外生的な要因との関係のほうが強い。

一方，退職給付モデルにおいて，RDCの係数は1％水準で統計的に有意なプラスの符号である。研究開発型企業は，研究開発に対する資金を確保するま

---

[5] 同時方程式モデルを採用する1つの理由は，説明変数の中に内生変数が含まれることによって，説明変数と誤差項が統計的に独立であるという仮定が成立しなくなるという点である。しかし，内生変数が誤差項と相関をもたないならば，最小二乗法を適用するだけでよいことになる。ある変数が誤差項と相関をもつかどうかを調べるために，変数の外生性についてウー・ハウスマン検定(Wu-Hausman test)を行う必要がある(縄田，1997；松浦・マッケンジー，2001)。
　研究開発モデルと退職給付モデルにおいてUBOとRDCが外生変数であるかどうかを検証した。その結果，研究開発モデルにおいてUBOは外生変数であると判断された。一方，退職給付モデルにおいてRDCは内生変数として扱うほうがよいと判断された。RDCは同時方程式モデル内で決定される内生変数である。

表2-4 二段階最小二乗法(2SLS)による推定結果

	研究開発モデル RDC	退職給付モデル UBO
定数項	−0.0009 (−1.54)	−0.0196 (−4.17)***
UBO	0.0057 (0.40)	
RDC		0.3417 (4.25)***
ERN2	0.0229 (3.29)***	−0.0019 (−0.07)
LIB2		0.0661 (10.63)***
LAB		0.3693 (4.27)***
RDB	0.8549 (24.5)***	
IRDC	0.0981 (3.63)***	
Adj.R^2	0.88	0.13
N	1,120	1,120

注)*** 1％水準で有意。
　　t値はWhiteの標準誤差に基づいて計算されている。

たは業績悪化を回避することから，退職給付債務の処理を遅らせていることが判明した。研究開発投資の決定において，未認識退職給付債務の水準は重要な要因ではないが，退職給付債務の処理において，研究開発費は有意な決定要因となっている。UBOからRDCへの影響よりも，RDCからUBOへの影響のほうが大きい。言い換えれば，退職給付会計基準は企業の研究開発投資に重大な影響を及ぼすことはなかったが，研究開発型企業は退職給付債務を裁量的に計上した，ということが示唆される。さらに，未認識退職給付債務の処理を決定する際に，業績変数はあまり関係がないことがわかった。ERN2は期待通りマイナスの符号であるが，統計的に有意になっていない。レバレッジ変数(LIB2)は有意にプラスなので，負債比率が高い企業ほど退職給付債務の処理が遅れていることが経験的に支持された。LABもプラスで有意なので，労働集約的な

企業ほど人件費の負担が大きく，退職給付債務の処理が遅れていると考えられる。

5 要約と課題

　本節の目的は，退職給付債務の会計処理と研究開発活動の相互関係を実証的に分析することであった。実証分析の結果によれば，研究開発投資は企業の生命線であるので，退職給付会計導入の影響という理由から，その水準を引き下げることを示す証拠はなかった。しかし，研究開発投資に対する意欲が旺盛な企業では，研究開発に対する資金を確保するまたは業績悪化を回避するなどの理由から，退職給付債務の処理を遅らせていることが観察された。このことは，研究開発投資の水準を維持するために，会計上の裁量的行動がとられていた可能性があることを示唆する。

　本節では，未認識退職給付債務の多寡という観点から，退職給付会計基準導入の影響度を測定している。しかし，退職給付会計基準の適用に際しては，退職給付債務の算定の基礎となる割引率の設定，年金資産の算定の基礎となる期待運用収益率の設定，会計基準変更時差異や過去勤務債務の償却年数など，経営者の裁量に任されている部分が非常に多い。こうした要因は，未認識退職給付債務の金額にも反映されるが，個々の要因ごとに詳細な分析を行う必要がある。

　また，低金利や株安などの運用環境の悪化が長引き，年金・退職金の新たな積立不足が毎年のように発生し，企業はその処理に苦慮している。退職給付会計に関する問題は，新会計基準が導入された初年度だけの問題ではなくなっている。新基準導入後，退職給付会計基準にどのように対応しながら研究開発投資を行っているかは，長期的な視点から継続して検討しなければならない重要な課題である。

《参考文献》
　岡部孝好(2002)「退職給付会計基準の適用における裁量行動の類型」国民経済雑誌，185(4), 51-66.

大日方隆(1999)「年金割引率の選択と市場の評価」東京大学日本経済国際共同研究センター,ディスカッション・ペーパー.
縄田和満(1997)『TSPによる計量経済分析入門』朝倉書店.
松浦克己・コリン・マッケンジー(2001)『EViewsによる計量経済分析』東洋経済新報社.
Bange, M., and De Bondt, W. (1998). R&D Budgets and Corporate Earnings Targets. *Journal of Corporate Finance*, 4, 153-184.
Beatty, A., Chamberlain, S., and Magliolo, J. (1995). Managing Financial Reports of Commercial Banks: The Influence of Taxes, Regulatory Capital, and Earnings. *Journal of Accounting Research*, 33, 231-261.
Mande V., File, R., and Kwak, W. (2000). Income Smoothing and Discretionary R&D Expenditures of Japanese Firms. *Contemporary Accounting Research*, 17, 263-302.
Perry, S., and Robert, G. (1994). Earnings Expectations and Discretionary Research and Development Spending. *Accounting Horizons*, 8, 43-52.
Chen, P., and Daley, L. (1996). Regulatory Capital, Tax, and Earnings Management Effects on Loan Loss Accruals in the Canadian Banking Industry. *Contemporary Accounting Research*, 13, 91-128.
White, H. (1980). A Heteroskedasticity-consistent Covariance Matrix Estimator and a Direct Test for Heteroskedasticity. *Econometrica*, 48, 817-838.

(乙政 正太・音川 和久)

§2
新会計基準の設定と株式持ち合い

1 はじめに

　株式持ち合いは，メインバンク制とともに，日本の資本市場やコーポレート・ガバナンスの特徴として取りあげられることが多い。もっとも，第2次世界大戦後，取引所が再開された当初は，個人が発行済み株式の過半数を保有していた。その後，個人持株比率は低下し続け，金融機関と事業法人の持株比率が増加した。全国証券取引所(2003)の調査によれば，2002年度では，個人持株比率が23.4％(1949年度69.1％)まで低下した。金融機関持株比率は34.1％(同9.9％)，事業法人持株比率が24.8％(同5.6％)である。

　1950年代から1970年代にかけて，日本企業の多くは資金調達に際し，銀行等金融機関の借入に依存していた。その過程で銀行と企業は，メインバンク制および株式持ち合いという形で，より緊密な関係を形成していった。1960年代半ば以降，資本の自由化が進展し，一般の企業も，敵対的買収に対抗する手段として，銀行や関係企業と株式持ち合いを積極的に進めていったのである。

　株式持ち合いに変化の兆しが見えたのは1991年であり，この年を境にして，市場全体の持ち合い比率は徐々に減少している(ニッセイ基礎研究所，2002)。その流れに拍車をかけたのが，1999年に企業会計審議会が公表した「金融商品に係る会計基準」である，といわれている。

　この新基準によれば，(ⅰ)売買目的有価証券は時価で評価し，評価差額を損益計算書に評価損益として計上する，(ⅱ)満期保有目的の債券と子会社株式および関連会社株式は取得原価で評価する，(ⅲ)その他有価証券は時価で評価し，評価差額を①貸借対照表の資本の部に直接計上するか，または②評価差益を資本の部に計上し，評価差損は当期の損失に計上する。長期保有の持ち合い株式は「その他有価証券」に含まれ，その価格変動は貸借対照表に反映される。

　ジャーナリズムでは，この時価会計基準の設定が株式持ち合いの解消を促進

したと論じている。たとえば「日本経済新聞」は,「時価会計の導入や銀行の保有株制限などを受け,90年代終わりから持ち合い解消が加速している」(2004年2月5日付)と述べ,1991年度に市場全体で15.7%あった持ち合い株式が2002年度には5.2%に減少した,と指摘している。あるいは,時価会計や税効果会計の導入を契機として,金融機関が持ち合い株式を売却し,その結果,金融機関と株式を持ち合っていた一般事業会社も金融機関株式を放出している,と報道した(「日本経済新聞」2002年3月22日付)。

しかし,株式持ち合いの解消が時価会計基準の設定で促進されたことを示す科学的証拠は,未だ提示されていない。さらに,持ち合い株式の減少と企業業績の関係も明らかにされていない(神田,2001;澤邊,2003)。はたして,時価会計などの新しい会計基準は株式持ち合いの解消を促し,株式持ち合いの解消は企業の業績と日本経済に何らかの影響を与えたのだろうか。

本節では,同時方程式を用いて,近年の会計制度改革が株式持ち合いに与えた影響と,株式持ち合いの変化が企業業績に及ぼした影響を同時に分析する。この実証研究により,一連の会計制度改革は株式持ち合いの解消を促進し,持ち合いの解消を通じて企業行動の規律づけに結びついたことが明らかになる。以下では,第2項で株式持ち合いの経済効果などに関する先行研究を概観し,第3項で仮説を設定する。第4項で分析対象となるサンプルと使用する変数を説明し,基本統計量を示す。第5項で相関分析をしたうえで,第6項で同時方程式を推定し,その結果を解釈する。そして最後に本節を総括し,今後の課題を指摘する。

2 先行研究

2.1 株式持ち合いの経済的効果

摩擦のない完全な資本市場を仮定すれば,株式持ち合いは株価に対して中立的である(若杉,1982;倉澤,1984;二木,1984)。株式持ち合いは,株価との関係よりも,主に敵対的買収の防衛策または企業とメインバンクの関係強化の手段として活用されてきた,と考えられる。倉澤(1984)と米澤(1995)および橘木・長久保(1997)は,株式持ち合いの経済的効果として,(1)外部投資家の買

い占めや乗っ取りの防御となる，（2）当該企業を協調的にさせる効果がある，（3）長期的な系列取引が維持される，（4）情報の非対称性によるエイジェンシーコストを削減できる，（5）企業による新株発行の受け皿となる，（6）経営者の地位強化に結びつく，という点を指摘している。

確かに，自社株取得が原則として禁じられていた日本企業にとって，株式持ち合いは敵対的買収の防御策として有効であったと思われる[1]。また，長期にわたる株式持ち合いは，円滑な取引関係を長期的に継続することを促進し，情報の非対称性を減少させる効果が存在したのであろう。そのような効果があれば，株式持ち合いは企業業績にプラスの影響を与えたはずである。以下で，株式所有構造と企業業績の関係を分析した実証研究を概観しよう。

2.2 経営者の株式所有割合と企業業績

ファイナンス論の分野では，Berle and Means(1932)以来，長い間，コーポレート・ガバナンスと企業業績の関係が議論されている。たとえば，Jensen and Meckling(1976)は，経営者の株式所有割合が高い企業ほど，エイジェンシー問題(経営者のモラルハザードなど)の生じる可能性が低いので，その企業価値は大きいと主張した。これに対してMorck, Shleifer, and Vishny(1988)は，経営者の株式所有割合の増加によるマイナス効果を指摘し，それをエントレンチメント(entrenchment)効果と呼んだ。経営者のエントレンチメントとは，株主のプレッシャーに対する抵抗力を意味する。議決権の行使や取締役会のコントロールあるいは創業者としての立場などを利用して，経営者のエントレンチメントが強化される。

経営者の株式所有割合が高ければ，株主と経営者の利害が収斂するというプラス効果と，エントレンチメントが強くなり経営者自身の利益追求を誘発しかねないというマイナス効果が発生する。このように，経営者の株式所有には相反する効果があるので，経営者の株式所有と企業業績の関係を実証した結果は，必ずしも一致していない。

Morck, Shleifer, and Vishny(1988)は，*Fortune* 500の企業をサンプルにし

---

[1] 1994年の商法改正によって，自己株式の取得制限は緩和されている。

て，企業業績と経営者の株式所有割合の関係を分析した。企業業績はトービンの q で測定されている。分析の結果，企業業績と経営者の所有割合は有意な非線形関係にあることを発見した。Deangelo and Deangelo(1985)とStulz(1988)は，経営者の株式所有割合が高いほど，企業価値は減少するという実証結果を示している。McConnell and Servaes(1990)は，ニューヨーク証券取引所とアメリカン証券取引所の上場企業をサンプルにして大規模な調査を行い，トービンの q と経営者による株式所有割合の関係は逆U字型になっていることを確認した。他方，Demsetz(1983)とDemsetz and Lehn(1985)は，株式所有構造が内生的に決定されるならば，所有構造と企業業績には明示的な関係がないと主張している。

日本企業については，Lichtenberg and Pushner(1994)と手嶋(2000)および佐々木・米澤(2000)の実証研究が注目される。Lichtenberg and Pushner(1994)は，製造業1,241社を対象にして，総要素生産性(total factor productivity)および総資産利益率(ROA)と株式所有構造の関係を分析した。その結果，経営者の株式所有割合が高い企業ほど，生産性と総資産利益率が大きい，ということがわかった。手嶋(2000)は，製造業650社についてトービンの q と株式所有構造の関係を調査し，経営者の株式所有割合とトービンの q が逆U字型の関係になっていることを明らかにした。これは，McConnell and Servaes(1990)と整合的な結果である。佐々木・米澤(2000)は，製造業278社の株式所有構造と労働分配率およびトービンの q を同時に分析し，経営者と外国人の株式所有割合が高い企業ほど，労働分配率は小さく，トービンの q が大きいということを示した。

2.3 株式持ち合いと企業業績

経営者の株式所有が企業業績にプラス効果とマイナス効果を与えるように，株式持ち合いも企業業績にプラス効果とマイナス効果を及ぼすと類推される。青木・奥野(1996)は，株式持ち合いが進展すればコーポレート・コントロールの市場(market for corporate control)が不完全になることを指摘した。そして，株式持ち合いにより経営者は地位を強化できるため，株主利益最大化に結びつかない行動をする可能性がある，というマイナス効果をあげている。株式持ち

合いのプラス効果として,彼らは,株主と従業員の双方的コントロールの下で経営者が長期的な成長戦略を選択できる,ということを示した。

株式持ち合いの相手である銀行などのモニタリングが十分に機能するならば,株式持ち合いは経営者に規律を与え,エイジェンシーコストを削減し,企業価値の増加に結びつくであろう。これは株式持ち合いのプラス効果である。逆に,そのようなモニタリングが十分に機能しない場合,株式持ち合いはモラルハザードの可能性を高めてしまう。ここに株式持ち合いのマイナス効果が発現する。

砂川(2002)は,株式持ち合いの効果をエントレンチメントの視点で分析し,企業の経営者はテイクオーバーを回避するために,株式持ち合いと持ち合い解消を動態的に行うことを指摘した。株式持ち合いによるエントレンチメントの強化は,経営者の裁量を大きくし,機会主義的な行動の温床となり,持ち合い解消によってエントレンチメントを放棄した経営者は,裁量が小さくなり株主重視の経営を行う,と論じている(砂川,2002,93頁)。

株式持ち合いと企業業績の関係を実証分析したものとして,西崎・倉澤(2002)と松浦(2003)がある。西崎・倉澤(2002)は,823社のバランスド・パネルデータを用いてトービンの q と株式所有構造の関係を分析した。その結果,海外投資家と日本の金融機関による株式所有はトービンの q とプラスの関係にあり,事業法人と個人投資家による株式所有はマイナスの関係にあることがわかった。松浦(2003)は,1979年から2001年までのアンバランスド・パネルデータ(サンプル数は39,726)を用いて,総資産利益率と株式所有構造の関係を調査した。そして,持ち合い株式の割合が大きい企業ほど総資産利益率は低く,外国人投資家と個人投資家の所有割合が大きい企業ほど総資産利益率が高い,という結果を得ている。

3 仮説の設定

本節の目的は,近年の会計制度改革が株式持ち合いに与えた影響と,株式持ち合いの変化が企業業績に及ぼした影響を,同時に分析することである。前者の会計制度改革と株式持ち合いの関係を分析した実証研究は今までになく,わ

われわれの研究がその先駆けとなる。

　後者について，われわれは，企業業績に影響を与えると思われる各種要因(研究開発，設備投資，広告宣伝など)をコントロールしたうえで，株式持ち合いの変化と企業業績の関係を分析する。先行研究の実証結果は，株式持ち合いが企業業績にマイナスの効果を及ぼすことを示唆している。株式持ち合いを解消することによって，企業業績が向上すると期待されるならば，経営者は会計制度改革などを契機にして，株式持ち合いを合理的に解消すると予想される。そこで，われわれは以下の仮説を設定する。

　H1：企業業績にプラスの効果があるならば，その企業の経営者は株式持ち合いを解消する。

　すでに指摘したように，企業会計審議会は1999年に「金融商品に係る会計基準」を公表し，売買目的有価証券とその他有価証券を時価で評価することを求めた。この基準は，2001年3月期から適用され，その他有価証券については，適用時期が2002年3月期まで猶予された。持ち合い株式はその他有価証券に分類され，2002年3月期から時価評価が強制されている。

　時価評価により，貸借対照表の株主持分に期末の市場価格が反映され，その結果，株主持分の変動性(ボラティリティ)が増加し，持ち合い株式の株価変動リスクが顕在化する。また時価評価により，有価証券に関連した経営者の裁量的な会計行動は制約される。経営者にとって，株式持ち合いメリットが減り，デメリットが増加するのである。そこで経営者は，時価評価基準の設定を契機に，持ち合い株式の保有量を調整する動機を持つ，と想定される。このように，有価証券に係る時価評価基準の設定は，株式持ち合いに影響を及ぼす第1の要因と考えられる。そこで，われわれは以下のような仮説を設定した。

　H2：有価証券に係る時価評価基準の影響が大きい企業の経営者ほど，持ち合い株式を売却する。

　次に，持ち合い株式の保有リスクに注目したい。持ち合い株式は長期保有が

前提であり，相手方の同意が得られなければ容易に売却できないため，そのリスク管理は極めて難しい。事業リスクの大きい企業ほど，持ち合い株式の保有にともなう追加的なリスク負担を軽減するために，これらの株式の保有量を減らすと推測される。このように，事業リスクは，保有リスクと関連して株式持ち合いに影響を及ぼすと考えられる。そこで，われわれは3番目の仮説を設定した。

H3：事業リスクの大きい企業の経営者ほど，持ち合い株式を売却する。

　株式持ち合いに影響を及ぼすと想定される第3の要因は，持ち合い相手による持ち合い株式の売却である。銀行は，株式持ち合いの相手方として代表的な存在であり，われわれは，銀行の株式売却が制度的に促進されたことに着目したい。政府の経済対策閣僚会議は，2001年の「緊急経済対策」として，銀行の株式保有制限について次のように主張している。すなわち，「我が国金融システムの構造改革を推進し，その安定性への信頼を高めていくためには，不良債権のオフバランス化促進策とあわせて，銀行の保有する株式の価格変動リスクを銀行のリスク管理能力の範囲内に留めることにより，銀行経営の健全性が損なわれないことを担保するため，株式保有制限の在り方に関する制度整備を行う必要がある。銀行の保有株式を制限することは，株式持ち合いの縮小を通じて我が国株式市場の構造改革と活性化を促すとともに，コーポレート・ガバナンスの改善などをも通じ，我が国経済の再生にも寄与するものである」と。
　そして，2001年に「銀行等の株式等の保有の制限等に関する法律」が制定され，銀行とその子会社等は，連結貸借対照表の自己資本に相当する額を超えて株式等を保有することができなくなった。この法律の制定と時価評価基準の設定を受け，銀行は現在，保有株式の売却を進めている（「日本経済新聞」2004年2月5日付）。その中に持ち合い株式も含まれており，銀行が持ち合い株式を売却すれば，それに応じて一般事業会社も，銀行株式の保有量を調整するであろう。そこで，われわれは以下のような4番目の仮説を設定した。

H4：相手が持ち合い株式を売却するほど，その企業の経営者は持ち合い株式を売却する。

以上，持ち合い株式の保有に影響を及ぼす要因として，①有価証券の時価評価基準と，②事業リスクの大きさ，および，③持ち合い相手による株式売却を想定した。われわれは第1に，これら3つの要因が持ち合い株式の保有に影響を与えているか否か，を実証分析する。第2に，持ち合い株式の保有リスクおよび持ち合い相手による株式売却の影響をコントロールしても，有価証券に係る時価評価基準の設定は株式持ち合いの変化と有意に関係しているか，ということを分析する。

4 サンプルと変数の選択

4.1 サンプルの抽出

われわれは日本総合研究所と共同で，2002年8月に「会計基準の変更が企業経営に与えた影響に関するアンケート調査」を行った(第6章参照)。そのアンケートに回答した684社のうち，①連結決算を公表している企業，および②アンケートの質問4と質問5および質問7(本節の付録を参照)に回答した企業を，本研究のサンプルにした。質問4では，新会計基準が株式持ち合いに与えた影響を問い，質問5では新会計基準の影響で放出した持ち合い株比率を聞き，質問7では放出された持ち合い株比率を質問している。

①と②の要件を満たした企業は481社であり，さらに変数の推計に必要なデータを集めたところ，366社のデータが入手可能であった。したがって本研究の最終的なサンプルは366社になる。決算データと株価データは日経NEEDSから収集した。なお調査期間は1989年から2002年であり，調査内容に応じて，会計制度改革の前(1989年4月期から2000年2月期まで)と，会計制度改革の後(2000年3月期から2002年3月期まで)に分けている[2]。

4.2 変数の説明

本節で使用する変数は，①株式持ち合いと企業業績の関係を分析するための

---

[2] 2000年3月期から適用が開始された新会計基準は，研究開発費会計と連結会計，キャッシュフロー計算書，税効果会計である。2001年3月期からは，有価証券の時価評価，外貨建取引会計，退職給付会計などの新会計基準が適用開始となった。

変数と，②新会計基準と株式持ち合いの関係を分析するための変数に大別される。①の分析では，企業業績を示す変数と，株式持ち合いなどの株式所有構造を示す変数，および企業業績に影響を及ぼす変数で株式所有構造以外の変数(コントロール変数)が重要である。②の分析では，新会計基準の影響度を示す変数と，企業の事業リスクと持ち合い株式の保有リスクを示す変数，持ち合い相手が売却した株式を示す変数，および株式持ち合いの変化を示す変数が必要である。以下で各々を説明しよう。

(1) 企業業績の変数

Morck, Shleifer, and Vishny(1988)，Demsetz and Vilalonga(2001)，Cui and Mak(2002)，手嶋(2000)および佐々木・米澤(2000)と同様に，われわれは企業業績を示す変数としてトービンの q を使用する。トービンの q は，企業の市場価値(発行済株式時価総額＋負債時価総額)を物的資産全体の取替原価で除して算定される[3]。したがって，物的資産全体の取替原価に比して市場価値の高い企業ほど，トービンの q は大きくなる。トービンの q が大きければ，その企業は設備などの資産を有効に活用していると市場が高く評価していることを意味する。すなわちトービンの q は，「保有資産との関連で企業の経営力をチェックする指標」(小林，1990，287頁)となる。

しかし，物的資産全体の取替原価を測定することは容易でない。そこでわれわれは，Demsetz and Vilalonga(2001)，Cui and Mak(2002)と同様に簿価ベースの q を用いることにした。簿価ベースの q は，企業の市場価値を発行済普通株式時価総額と発行済優先株式簿価ならびに負債簿価の和でとらえ，それを総資産の簿価で除して算定される[4]。本節では，2000年3月から2002年3月までの決算期末における簿価ベースの q を算定し，その3期の平均値($AVEQ$)を企業業績の変数として用いる。

---

[3] Tobin(1998，邦訳192頁)参照。ただし，物的総資産の範囲については論者によって異なる。米澤(1995)は金融資産と土地も含めているが，Hayashi(1982)は再生産可能な資本財に限定し，土地と金融資産は物的総資産から除外している。したがって企業価値の計算でも，これらの項目に相当する金額は除かれる。この点に関する議論は小林(1990)を参照されたい。

[4] 簿価ベースの q については，Perfect and Wiles(1994)および手嶋(2004)を参照されたい。

(2) 株式所有構造の変数

われわれは株式所有構造の変数として，役員持株割合(*CEO*)，金融機関持株割合(*FIN*)および持ち合い株式放出割合(*CHRATIO*)を使用する。役員持株割合は，2000年3月から2002年3月までの決算期末における「役員持株数÷発行済株式数」を計算し，3期の平均値を求めたものである。金融機関持株割合も，同様に算定した平均値を使用する。持ち合い株式放出割合には，われわれが実施したアンケート調査における質問5 (本節の付録を参照)に対する回答数値を用いる。これは，「放出した持ち合い株式数÷放出以前における持ち合い株式の株式総数」で算定された。

(3) コントロール変数

株式所有構造と企業業績の関係を適切に分析するには，企業業績(トービンの q)に影響を及ぼすその他の要因をコントロールしなければならない。本研究では先行研究にならい，以下のようなコントロール変数を使用する。

第1のコントロール変数は，企業の規模(*SIZE*＝連結総資産の自然対数)である。企業規模は，規模の経済(economies of scale)などを通じて，企業業績に影響を及ぼすと考えられる。第2は，負債比率(*DEBT*＝連結総負債/連結総資産)である。負債による規律が機能すれば企業業績は改善される，ということが指摘されている(McConnell and Servaes, 1990)。

第3のコントロール変数は，売上高広告宣伝費比率(*ADSALE*＝広告宣伝費/売上高)である。広告宣伝活動が企業業績に影響を与えることは想像に難くない。同様に，研究開発と設備投資も企業業績を左右すると考えられるので，売上高研究開発費比率(*RDSALE*＝研究開発費/売上高)と売上高設備投資比率(*CAPSALE*＝有形固定資産増加額/売上高)をコントロール変数に加えた。また，株式所有構造と企業業績の関係は，企業の成長機会によって異なることが示されている(McConnell and Servaes, 1990)ので，増収率(*GRWSALE*＝売上高前年比)をコントロール変数として使用する。以上のコントロール変数は，いずれも2000年3月期から2002年3月期までの3期における平均値である[5]。

---

[5] *ADSALE*, *RDSALE*, *CAPSALE*, *GRWSALE*は，いずれも単独決算の数値を用いている。連結財務諸表における研究開発費と広告宣伝費などのデータは，1999年以前について入手できないからである。

(4) 新会計基準の影響度を示す変数

前項で，株式持ち合いに変化をきたす第1の要因として，有価証券に係る時価評価基準の設定をあげた。しかし，同時期に様々な新会計基準が施行されたことを忘れてはならない。

そこでわれわれは，2000年3月期から適用が開始された研究開発費会計基準の影響度($RESEARCH$)，連結会計基準の影響度($CONSOL$)，キャッシュ・フロー計算書の影響度($CASHFLOW$)，税効果会計基準の影響度($TAXES$)，および2001年3月期から適用が開始された有価証券に係る時価評価基準の影響度($FAIRVALU$)，外貨建取引等会計処理基準の影響度($FOREIGN$)，販売用不動産減損処理の影響度($IMPLOSS$)，退職給付会計基準の影響度($PENSION$)を同時に分析する。すなわち，会計基準の設定が株式持ち合いに及ぼした影響度を問うアンケート調査(質問4)により，企業が新会計基準から受けた影響度を1(非常に小さい)から7(甚大である)までの等間隔尺度で計量化したが(本節の付録を参照)，これらのデータを利用して，有価証券に係る時価評価基準を含む新会計基準の影響度と株式持ち合いの関係を分析する。

(5) 事業リスクを示す変数

株式持ち合いに変化をきたす第2の要因として，持ち合い株式の保有リスクをあげた。保有リスクの大きい株式ほど，放出される可能性がある。あるいは，事業リスクの大きい企業ほど，持ち合い株式の保有リスクが重荷となり，持ち合い株式を放出する可能性がある。われわれは，1989年4月から2000年2月の期間における事業リスク($SDROA0$=使用総資本経常利益率の標準偏差)と株式市場リスク($SDRET0$=日次株式収益率の標準偏差)を推計し，それぞれが株式持ち合いに与える影響を分析する。

(6) 持ち合い相手が売却した株式割合を示す変数

株式持ち合いに変化をきたす第3の要因は，持ち合い相手による株式売却である。われわれは，アンケート調査(質問7)で，持ち合い相手が持ち合い株式を放出した割合($CTRATIO$)を調べた。この回答値を，持ち合い相手が売却した株式割合を示す変数として用いる。この回答値は，「放出された持ち合い株式数÷放出以前における持ち合い株式の株式総数」である。

4.3 変数の記述統計量

分析に利用した変数の定義と記述統計量を表2-5に示した。表2-5をみれば、企業は持ち合い株式総数のうち6.8%を放出し、一方、相手企業によって8.0%を放出されていることがわかる。また、新会計基準の影響度をみると、有価証券に係る時価評価基準の影響度が最も大きく、次に退職給付会計基準の影響度が大きい。影響度が最も小さいのは研究開発費会計基準である。

5 相関分析

表2-5で示した変数についてPearsonの相関係数を計算し、その結果を表2-6に要約した。最初に企業業績($AVEQ$)に注目したい。企業業績は、役員持株割合(CEO)、売上高研究開発費比率($RDSALE$)、増収率($GRWSALE$)および株式市場リスク($SDRET0$)と有意な正の相関があり、企業業績と負債比率($DEBT$)には、有意な負の相関が観察された。企業業績と持ち合い株式放出割合($CHRATIO$)に正の相関が観察されたが、有意性は確認できなかった。したがって、相関分析によれば仮説H1は支持されない。

次に、持ち合い株式放出割合($CHRATIO$)に注目しよう。持ち合い株式放出割合と役員持株割合(CEO)に有意な負の相関が観察された。さらに持ち合い株式放出割合は、負債比率($DEBT$)および持ち合い株式が放出された割合($CTRATIO$)と有意な正の相関がある。また、持ち合い株式放出割合は、有価証券に係る時価評価基準($FAIRVALU$)や退職給付会計基準($PENSION$)などの影響度と、有意な正の相関がある。

ただし、株式持ち合いに影響を与える他の要因をコントロールしなければ、有価証券に係る時価評価基準と株式持ち合いの直接的な関係は判明しない。われわれは、その関係を明らかにするため、他の要因を説明変数に組み込んだ重回帰分析を以下で行う。

表2-5 変数の記述統計量と定義

	平均値	標準偏差
AVEQ	1.142	0.805
CHRATIO	6.831	17.596
CEO	0.038	0.075
FIN	0.299	0.142
SIZE	11.511	1.446
DEBT	0.607	0.210
ADSALE	1.063	1.958
CAPSALE	5.203	9.139
GRWSALE	1.800	8.054
RDSALE	0.013	0.022
RESEARCH	1.724	1.273
CONSOL	1.937	1.456
CASHFLOW	1.975	1.463
TAXES	1.893	1.390
FAIRVALU	2.997	1.952
FOREIGN	1.803	1.320
IMPLOSS	1.803	1.347
PENSION	2.079	1.539
SDROA0	2.705	0.694
SDRET0	1.981	1.565
CTRATIO	8.046	15.648

注)サンプル数は366社。

変数の定義

AVEQ(企業業績)=(発行済普通株式時価総額+発行済優先株式簿価+総負債簿価)÷総資産簿価
CHRATIO(持ち合い株放出割合)=アンケート調査(質問5)に対する回答値
CEO(役員持株割合)=役員持株数÷発行済株式数(2000年3月期から2002年3月期までの平均)
FIN(金融機関持株割合)=金融機関持株数÷発行済株式数
　　　　　　　　　　　(2000年3月期から2002年3月期までの平均)
SIZE(企業規模)=連結総資産の自然対数(2000年3月期から2002年3月期までの平均)
DEBT(負債比率)=連結総負債÷連結総資産(2000年3月期から2002年3月期までの平均)
ADSALE(売上高広告宣伝費比率)=広告宣伝費÷売上高
　　　　　　　　　　　　　　(2000年3月期から2002年3月期までの平均)
CAPSALE(売上高設備投資比率)=有形固定資産増加額÷売上高
　　　　　　　　　　　　　　(2000年3月期から2002年3月期までの平均)
GRWSALE(増収率)=(当期売上高−前期売上高)÷前期売上高
　　　　　　　　(2000年3月期から2002年3月期までの平均)
RDSALE(売上高研究開発費比率)=研究開発費÷売上高
　　　　　　　　　　　　　　　(2000年3月期から2002年3月期までの平均)
RESEARCH(研究開発費会計基準の影響度)=アンケート調査(質問4)に対する回答値
　　　　　　　　　　　　　　　　　　(1が最小で7が最大)
CONSOL(連結会計基準の影響度)=アンケート調査(質問4)に対する回答値(同上)
CASHFLOW(キャッシュ・フロー計算書の影響度)=アンケート調査(質問4)に対する回答値
　　　　　　　　　　　　　　　　　　　　　　(同上)
TAXES(税効果会計基準の影響度)=アンケート調査(質問4)に対する回答値(同上)
FAIRVALU(有価証券の時価評価基準の影響度)=アンケート調査(質問4)に対する回答値
　　　　　　　　　　　　　　　　　　　　　(同上)
FOREIGN(外貨建取引会計基準の影響度)=アンケート調査(質問4)に対する回答値(同上)
IMPLOSSS(販売用不動産会計基準の影響度)=アンケート調査(質問4)に対する回答値(同上)
PENSION(退職給付会計基準の影響度)=アンケート調査(質問4)に対する回答値(同上)
SDROA0(事業リスク)=使用総資本経常利益率の標準偏差(1989年4月から2000年2月)
SDRET0(株式市場リスク)=日次株式収益率の標準偏差(1989年4月から2000年2月)
CTRATIO(持ち合い相手が株式を放出した割合)=アンケート調査(質問7)に対する回答値

表2-6 Pearsonの相関係数

	AVEQ	CHRATIO	CEO	FIN	SIZE	DEBT	ADSALE	CAPSALE	GRWSALE	RDSALE
AVEQ	1.000									
CHRATIO	0.071	1.000								
CEO	0.129***	−0.127***	1.000							
FIN	0.083	0.010	−0.325***	1.000						
SIZE	0.069	0.033	−0.320***	0.614***	1.000					
DEBT	−0.116**	0.092**	−0.214***	0.037	0.236***	1.000				
ADSALE	0.078	−0.030	0.008	0.013	0.095**	−0.171***	1.000			
CAPSALE	0.004	−0.017	−0.102**	0.051	0.102**	−0.163***	−0.041	1.000		
GRWSALE	0.483***	−0.122***	0.173***	0.038	0.032	−0.180***	0.064	0.060	1.000	
RDSALE	0.274***	0.041	−0.026	0.096**	0.070	−0.165***	0.061	−0.035	0.106**	1.000
RESEARCH	−0.059	0.027	−0.060	−0.103***	−0.114**	0.058	−0.027	−0.071	−0.071	−0.056
CONSOL	−0.052	0.138***	−0.089**	−0.075	−0.058	0.107**	−0.045	−0.064	−0.072	−0.015
CASHFLOW	−0.050	0.173***	−0.097**	−0.095**	−0.037	0.124**	−0.009	−0.059	−0.110**	0.010
TAXES	−0.052	0.097**	−0.071	−0.106**	−0.097**	0.046	−0.002	−0.076	−0.047	−0.022
FAIRVALU	−0.037	0.316***	−0.160***	0.072	0.045	0.061	0.022	−0.097**	−0.084	0.065
FOREIGN	−0.047	0.079	−0.063	−0.103***	−0.100**	0.053	−0.013	0.078	−0.083	−0.042
IMPLOSS	−0.058	0.087**	−0.073	−0.108**	−0.099**	0.072	−0.015	−0.072	−0.078	−0.058
PENSION	−0.042	0.171***	−0.128***	0.045	0.022	0.020	−0.020	−0.086**	−0.084	0.010
SDRET0	0.201***	0.108**	0.098**	−0.350***	−0.310***	−0.181***	−0.150***	−0.080	0.034	0.058
SDROA0	0.074	0.081	0.113**	−0.185***	−0.236***	−0.118**	0.002	−0.132***	−0.005	0.160***
CTRATIO	0.084	0.652***	−0.134***	0.061	0.092**	−0.077	0.066	0.019	−0.055	0.071

	RESEARCH	CONSOL	CASHFLOW	TAXES	FAIRVALU	FOREIGN	IMPLOSS	PENSION	SDRET0	SDROA0	CTRATIO
RESEARCH	1.000										
CONSOL	0.847***	1.000									
CASHFLOW	0.803***	0.894***	1.000								
TAXES	0.865***	0.885***	0.859***	1.000							
FAIRVALU	0.493***	0.575***	0.613***	0.604***	1.000						
FOREIGN	0.936***	0.875***	0.826***	0.885***	0.545***	1.000					
IMPLOSS	0.904***	0.871***	0.811***	0.873***	0.519***	0.955***	1.000				
PENSION	0.764***	0.815***	0.791***	0.807***	0.601***	0.803***	0.787***	1.000			
SDRET0	0.084	0.085	0.101*	0.108**	0.069	0.097**	0.096**	0.046	1.000		
SDROA0	0.068	0.027	0.031	0.076	0.001	0.055	0.034	0.023	0.302***	1.000	
CTRATIO	0.029	0.083	0.145**	0.113**	0.310***	0.085	0.074	0.167***	0.061	0.054	1.000

注)***は1%水準,**は5%水準で相関係数が有意であることを表す(両側検定)。変数の定義は表2-5。サンプル数は366社。

第2章 企業経営に与えた影響

6 同時方程式の推定

6.1 モデルの設定

相関分析の結果によれば，有価証券の時価評価基準などの新会計基準は，企業業績($AVEQ$)と有意な関係はなく，持ち合い株式放出割合($CHRATIO$)と有意な関係がある。ただし，持ち合い株式放出割合と企業業績には正の相関がある。では，新会計基準の設定と持ち合い株式放出割合と企業業績の同時的な関係はどうか。経営者は，新会計基準の設定を外生的な要因として，企業業績を向上するように持ち合い株式の保有量を決定しているのだろうか。

この問いに答えるため，われわれは以下のような同時方程式(Model 1とModel 2)を設定し，Demsetz and Vilalonga(2001)やCui and Mak(2002)と同様に二段階最小二乗法(two stage least squares)を用いて，新会計基準設定と株式持ち合いと企業業績の関係を検証する[6]。ここでは，持ち合い株式の放出割合($CHRATIO$)は，新会計基準の影響度と企業特性および持ち合い相手による株式売却の割合などによって内生的に決定される，と想定されている。

[Model 1]
$$AVEQ = a_0 + a_1 CHRATIO + a_2 CEO + a_3 FIN + a_4 SIZE \\ + a_5 DEBT + a_6 ADSALE + a_7 RDSALE + a_8 CAPSALE \\ + a_9 GRWSALE + e_1$$

[Model 2]
$$CHRATIO = b_0 + b_1 RESEARCH + b_2 CONSOL + b_3 CASHFLOW \\ + b_4 TAXES + b_5 FAIRVALU + b_6 FOREIGN + b_7 IMPLOSS \\ + b_8 PENSION + b_9 SIZE0 + b_{10} DEBT0 + b_{11} ADSALE0 \\ + b_{12} RDSALE0 + b_{13} CAPSALE0 + b_{14} GRWSALE0 \\ + b_{15} CTRATIO + b_{16} AVEQ0 + b_{17} SDROA0 + b_{18} SDRET0 + e_2$$

Model 1では，持ち合い株式放出割合($CHRATIO$)，株式所有構造を示す変数(CEO, FIN)とその他のコントロール変数($SIZE$, $DEBT$, $ADSALE$, $RDSALE$, $CAPSALE$, $GRWSALE$)により，企業業績($AVEQ$)が回帰される。

---

[6] 通常の最小二乗法ではなく二段階最小二乗法を使用する理由については，蓑谷(1997)とGrrene(2000)を参照されたい。

株式所有構造を示す変数とコントロール変数は，いずれも新会計制度が導入された後の期間(2000年3月期から2002年3月期)の平均値である。

Model 1で使用する持ち合い株式放出割合($CHRATIO$)は，Model 2によって推定される。すなわち，持ち合い株式放出割合は，新会計基準設定の影響度($RESEARCH$, $CONSOL$, $CASHFLOW$, $TAXES$, $FAIRVALU$, $FOREIGN$, $IMPLOSS$, $PENSION$)，持ち合い相手による株式売却の割合($CTRATIO$)，企業業績($AVEQ0$)，事業リスク($SDROA0$)，株式市場リスク($SDRET0$)および，その他のコントロール変数($SIZE0$, $DEBT0$, $ADSALE0$, $RDSALE0$, $CAPSALE0$, $GRWSALE0$)から，推定される。なお，経営者が会計制度改革以前の情報にもとづいて持ち合い株式の売却を意思決定していたことを考慮して，Model 2の企業業績，事業リスク，株式市場リスクおよびコントロール変数は，1989年4月から2000年2月のデータを用いて算定された(記号として0を付記する)。

6.2 モデルの推定結果

Model 1とModel 2の同時方程式を二段階最小二乗法で推定した結果が，表2-7に要約されている。表2-7の上半分はModel 1の推定結果である。持ち合い株式放出割合の推定値($CHRATIO$)は，その他の要因をコントロールしてもなお，企業業績($AVEQ$)と統計的に有意な正の関係がある。これは，企業が持ち合い株式を放出することで，企業業績が上昇していることを示す。したがって第3項で示した仮説H1は支持される。

また，役員持株割合の係数も統計的に有意な正の値になった。これは，Jensen and Meckling(1976)の主張と整合的であり，佐々木・米澤(2000)の結果と一致している。さらに，売上高研究開発費比率($RDSALE$)と増収率($GRWSALE$)の係数が，統計的に有意な正の値になった。成長機会の多い企業ほどトービンのqが高い，という結果は，McConnell and Servaes(1990)および手嶋(2000)の結果と整合的である。

表2-7の下半分はModel 2の推定結果である。Model 2の自由度修正済み決定係数は45.9％であり，このモデルによる持ち合い株式放出割合の説明力は大きいといえよう。Model 2の推定結果では，第1に，連結会計制度と有価証券

第2章 企業経営に与えた影響

表2-7 二段階最小二乗法による同時方程式の推定結果

Model 1

変数	説明	予想される符号	推計値	有意確率
従属変数 AVEQ 変数	(普通株式時価総額＋優先株簿価＋総負債)/総資産			
CHRATIO	推計された持合株式放出割合	＋	0.007	0.011
CEO	役員持株割合 (新会計基準期間の平均)	＋	1.085	0.042
FIN	金融機関持株割合 (新会計基準期間の平均)	＋	0.346	0.294
SIZE	連結資産の自然対数 (新会計基準期間の平均)	－	0.011	0.731
DEBT	総負債/総資産(連結)(新会計基準期間の平均)	＋	0.019	0.920
ADSALE	売上高広告宣伝費比率(単独)(新会計基準期間の平均)	＋	1.559	0.405
RDSALE	売上高研究開発費比率(単独)(新会計基準期間の平均)	＋	7.646	0.000
CAPSALE	売上高設備投資比率(単独)(新会計基準期間の平均)	＋	－0.051	0.899
GRWSALE	増収率(前年比)(連結)(新会計基準期間の平均)	＋	4.663	0.000
(Constant)			0.602	0.069
	自由度修正済み決定係数		0.292	
	F値		17.620	
	F値の有意確率		0.000	

Model 2

変数	説明	予想される符号	推計値	有意確率
従属変数 CHRATIO 変数				
RESEARCH	研究開発費会計基準の新設の影響度	?	－2.224	0.170
CONSOL	連結会計中心の開示制度の影響度	?	2.793	0.040
CASHFLOW	キャッシュ・フロー計算書導入の影響度	?	0.600	0.602
TAXES	税効果会計導入の影響度	?	－3.027	0.024
FAIRVALU	有価証券時価評価の影響度	＋	1.312	0.007
FOREIGN	外貨建取引等会計処理基準の影響度	?	－2.065	0.359
IMPLOSS	販売用不動産減損処理の影響度	?	2.223	0.240
PENSION	退職給付会計導入の影響度	?	0.621	0.482
SIZE0	連結資産の自然対数(旧会計基準期間の平均)	－	－0.484	0.402
DEBT0	総負債/総資産(連結)(旧会計基準期間の平均)	＋	10.878	0.012
ADSALE0	売上高広告宣伝費比率(単独)(旧会計基準期間の平均)	＋	－25.726	0.462
RDSALE0	売上高研究開発費比率(単独)(旧会計基準期間の平均)	＋	13.796	0.732
CAPSALE0	売上高設備投資比率(単独)(旧会計基準期間の平均)	＋	3.998	0.749
GRWSALE0	増収率(前年比)(連結)(旧会計基準期間の平均)	＋	－7.857	0.373
CTRATIO	持合株式が放出された割合	＋	0.684	0.525
AVEQ0	AVEQ (旧会計基準期間の平均)	＋	0.196	0.713
SDROA0	ROAの標準偏差 (旧会計基準期間)	＋	0.978	0.061
SDRET0	日次株式リターンの標準偏差1 (1989年4月1日から2002年2月29日)	＋	0.292	0.805
(Constant)			－5.388	0.465
	自由度修正済み決定係数		0.459	
	F値		18.107	
	F値の有意確率		0.000	

注)新会計基準期間：2000年3月から2002年3月(脚注2を参照)。
　　旧会計基準期間：1989年4月から2000年2月。

§2 新会計基準の設定と株式持ち合い

時価評価基準の係数が，その他の変数をコントロールしてもなお，統計的に有意な正の値であることに注目したい。これらの会計基準の影響度が大きい企業ほど，持ち合い株式放出割合が高いのである。したがって前記の仮説H2は支持される。企業の経営者は，有価証券時価評価基準の設定で株式持ち合いのデメリットが大きくなると判断し，その放出を決定したのであろう。また，連結会計中心の会計制度に移行することを契機にして，経営者は関係会社等の資本関係を見直し，持ち合い株式の保有量を調整したと解釈される。

さらに，税効果会計基準の影響度が小さい企業ほど，持ち合い株式放出割合が有意に大きい，ということがわかる。これは，持ち合い株式の評価損益と関連していると考えられる。すなわち，持ち合い株式の簿価と時価の乖離が小さく，評価損益の少ない企業は，税効果会計基準の影響度も小さい。このような企業は，持ち合い株式を売却しても実現損益が小さいので，積極的に持ち合い株式を売却していると推測される。

第2に，持ち合い相手による持ち合い株式の売却（$CTRATIO$）の係数が，有意な正の値であることに注目したい。これは，他社から株式持ち合いを解消される企業ほど，持ち合い株式を放出していることを意味しており，前記の仮説H4を支持している。第3に，事業リスク（$SDROA0$）の係数が，有意な正の値であることを指摘したい。これは，事業リスクが高い企業ほど，持ち合い株式放出割合が大きいということであり，前記の仮説H3を支持している。事業リスクが大きい企業ほど，持ち合い株式の保有リスクが過重となり，持ち合い株式の保有量を減らしたと解釈される。

7 要約と課題

本節では，有価証券に係る時価評価基準などの新しい会計基準が株式持ち合いに与えた影響と，株式持ち合いの調整が企業業績に及ぼした影響を実証分析した。われわれは，株式持ち合いの調整が新会計基準や企業特性などの要因によって内生的に決定されると考え，株式持ち合いが企業業績に及ぼす影響を同時方程式によってモデリングした。これらのモデルは二段階最小二乗法によって推計された。

検証した仮説は，「企業業績にプラスの効果があるならば，その企業の経営者は株式持ち合いを解消する」(H1)と，「有価証券に係る時価評価基準の影響が大きい企業の経営者ほど，持ち合い株式を売却する」(H2)である。推計の結果，仮説H1とH2は支持された。つまり，日本の企業は，時価評価基準などの新会計基準の設定を契機として，トービンの q で測定される企業業績を最大化するように持ち合い株式を合理的に放出している，と考えられる。

　したがって，時価評価基準などの新会計基準の設定は，経営者による資産配分の意思決定に規律を与え，合理的な意思決定を促進したと評価されよう。われわれの実証研究の結果によれば，新会計基準の設定が株式持ち合いの解消を促し，その結果，企業業績を悪化させた，という主張は首肯されない。むしろ経営者は，連結中心の会計制度や時価会計と税効果会計などの導入を与件として，従来の長期的な株式持ち合い関係を調整し，企業業績を向上させている。

　さらにわれわれは，「事業リスクの大きい企業の経営者ほど，持ち合い株式を売却する」という仮説(H3)と，「相手が持ち合い株式を売却するほど，その企業の経営者は持ち合い株式を売却する」という仮説(H4)を検証し，それらを支持する証拠を得た。持ち合い株式を放出した要因として，新会計基準の設定の他に，持ち合い相手(銀行等)が持ち合い株式を売却したということ，および，経営者が事業リスクに応じて持ち合い株式等の資産配分を決定しているということが確認された。

　われわれの研究について残された問題は，企業と銀行の関係が明示的に分析されていないことである。持ち合いの主な相手である銀行はどのような要因で，どのように持ち合い株式を放出しているかは明らかにされていない。また，新会計基準の設定と経営者持株割合と企業業績の同時的関係も解明されていない。新会計基準の設定と株式持ち合いの解消が，どのようなパスで経営者の株式保有に影響を与え，ひいては企業業績に関連したのか。これらは将来の研究課題としよう。

§2 新会計基準の設定と株式持ち合い

付録「会計基準の変更が企業経営に与えた影響に関するアンケート調査」
(第6章参照)

資金運用および株式持ち合い

質問 4　以下に示した会計基準の変更・新設により,その後,貴社の株式持ち合い構造にどの程度影響がありましたか。

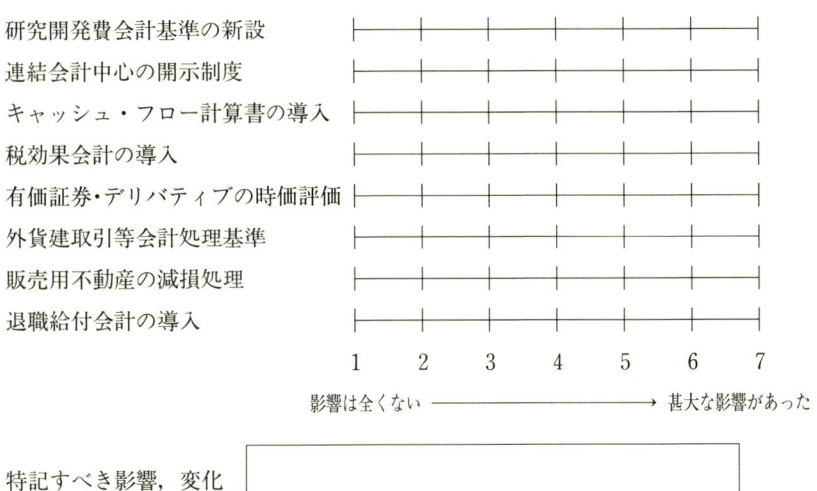

研究開発費会計基準の新設
連結会計中心の開示制度
キャッシュ・フロー計算書の導入
税効果会計の導入
有価証券・デリバティブの時価評価
外貨建取引等会計処理基準
販売用不動産の減損処理
退職給付会計の導入

　　　1　2　3　4　5　6　7

　　影響は全くない ──────→ 甚大な影響があった

特記すべき影響,変化
(あればご記入願います)

質問 5　上で示した会計基準の変更・新設により,貴社が保有していた他企業の持ち合い株式をこれまでにどの程度放出しましたか。放出以前における持ち合い株式の株式総数に対する割合(注)でお答え下さい(おおまかな数値で結構です)。

　　1. 放出した　　　　　2. 放出していない

　　約　　　％

　　(注) (放出した持ち合い株式数／持ち合い株式総数)×100

質問 6　貴社が保有していた他企業の持ち合い株式を放出したのは,どのような理由によりますか。(複数回答可)

85

第2章 企業経営に与えた影響

1. 取引関係や提携等の解消のため
2. 資金の不足を補うため
3. 金融資産の投資効率を高めるため
4. 有価証券の時価変動リスクを低減するため
5. 金融機関が持ち合い関係を解消したため
6. 事業会社が持ち合い関係を解消したため
7. その他（　　　　　　　　　　　　　　　　　　　　　　　）

質問 7　先に示した会計基準の変更・新設により，他企業が保有する貴社の持ち合い株式をこれまでにどの程度放出されましたか。放出以前における持ち合い株式の株式総数に対する割合(注)でお答え下さい（おおまかな数値で結構です）。

　　　　1．放出された　　　　　2．放出されていない

　　　　　　　約　　　　％

　　（注）（放出した持ち合い株式数／持ち合い株式総数）×100

《参考文献》

青木昌彦・奥野正寛編著(1996)『経済システムの比較制度分析』東京大学出版会．

Berle, A., and Means, G. (1932). *The Modern Corporation and Private Property*. New York: Harcourt, Brace, & World.

Cui, H., and Mak, Y. T. (2002). The relationship between managerial ownership and firm performance in high R&D firms. *Journal of Corporate Finance*, 8, 287-312.

DeAngelo, H., and DeAngelo, L. (1985). Managerial ownership of voting rights: A study of public corporations with dual classes of common stock. *Journal of Financial Economics*, 14, 33-69.

Demsetz, H. (1983). The structure of ownership and the theory of the firm. *Journal of Law and Economics*, 26, 375-390.

Demsetz, H., and Lehn, K. (1985). The structure of corporate ownership: causes and consequence. *Journal of Political Economy*, 93, 1155-1177.

Demsetz, H., and Vilalonga, B. (2001). Ownership structure and corporate performance. *Journal of Corporate Finance*, 7, 209-233.

Greene, W. H. (2003). *Econometric Analysis* (5th ed.). Upper Saddle River: Prentice

Hall.

Hayashi, F. (1982). Tobin's marginal q and average q: A Neoclassical interpretation. *Econometrica*, 50(1), 213-224.

砂川伸幸(2002)「株式持合いと持合い解消—エントレンチメント・アプローチ—」『経営財務研究』22, 93-106.

Jensen, M. C., and Meckling, W. (1976). Theory of the firm: managerial behavior, agency costs and ownership structure. *Journal of Financial Economics*, 3, 327-349.

経済対策閣僚会議(2001)「緊急経済対策」.

神田秀樹(2001)『徹底討論　株式持ち合いの解消の理論と実務』財経詳報社.

小林孝雄(1990)「株式のファンダメンタル・バリュー」西村清彦・三輪芳朗編『日本の株価・地価』東京大学出版会, 285-319.

倉澤資成(1984)「株式持合いと企業価値」『ファイナンス研究』1, 43-58.

La Porta, R., Lopez-de-Silances, F. Shleifer, A., and Vishny, R. (2002). Investor protection and corporate valuation. *Journal of Finance*, 57, 1147-1170.

Lichtenberg, F. R. and Pushner, G. M. (1994). Ownership structure and corporate performance in Japan. *Japan and the World Economy*, 6, 239-261.

松浦克己(2003)「企業金融・株式所有構造の変遷と企業業績への影響」花崎正晴・寺西重郎編『コーポレート・ガバナンスの経済分析』東京大学出版会, 207-231.

McConnell, J. J., and Servaes, H. (1990). Additional evidence on equity ownership and corporate value. *Journal of Financial Economics*, 27, 595-612.

蓑谷千凰彦(1997)『計量経済学』第3版, 東洋経済新報社.

Morck, R., Shleifer, A., and Vishny, R. (1988). Management ownership and market valuation: an empirical analysis. *Journal of Financial Economics*, 20, 293-315.

二木雄策(1984)「株式持合いの財務効果—若杉, 倉澤論文に対するコメント—」『ファイナンス研究』2, 37-47.

西崎健司・倉澤資成(2002)「株式保有構成と企業価値—コーポレート・ガバナンスに関する一考察」日本銀行金融市場局ワーキングペーパー2002-J-4.

ニッセイ基礎研究所(2002)「株式持ち合い状況調査　2001年版」.

荻島誠治(1993)「株式持ち合いが株価形成に与えた影響」『証券アナリストジャーナル』30(6), 19-32.

Perfect, S. B. and Wiles, K. W. (1994). Alternative constructions of Tobin's q: An empirical comparison. *Journal of Empirical Finance*, 1, 313-341.

佐々木隆文・米澤康博(2000)「コーポレート・ガバナンスと企業価値」『証券アナリストジャーナル』38(9), 28-46.

澤邊紀生(2003)「時価会計の導入と株式持合い」堀江康熙編著『現代金融の経済学』日本評論社, 151-170.

Stulz, R. M. (1988). Managerial control of voting rights: financing policies and the market for corporate control. *Journal of Financial Economics*, 20, 25-54.

橘木俊詔・長久保俊太郎(1997)「株式持合いと企業行動」『フィナンシャル・レビュー』

November, 1-16.
手嶋宣之(2000)「経営者の株式保有と企業価値―日本企業による実証分析」『現代ファイナンス』7, 41-55.
手嶋宣之(2004)『経営者のオーナーシップとコーポレート・ガバナンス―ファイナンス理論による実証的アプローチ』白桃書房.
Tobin, J. (1998). *Money, Credit, and Capital*. McGraw-Hill(薮下史郎・大阿久博・蟻川靖浩訳『トービン 金融論』東洋経済新報社, 2003年).
米澤康博(1995)『株式市場の経済学』日本経済新聞社.
若杉敬明(1982)「株式持合の財務的意義」日本経営財務研究学会編『日本的経営財務の解明』中央経済社.
全国証券取引所(2003)『平成14年度株式分布状況調査結果について』.

(薄井 彰・須田 一幸)

第3章
社債契約に与えた影響

　かつて無担保社債を発行するときは，財務制限条項（財務上の特約）を設けることが一般的であった。しかし最近，利益維持条項や純資産額維持条項を設定するケースが激減している。これは，有価証券の時価評価基準などの影響によるのではないだろうか。時価会計を適用すれば，利益と純資産額のボラティリティは増大し，財務制限条項に抵触する確率が高まるからである。そこで本章では，§1において有価証券の時価評価基準と社債契約の関係を分析する。その結果，財務制限条項は公開草案の公表後，統計的に有意に減少していることがわかった。しかも，有価証券の時価評価の影響が大きい企業の社債ほど，財務制限条項が設定されていない。これまで設定されていた財務制限条項がなくなれば，（他の条件が等しい限り）その社債のリスクは増大する。もし社債投資家が合理的なら，それに見合うリターンを要求するだろう。その結果，社債の利率は増加すると考えられる。そこで§2では，公開草案の公表前後における社債利率を調査する。その結果，特約を設定した社債の利率は変化していないが，特約を設けていない社債については利率が有意に増加していることが判明した。すなわち，有価証券の時価評価基準を設定することで，財務制限条項を設定する慣行は後退し，起債会社は利率の増加という形で追加的なコストを負担しているのである。

§7

時価評価基準と社債契約

1 はじめに

　企業会計審議会は，1998年6月に「金融商品に係る会計基準の設定に関する意見書(公開草案)」を公表し，有価証券について時価評価することを提案した。その後，公開草案は一部修正され「金融商品に係る会計基準の設定に関する意見書」(以下「意見書」と略称)となり，2000年4月1日以後に開始する事業年度から，有価証券の時価評価が段階的に実施されている。

　この新会計基準の設定は，「①内外の広範な投資者の我が国証券市場への投資参加を促進し，②投資者が自己責任に基づきより適切な投資判断を行うこと及び企業自身がその実態に即したより適切な経営判断を行うこと」を目指している(「意見書」Ⅱ)。言い換えれば，証券投資意思決定に対する会計情報の有用性を向上させることが主な目的である。しかし，会計情報は証券市場で利用されるだけではない，ということに注意しなければならない。財務会計は意思決定支援機能だけではなく，契約を適切に履行する役割(契約支援機能)も果たしてきたのである。社債契約における財務上の特約(財務制限条項)に利用されるのは，その典型例である(Watts and Zimmerman, 1986; 須田, 2000)[1]。

　財務上の特約は，無担保社債を発行する際に，起債会社の財政状態などにもとづいて設定される[2]。特約設定の目的は，「無担保社債について投資家保護を図るため，社債契約において一定の財務内容を借り手たる発行体に課し，元利払いの安全性を高める」ことにあるという(小野, 1998, 48頁)。財務上の特

---

1) この他，経営者報酬制度や政府規制などの契約システムにも，財務会計情報は利用されている(須田, 2000, 27-71頁)。
2) 従来は「財務制限条項」として，社債の格付に応じて一律に，担保提供制限条項，純資産額維持条項，配当制限条項および利益維持条項の設定が求められていたが，1996年1月以降，規制が緩和され「財務上の特約」という名称のもとで自由に条項を設定することができるようになった。

約には，①担保提供制限条項，②純資産額維持条項，③配当制限条項，④利益維持条項などがあり，②③④の財務上の特約には財務会計数値が組み込まれている。

たとえば利益維持条項では，「発行会社の経常損益が3期連続して損失となった場合，社債全額について期限の利益を喪失する」といったことが約定される。また純資産額維持条項では，「発行会社は，純資産を発行直前期における純資産額の75％以上に維持しなければならない」といったことが明記される。このように，起債会社に一定水準の利益と純資産の維持を約束させることで，社債の安全性を確保するのである。したがって財務上の特約は，社債権者と経営者および株主の利害対立を緩和する重要な手段であり，その中で財務会計数値が用いられていることから，財務会計が利害調整機能すなわち契約支援機能を果たしていると論じられる(須田，2000)。

意思決定支援機能を改善する目的で新会計基準が設定されれば，それは財務上の特約を通じて社債契約にも影響を与えるであろう。須田(2000, 89-93頁)は，有価証券の時価評価が財務上の特約に与える影響を推定している。調査対象年度は，新会計基準が設定される前の年度であるが，時価評価が導入されたと仮定して有価証券の評価損益を株価指数(日経平均株価)にもとづいて試算し，社債契約に与える影響を調査したのである。その結果，もし有価証券の時価評価が導入されていれば，サンプル企業の75％は財務制限条項に抵触することを示した。これは，時価会計の導入で利益と純資産の金額が大きく変動することに起因する。

また日本総合研究所が2002年に行った「会計基準の変更が企業経営に与えた影響に関するアンケート」では，近年，財務上の特約設定が減少していることに着目し，会計基準の変更が特約設定に与えた影響をアンケート調査した。その結果，有効回答企業の約27％が，財務上の特約の設定に「有価証券・デリバティブの時価評価に関する会計基準変更」が影響を及ぼしたと回答していることがわかった(経済産業省，2003)。

このように，須田(2000)およびアンケート調査の結果は，時価評価の導入が社債契約に大きな影響を及ぼすことを示唆している。もし財務上の特約に抵触すれば，起債会社は期限の利益を喪失し，社債を繰上償還するか担保を設定し

なければならない。有価証券の時価評価により会計数値のボラティリティが増加し，特約に抵触する可能性が高まるのであれば，経営者は事前にそのことを予期し，特約設定を回避するであろう。

そこで本節では，有価証券に係わる時価評価基準の導入が社債契約に与えた影響を調査する。具体的には，「金融商品に係る会計基準の設定に関する意見書(公開草案)」が公表された1998年6月を境にして，財務上の特約を設定する実務に変化が生じたか否かを分析する。分析対象となる財務上の特約は，会計数値を用いた特約(純資産額維持条項と配当制限条項および利益維持条項)に限定される。

以下では，第2項で仮説を設定し，第3項でサンプルと調査方法を説明する。第4項で調査結果とその解釈を示し，第5項で調査結果の頑健性を確認する。そして，第6項で全体の要約を示し，今後の課題を述べる。

2 仮説の設定

本節では，有価証券の時価評価基準と財務上の特約の設定に関して，2つの調査を実施する。第1の調査では，時価評価基準が導入されることで財務上の特約を設定した社債発行が減少したか否かを分析する。時価評価基準の設定がほぼ確実になった時点，すなわち「金融商品に係る会計基準の設定に関する意見書(公開草案)」が発表された1998年6月前後における特約設定の変化を調査する。この調査のために，われわれは次の仮説1を設定する。

H1:「金融商品に係る会計基準の設定に関する意見書(公開草案)」の公表(1998年6月)後に，財務上の特約を設けた無担保社債の発行は減少した。

第2の調査では，時価評価基準の影響度合いと特約設定の関係を分析する。時価評価基準が導入されても，その影響が小さい企業では，従来どおりの形で財務上の特約を設定しているかもしれない。時価評価基準の影響度合いに応じて，財務上の特約を回避する傾向があると考えられる。そこでわれわれは，仮

説2を設定した。

H2:「金融商品に係る会計基準の設定に関する意見書(公開草案)」の公表(1998年6月)後,時価評価基準の影響が大きい企業ほど,社債発行に際して財務上の特約の設定を回避する。

以上2つの仮説を重回帰分析により検証する。まずはサンプルと調査方法を簡単に説明しよう。

3 サンプルの選択と調査方法

3.1 サンプルの選択

1996年1月から2001年9月までに発行された無担保社債(普通社債および転換社債)のうち,以下の要件を満たす銘柄をサンプルとする[3]。

① 証券・銀行・保険業に属していない。
② 3月決算企業である。
③ 社債契約に関するデータおよび分析に必要な財務データが入手可能である。

なお,社債に関連するデータは『公社債便覧』No.131(日本証券業協会,2001年12月)から入手し,財務データは「日経財務CR-ROM 一般事業会社版」から入手した。同一企業が発行しても条件が異なる銘柄の場合,それを別個のサンプルとして扱った。以上の要件を満たすサンプルは1,779銘柄である。

3.2 仮説1の検証方法

われわれは,公開草案の公表前後における財務上の特約の設定状況を分析する。分析に使用する変数として,第1に特約の有無を示す変数(COVEN)があげられる。COVENは,当該社債に財務上の特約があれば1,なければ0を示

---

[3] サンプルを1996年1月以降に限定しているのは,この年から特約の設定が自由化されたことによる。以前は,社債の格付に応じて財務制限条項を設定することが規定されていたため,起債会社は特約を自由に設定することはできなかったのである。

すダミー変数である。第2に，公開草案の公表(1998年6月)後に発行された社債を示す変数(ASTAND)を使用する。ASTANDは，公開草案の公表後に発行された社債であれば1，そうでなければ0を示すダミー変数である。本節で分析するのは，この2変数の関係である。

しかし，特約の設定に影響を与える事象は，公開草案の公表だけではない。影響を及ぼすと考えられる他の変数をコントロールしなければ，仮説1を適切に検証したことにはならないであろう。そこでわれわれは，起債会社の財務内容を示す変数や社債の発行条件を示す変数などを，コントロール変数として分析に組み込むことにした。これらの変数の影響を踏まえて，公開草案の公表と特約設定の関係を調査するのである。

須田(2000，73-93頁)によれば，財務上の特約の設定は，①当該社債の格付けおよび②社債管理会社の設置と有意に関連している。すなわち，社債の格付けが低く社債管理会社を設置している企業は，エイジェンシーコストが相対的に高い企業であり，そのような企業ほど，社債に多くの特約を設定する傾向がある。したがって本研究では，社債管理会社設置の有無(BCFIRM)を，社債の発行条件を示すコントロール変数として用いることにした。

ただしわれわれは，社債の格付けをコントロール変数として使用しない。なぜなら，格付けに際して有価証券の時価評価の影響が考慮されている可能性があり，社債の格付けをそのままコントロール変数として使用すれば，COVENとASTANDの関係を過小評価することに結びつくからである[4]。

そこで，本研究では先行研究に従い，格付けと有意に関連している財務変数をコントロール変数として使用する。Sengupta(1998)と須田他(2002a, 2002b)によれば，負債比率(DER)，売上高経常利益率(MARGIN)，インタレスト・カバレッジ・レシオ(INCR)，総資産額(LASSET)，社債の発行総額(BSIZE)，

---

[4] ディスクロージャーの質(disclosure quality)と負債コストの関係を分析したSengupta(1998, p.464)でも，同様の指摘がなされている。彼は，先行研究で格付けと負債コストの関係が明らかにされているにもかかわらず，格付けをコントロール変数として使用しなかった。その理由として，格付け会社が格付けを行う際すでにディスクロージャーの質を考慮している可能性をあげている。そして彼は，格付けと有意に関連している変数を個々に識別し，それらをコントロール変数として利用したのである。本節でも彼の方法を適用する。ただしわれわれは，格付けをそのままコントロール変数にした調査も実施した。調査結果は本節の結果と同様であり，使用するコントロール変数について頑健性が確認されたのである。

償還期限(MATUR)，および社債の種類(CONVERT)が，社債の格付けと有意に関連している。われわれも，これらをコントロール変数として用いる。負債比率と売上高経常利益率，インタレスト・カバレッジ・レシオおよび総資産額は，起債会社の財務内容を示すコントロール変数であり，社債の発行総額と償還期限および社債の種類は，社債の発行条件を示すコントロール変数である。

以上の変数を用いて，重回帰式(1)を推定し仮説1を検証する。それぞれの変数の算定方法と記述統計量は表3-1に要約した。負債比率などの財務数値は，社債が発行された年度の期首(前期末)の数値を使用する。変数の説明で括弧内に示した符号は，回帰式における予測符号である。

$$\text{COVEN} = \alpha_1 + \beta_1 \text{ASTAND} + \beta_2 \text{DER} + \beta_3 \text{MARGIN} + \beta_4 \text{INCR} + \beta_5 \text{LASSET} + \beta_6 \text{BSIZE} + \beta_7 \text{MATUR} + \beta_8 \text{CONVERT} + \beta_9 \text{BCFIRM} + \varepsilon \quad (1)$$

ただし，

COVEN：会計数値にもとづく財務上の特約が設定されていれば1，設定されていなければ0を示すダミー変数，

ASTAND(−)：公開草案の公表(1998年6月)後に発行された社債であれば1，そうでなければ0を示すダミー変数，

DER(+)：起債会社の負債比率，

MARGIN(−)：起債会社の売上高経常利益率，

INCR(−)：起債会社のインタレスト・カバレッジ・レシオ，

LASSET(−)：起債会社における総資産額の自然対数値，

BSIZE(−)：社債発行総額の自然対数値，

MATUR(+)：社債の償還期限，

CONVERT(−)：転換社債ならば1，そうでなければ0を示すダミー変数，

BCFIRM(+)：社債管理会社を設置していれば1，設置していなければ0を示すダミー変数。

われわれは，ロジット・モデルを用いて(1)式を推定する(ロジット・モデルについては須田, 2000, 286頁参照)。推定の結果，ASTANDの係数が有意な負の値となれば，公開草案の公表後，財務上の特約を設定した社債の発行が減少したことを意味する。それは仮説1を支持する証拠となろう。

3.3 仮説2の検証方法

仮説2は,時価評価基準の影響度合いと公開草案公表後の特約設定に関する仮説である。本節では,時価評価基準の影響度合いを,起債会社が保有する有価証券の額(SEFFECT)[5]で把握する。保有有価証券の額が大きい企業ほど,有価証券の時価評価基準の影響が大きいと考えられるからである。なお,企業規模をコントロールするため,SEFFECTは保有有価証券の額を総資産額で除した値とする。

このSEFFECTとASTANDの交差項を(1)式に追加し,時価評価基準の影響が大きい企業における公開草案公表後の特約設定状況を識別する。すなわち,以下の回帰式(2)を設け,ASTANDおよびコントロール変数と同時にSEFFECT*ASTANDの係数を推定するのである。SEFFECT*ASTANDの係数(β_{10})が有意な負の値であれば,時価評価基準の影響が大きな企業ほど公開草案公表後に財務上の特約を設定しないと解釈され,仮説2を支持する証拠になる。仮説1の検証と同様に,ここでも財務数値は社債が発行された年度の期首(前期末)の数値を使用し,ロジット・モデルを適用して重回帰式を推定する。

$$COVEN = \alpha_2 + \beta_{10}SEFFECT * ASTAND + \beta_{11}ASTAND + \beta_{12}DER \\ + \beta_{13}MARGIN + \beta_{14}INCR + \beta_{15}LASSET + \beta_{16}BSIZE \\ + \beta_{17}MATUR + \beta_{18}CONVERT + \beta_{19}BCFIRM + \varepsilon \qquad (2)$$

ただし,

COVEN:会計数値にもとづく財務上の特約が設定されていれば1,設定されていなければ0を示すダミー変数,

SEFFECT:起債会社の保有有価証券/総資産額,

ASTAND(−):公開草案の公表(1998年6月)後に発行された社債であれば1,そうでなければ0を示すダミー変数,

DER(+):起債会社の負債比率,

---

[5] 有価証券の金額は,①当座資産に計上された売買目的有価証券および一年内に満期の到来する有価証券と,②固定資産に計上された満期保有目的債権およびその他の有価証券のうち長期保有を目的とする有価証券(投資有価証券,親会社株式以外の関係会社株式,関係会社社債,その他関係会社有価証券,子会社株式,投資信託受益証券,貸付信託受益証券)を合計したものである。

MARGIN(−)：起債会社の売上高経常利益率,
INCR(−)：起債会社のインタレスト・カバレッジ・レシオ,
LASSET(−)：起債会社における総資産額の自然対数値,
BSIZE(−)：社債発行総額の自然対数値,
MATUR(+)：社債の償還期限,
CONVERT(−)：転換社債ならば1,そうでなければ0を示すダミー変数,
BCFIRM(+)：社債管理会社を設置していれば1,設置していなければ0を示すダミー変数。

4 調査結果

4.1 記述統計量と相関係数

本節で使用する変数の記述統計量が,表3-1のパネルAに要約されている。表3-1によれば,COVENの平均値は0.111であり,全体の約11%の社債が会計数値にもとづく財務上の特約を設定していることがわかる。

表3-2には,それぞれの変数の相関係数を示した。COVENとASTANDの間には,負の相関が観察される。同様にCOVENとSEFFECT*ASTANDの間にも負の相関が見られる。これらは,特約を設定した社債発行が公開草案の公表後に減少したことを示唆している。また,重回帰分析で使用する独立変数において,多重共線性を懸念するほどの相関は観察されなかった。

4.2 仮説の検証

われわれは最初に(1)式を推定した。その結果が,表3-3に要約されている。表3-3を見れば,ASTANDの係数が10%水準で有意な負の値であることがわかる。つまり,公開草案の公表後において,財務上の特約を設定した社債発行が統計的に有意に減少したことを意味する。これは仮説1と整合している。

コントロール変数は,LASSETとCONVERTおよびBCFIRMの係数が1%水準で有意になり,INCRの係数が5%水準で有意となった。つまり,起債会社のインタレスト・カバレッジ・レシオと資産総額が小さい場合ほど,社債発

第3章 社債契約に与えた影響

表3-1 変数の記述統計量

パネルA：記述統計量

	平均値	中央値	最大値	最小値	S.D.	尖度	歪度	観測値数
COVEN	0.111	0.000	1.000	0.000	0.314	2.481	7.155	1,779
ASTAND	0.558	1.000	1.000	0.000	0.497	−0.234	1.055	1,779
DER	444.5	257.7	6013	15.09	693.3	4.939	32.68	1,779
MARGIN	4.035	3.080	61.24	−6.250	4.901	4.337	34.86	1,779
INCR	9.973	2.720	671.0	−15.17	38.86	9.505	113.4	1,779
LASSET	13.41	13.50	15.78	9.524	1.248	−0.377	2.637	1,779
BSIZE	16.24	16.12	19.11	14.51	0.667	0.500	3.851	1,779
MATUR	6.918	6.000	20.00	1.600	2.867	1.409	6.310	1,779
CONVERT	0.100	0.000	1.000	0.000	0.300	2.666	8.106	1,779
BCFIRM	0.240	0.000	1.000	0.000	0.427	1.217	2.482	1,779
SEFFECT	0.025	0.000	0.396	0.000	0.045	3.008	16.47	1,779

パネルB：変数の定義

COVEN	会計数値にもとづく財務上の特約を設けていれば1，そうでなければ0を示すダミー変数[1]
ASTAND	「金融商品に係る会計基準の設定に関する意見書」の公開草案公表（1998年6月）後に発行された社債であれば1，そうでなければ0を示すダミー変数
DER	負債比率（負債総額/自己資本×100）
MARGIN	売上高経常利益率（経常利益/売上高×100）
INCR	インタレスト・カバレッジ・レシオ（(営業利益+受取利息・割引料・有価証券利息)/支払利息・割引料×100）
LASSET	総資産額の自然対数値
BSIZE	社債発行総額の自然対数値
MATUR	社債の償還期限
CONVERT	転換社債ならば1，そうでなければ0を示すダミー変数
BCFIRM	社債管理会社を設置していれば1，設置していなければ0を示すダミー変数[2]。
SEFFECT	起債会社が保有する有価証券/総資産額[3]。

注）1．具体的には，利益維持条項，純資産額維持条項，配当制限条項の3つである。
　　2．財務代理人を置いた社債は，社債管理会社を設置していないとみなし，当該社債に0を割り当てる。
　　3．この有価証券は，①当座資産に計上された売買目的有価証券および一年内に満期の到来する有価証券と，②固定資産に計上された満期保有目的債券やその他の有価証券のうち長期保有を目的とする有価証券（投資有価証券，親会社株式を除く関係会社株式，関係会社社債，その他関係会社有価証券，子会社株式，投資信託受益証券，貸付信託受益証券）を合計したものである。

行に際して特約が設定される。同様に，社債管理会社が設置され，転換社債以外の社債が発行される場合ほど，特約が設定されるのである。

次にわれわれは(2)式を推定し，時価評価基準の影響度合いと特約設定の関

§1 時価評価基準と社債契約

表3-2 変数の相関係数

	COVEN	ASTAND	DER	MARGIN	INCR	LASSET	BSIZE	MATUR	CONVERT	BCFIRM	SEFFECT	SEFFECT*ASTAND
COVEN	1											
ASTAND	−0.133	1										
DER	−0.093	0.149	1									
MARGIN	0.119	0.061	−0.159	1								
INCR	0.049	0.068	−0.056	0.410	1							
LASSET	−0.447	0.121	0.289	−0.278	−0.175	1						
BSIZE	−0.166	−0.023	−0.106	0.024	−0.022	0.455	1					
MATUR	−0.079	−0.222	−0.116	−0.043	−0.077	0.175	0.142	1				
CONVERT	0.414	−0.220	−0.096	0.110	0.141	−0.418	0.019	0.068	1			
BCFIRM	0.548	−0.120	−0.015	0.170	0.117	−0.316	0.064	−0.110	0.593	1		
SEFFECT	−0.080	−0.139	−0.174	−0.077	−0.044	−0.045	−0.056	−0.019	0.012	−0.109	1	
SEFFECT*ASTAND	−0.115	0.493	−0.069	−0.056	−0.006	0.020	−0.070	−0.127	−0.111	−0.156	0.565	1

注）各変数の定義は表3-1のパネルB参照。

第3章 社債契約に与えた影響

表3-3 時価評価基準の導入と財務上の特約の設定：(1)式の推定結果

変数	係数	標準誤差	z値	有意確率
C	12.74	2.868	(4.440)***	0.000
ASTAND	−0.475	0.253	(−1.880)*	0.060
DER	−0.000	0.000	(−0.195)	0.845
MARGIN	−0.007	0.017	(−0.375)	0.708
INCR	−0.004	0.002	(−2.155)**	0.031
LASSET	−1.145	0.165	(−6.957)***	0.000
BSIZE	−0.077	0.239	(−0.323)	0.747
MATUR	−0.086	0.053	(−1.640)	0.101
CONVERT	−0.850	0.319	(−2.662)***	0.008
BCFIRM	3.816	0.301	(12.69)***	0.000
McFadden R^2	0.525			
観測値数	1,779			

注)各変数の定義は表3-1のパネルB参照。
***1％水準で有意，**5％水準で有意，*10％水準で有意。

表3-4 会計基準変更の影響度合いと特約の設定：(2)式の推定結果

変数	係数	標準誤差	z値	有意確率
C	12.60	2.899	(4.347)***	0.000
SEFFECT*ASTAND	−6.102	1.896	(−3.219)***	0.001
ASTAND	0.475	0.378	(1.257)	0.209
DER	−0.000	0.000	(−0.975)	0.330
MARGIN	−0.023	0.018	(−1.224)	0.221
INCR	−0.004	0.002	(−1.852)*	0.064
LASSET	−1.133	0.167	(−6.802)***	0.000
BSIZE	−0.069	0.240	(−0.288)	0.773
MATUR	−0.085	0.052	(−1.616)	0.106
CONVERT	−0.795	0.325	(−2.449)**	0.014
BCFIRM	3.788	0.304	(12.47)***	0.000
McFadden R^2	0.535			
観測値数	1,779			

注)各変数の定義は表3-1のパネルB参照。
***1％水準で有意，**5％水準で有意，*10％水準で有意。

係を検証した。その調査結果を表3-4にまとめている。表3-4によれば，SEFFECT＊ASTANDの係数は1％水準で有意な負の値である。これは，保有有価証券の金額が大きな企業ほど，公開草案の公表後に財務上の特約設定を回避したことを示している。言い換えれば，時価評価基準の影響が大きい企業ほど，社債発行に際して財務上の特約を設定しない，ということになる。これは仮説2を支持する証拠となろう。

コントロール変数については，（1）式の推定結果とほぼ同様である。つまり，起債会社のインタレスト・カバレッジ・レシオと資産総額が小さい場合ほど，特約が設定され，同様に，社債管理会社が設置され，転換社債以外の社債が発行される場合ほど，特約が設定される傾向がある。

5 調査結果の頑健性テスト

われわれは仮説1と仮説2を支持する証拠を得た。この調査結果の頑健性を確認するため，本研究では2つの追加的検証を行った。すなわち（1）格付けデータをそのまま説明変数に用いた分析と，（2）ASTANDの定義を変更した分析である。以下で各々を説明する。

5.1 格付けデータの使用

前項では，社債の格付けをそのままコントロール変数として使用すれば，ASTANDとCOVENの関係を過小評価すると考え，格付けと関連している財務変数をコントロール変数にした。もし格付けデータをそのまま使用すれば，どのような結果になるのか。

われわれは追加的検証として，格付けデータとBCFIRMをコントロール変数にして，回帰式（1）と回帰式（2）を推定した[6]。その結果，ASTANDに関

---

[6] 格付けデータは，数値変換をして回帰式の推定に用いた。その際，①AAA，AA，A，BBBをそれぞれ1，2，3，4とする，②AA以下の＋および－の符号を考慮して1から10までの数値を割り当てる，という2つの方法で数値変換をした。いずれの結果も同様であった。格付けデータは，格付投資情報センター（R&I）の格付けによる。なおR&Iは日本公社債研究所（JBRI）と日本インベスターズサービス（NIS）が1998年に合併して設立されたため，それ以前の格付けに関しては，JBRIおよびNISの格付けを利用した。

する係数の符号は，すべて仮説1と仮説2に整合しており，かつ合理的な水準で有意となった。したがって前項の調査結果は，コントロール変数の選択について頑健であるといえよう。

5.2 時価評価基準の発効日後における特約設定

また前項では，公開草案が発表された1998年6月前後について，特約の設定状況を分析した。われわれは追加的検証として，売買目的有価証券の時価評価が実施された2000年4月前後について同様の分析を行った。その結果，前項の調査結果とは異なり，財務上の特約設定に時系列変化は観察されなかった。

社債の平均償還期限は6.92年であり，公開草案公表後に発行された社債のほとんどが時価評価基準の影響を受けるため，起債会社は時価評価基準の発効日前に将来を見越して財務上の特約を回避したのであろう。時価評価基準の発効日後は，すでに各社の対応が完了していたため，時系列変化は観察されなかったと解釈される。

6 要約と課題

6.1 調査結果の要約

有価証券の時価評価基準を設定するに際しては，主に証券投資意思決定に対する会計情報の有用性が議論された。しかし財務会計の契約支援機能を忘れてはならない。そこで本節では，投資意思決定という観点からではなく，時価評価導入が社債契約に与えた影響を調査したのである。

調査結果は以下の2点に要約される。すなわち(1)会計数値にもとづく財務上の特約の設定は，主たる影響要因をコントロールしたうえでも，公開草案の公表後において統計的に有意に減少している，(2)時価評価基準の影響が大きい企業ほど，公開草案の公表後に財務上の特約設定を回避する傾向がある，ということである。したがって仮説1と仮説2がともに支持される結果となった。利益と純資産額のボラティリティを増加させる時価会計の導入は，財務上の特約に抵触する確率を増加させる。起債会社はそれを懸念し，財務上の特約の設定を取り止めたのであろう。

6.2 研究課題

われわれの調査結果は，時価評価基準の設定で財務上の特約に抵触する確率が増加し，それを回避するために起債会社が特約の設定を取り止めた，ということを示唆している。しかし合理的な社債投資家は，起債会社のこのような行動を黙認しないであろう。財務上の特約が設定されなければ，(他の条件が等しい場合)エイジェンシーコストが増加するからである。そして，エイジェンシーコストの増加を反映した社債契約が結ばれるはずである。たとえば社債の約定利率が増加するかもしれない。

このような合理的市場を前提にすると，起債会社の特約設定行動は上記のように単純化することはできない。合理的市場のもとで起債会社は，財務上の特約に抵触するコストと，特約設定の回避で増加する利率を比較考量すると考えられる。したがって，起債会社の特約設定行動を説明するには，特約の設定を回避する分岐点を究明しなければならない。今後は，時価評価基準の導入が社債契約に与えた影響を，より深く広範囲にわたって分析すべきであろう。

《参考文献》

Duke, J. C. and Hunt III, H. G. (1990). An Empirical Examination of Debt Covenant Restriction and Accounting-Related Debt Proxies. *Journal of Accounting and Economics*, 12(1-3), 45-63.

伊藤邦雄(1996)『会計制度のダイナミズム』岩波書店.

Jensen, M. C., and Meckling, W. H. (1976). The Theory of the Firm: Managerial Behavior, Agency Costs, and Ownership Structure. *Journal of Financial Economics*, 3(4), 305-360.

Jensen, M. C. and Smith, C. W. (1985). Stockholder, Manager, and Creditor Interest. in E. I. Altman and M. G. Subramanyam ed., *Recent Advances in Corporate Finance*, Irwin.

Kalay, A. (1982). Stockholder-Bondholder Conflict and Dividend Constraints. *Journal of Financial Economics*, 10(2), 211-233.

経済産業省企業行動課(2003)『新会計基準の設定が企業経営と経済システムに与えた影響に関する実証分析』.

Leftwich, R. (1983). Accounting Information in Private Markets. *The Accounting Review*, 58, 23-42.

岡部孝好(1994)『会計報告の理論―日本の会計の探求―』森山書店.

小野尚(1995)「適債基準および財務制限条項の基本的見直し」『商事法務』No.1388, 47-50.

音川和久(1999)『会計方針と株式市場』千倉書房.
音川和久(2000)「IR活動の資本コスト低減効果」『会計』158(4), 73-85.
Sengupta, P. (1998). Corporate Disclosure Quality and the Cost of Debt. *The Accounting Review*, 73(4), 459-474.
須田一幸(2000)『財務会計の機能』白桃書房.
須田一幸・乙政正太・松本祥尚・首藤昭信・太田浩司(2002a)「ディスクロージャーの戦略と効果(四)」『会計』162(4), 113-124.
須田一幸・乙政正太・松本祥尚・首藤昭信・太田浩司(2002b)「ディスクロージャーの戦略と効果(五)」『会計』162(5), 131-144.
Watts, R. (1977). Corporate Financial Statements, A Product of the Market and Political Processes. *Australian Journal of Management*, reprinted in R. Ball and C.W. Smith Jr. ed., *The Economics of Accounting Policy Choice*, McGraw-Hill, 1992, 7-29.
Watts, R., and Zimmerman, J. (1986). *Positive Accounting Theory*. Prentice-Hall(須田一幸訳『実証理論としての会計学』白桃書房).
Watts, R., and Zimmerman, J. (1990). Positive Accounting Theory: A Ten Year Perspective. *The Accounting Review*, 65(1), 31-156.

(須田　一幸・首藤　昭信)

§2
時価評価基準と負債コスト

1 はじめに

　前節の「時価評価基準と社債契約」では，有価証券の時価評価基準が財務上の特約(財務制限条項)に与えた影響を分析し，以下の2点を明らかにした。すなわち，(1)時価評価基準に関する公開草案の公表後，財務上の特約の設定は統計的に有意に減少した，(2)時価評価基準の影響が大きい企業ほど財務上の特約を設定しない，ということである。時価評価基準が導入されれば，利益と純資産額のボラティリティは増加し，会計数値に依拠した財務上の特約に抵触する(テクニカル・デフォルトが発生する)確率が増大する。起債会社はそれを懸念し，財務上の特約の設定を取り止めたのであろう。

　財務上の特約は社債権者保護のために広く活用され，エイジェンシーコストの削減に寄与していた(須田，2000)。したがって，時価評価基準の影響で財務上の特約が設定されない場合，それは，社債投資家にとってエイジェンシーコストあるいは投資リスクの増大を意味する。社債投資家が合理的である限り，エイジェンシーコストと投資リスクの増加を埋め合わせるように，社債契約が調整されるであろう。たとえば社債投資家は，このようなリスクの増大に見合うリターン(すなわち利率)を要求するかもしれない。

　そこで本節では，前節の調査結果を基礎にして，有価証券の時価評価基準の設定と負債コスト(社債の利率スプレッド)の関係を分析する。すなわち，時価評価基準の設定がほぼ確実になった時点である「金融商品に係る会計基準の設定に関する意見書(公開草案)」(1998年6月)の公表前後において，負債コストに変化がみられたか否かを調査する。もし公開草案の公表後に，特約の設定を回避した企業の負債コストが増加していれば，時価評価基準の設定に起因する特約設定の回避は，資金調達コスト(社債投資家にとっては投資リターン)の増加を招いたことになるだろう。

以下では，第2項で3つの仮説を設定し，調査対象となるサンプルを説明する。第3項で，有価証券の時価評価基準と社債発行条件の一般的関係を考察する。第4項で重回帰モデルにより，時価評価基準と負債コストに関する第1の仮説を検証する。第5項と第6項では，それぞれ第2と第3の仮説を検証し，時価評価基準と財務上の特約と負債コストの三者関係を分析する。最後に本節を総括し，調査結果を解釈することにしよう。

2 仮説の設定とサンプルの選択

前節で示したように，時価評価基準の公開草案が公表された後，財務上の特約を設定した社債の発行が大幅に減少した。では，公開草案公表後の特約設定と負債コストに，どのような関係が観察されるのだろうか。もし公開草案の公表後に，特約を設定しない社債の負債コストは統計的に有意に増加し，特約を設定した社債の負債コストは増加しなかった，ということが観察されれば，それは，時価評価基準の影響で特約が設定されず負債コストの増加に結びついた，ということを示す証拠となろう。そこでわれわれは，以下の仮説を設定し，複数の分析手法を用いて3つの仮説を検証する。

H1：無担保社債の発行に伴う負債コストは，「金融商品に係る会計基準の設定に関する意見書(公開草案)」(1998年6月)以後，一般的に増加した。

H2：「金融商品に係る会計基準の設定に関する意見書(公開草案)」(1998年6月)以後に発行された無担保社債の中で，財務上の特約を設定していない銘柄の負債コストは以前よりも増加した。

H3：「金融商品に係る会計基準の設定に関する意見書(公開草案)」(1998年6月)以後に発行された社債の中で，財務上の特約を設定している銘柄の負債コストは公開草案の前後で変化していない。

これらの仮説を検証するため本節では，1996年1月から2001年9月までに発行された無担保普通社債と無担保転換社債のうち，以下の要件を満たす銘柄をサンプルにした[1]。

①証券・銀行・保険業ではない
②3月決算企業である。
③分析に必要な財務データおよび社債発行条件に関するデータが入手可能である。

社債に関連する基本的なデータは『公社債便覧』No.131(日本証券業協会,2001年12月)から入手し,財務データは「日経財務CD-ROM 一般事業会社版」から入手した[2]。同一企業が発行しても条件が異なる銘柄の場合,それを別個のサンプルとして扱った。以上の要件を満たすサンプルは1,689銘柄である。

3 時価評価基準の設定と社債発行条件の変化

須田(2000, 73-87頁)は,財務上の特約と格付けおよび社債管理会社設置の相互関係を分析している。その結果,(1)格付けの低い銘柄ほど財務上の特約を多く設定している,(2)社債管理会社を設置している銘柄は財務上の特約を多く設定している,ということを示した。格付けが低く社債管理会社を設置しなければならない企業は,エイジェンシーコストが相対的に大きな企業であり,そのような企業ほど,多くの特約を設定する傾向がある(須田,2000,87頁)。言い換えれば,無担保社債における財務上の特約などの発行条件は,エイジェンシーコストを考慮して合理的に決定されている,と考えられる。

この先行研究を踏まえ本研究では,(1)社債の格付けと財務上の特約の関係,(2)社債管理会社の設置と財務上の特約の関係,(3)負債コストと特約の関係が,「金融商品に係る会計基準の設定に関する意見書(公開草案)」の公表前後で変化したか否かを分析する。分析対象となる財務上の特約は,前節の分

---

1) 無担保社債について財務制限条項を設ける実務は,大蔵省の行政指導のもとで1979年から強制的に行われてきた。1996年1月以降,名称が「財務上の特約」に変更され,社債発行の当事者間で財務上の特約が自由に設定できるようになった(須田,2000,80頁)。本節のサンプルは,自由化以後に発行された無担保社債で構成される。
2) この他にも,格付けのデータを入手しデータの正確性をチェックするために『債券・格付けデータブック』(格付投資情報センター),『公社債月報』(公社債引受協会),『証券業報』(日本証券業協会),『商事法務』(商事法務研究会)を利用した。

析と同様に，会計数値にもとづく財務上の特約である[3]。

3.1 社債の格付けと財務上の特約の関係

われわれは，「金融商品に係る会計基準の設定に関する意見書(公開草案)」が公表された1998年6月前後における財務上の特約と格付けの関係を調査した。その結果が表3-5に要約されている[4]。

表3-5を見ると，格付けの低い社債ほど財務上の特約を設定していることがわかる。これは須田(2000, 85頁)の調査結果と一致している。注意すべきは，同一の格付けでも公開草案の公表前後で特約の設定状況が異なる，ということである。公開草案の公表後，特約を設定している社債の割合は極端に減少している。たとえば，1998年6月以前，格付けがBBBの社債は例外なく特約を設定していたのに対し，1998年6月以降に特約を設定しているBBB格の社

表3-5 財務上の特約と格付け

	財務上の特約の設定(%)
公開草案公表前	
AAA	0.00% (0/12)
AA	0.81% (2/247)
A	9.52% (28/294)
BBB	100% (55/55)
公開草案公表後	
AAA	0.00% (0/17)
AA	3.24% (8/247)
A	0.72% (3/416)
BBB	33.82% (23/68)

注) ここでの格付けは，格付投資情報センター(R&I)のものを使用している。なおR&Iは日本公社債研究所(JBRI)と日本インベスターズサービス(NIS)が1998年に合併して設立されたため，それ以前に関してはJBRIまたはNISの格付けを利用している。

---

3) すなわち，利益維持条項，純資産額維持条項，配当制限条項の3つである。財務上の特約には，この他に担保提供制限条項がある。須田(2000)では，これら4つの財務上の特約を分析対象にしている。
4) 表3-5から表3-7に示した分析では，使用可能なサンプルをすべて用いている。したがって表3-8以後の分析で使用するサンプル数とは，わずかに異なっている。

債は，わずか33.82％を占めているに過ぎない。

3.2 社債管理会社の設置と財務上の特約の関係

次にわれわれは，公開草案が公表された1998年6月前後における財務上の特約と社債管理会社設置の関係を調査した(社債管理会社については，須田，2000，85～86頁参照)。その結果が表3-6に要約されている。

表3-6を見ると，社債管理会社を設置している社債は，設置していない社債よりも財務上の特約を多く設定していることがわかる。これは須田(2000, 87頁)の調査結果と整合しており，社債管理会社を設置しなければならない企業は，エイジェンシーコストが相対的に大きな企業であり，そのような企業ほど多くの特約を設定すると解釈される。注目すべきは，1998年6月の前後を比較すると，1998年6月以後，社債管理会社の設置と特約設定の関係がやや薄弱になっている，ということである。1998年6月以前は社債管理会社設置社債の48.29％が財務上の特約を設定しているが，6月以後は31.19％に減少しているのである。

3.3 負債コストと特約の関係

続いてわれわれは，1998年6月前後における財務上の特約と負債コストの関係を分析した。景気変動の影響をコントロールするため，負債コストの代理変数として利率スプレッドを用いる。利率スプレッドの計算は，①1996年1月から2001年9月までに発行された無担保普通社債の利率を調べ，②当該社債と同

表3-6 財務上の特約と社債管理会社の設置

	財務上の特約の設定(％)
公開草案公表前	
社債管理会社を設置	48.29％ (113/234)
社債管理会社を設置しない	1.97％ (11/557)
公開草案公表後	
社債管理会社を設置	31.19％ (68/218)
社債管理会社を設置しない	1.05％ (9/860)

一時点で発行され償還期限が等しい国債の利率を調査し，③社債の利率から国債の利率を控除する，という手順で行われる[5]。異なる時点で発行された社債の負債コストは，利率スプレッドを計算することで，時系列比較が可能となる。

最初に，公開草案の公表前と公表後に発行された社債を区分し，さらに財務上の特約を設定した社債と設定しない社債に分けて，それぞれの利率スプレッドについて平均値と中央値を求めた。その結果が表3-7に要約されている。

表3-7を見ると，財務上の特約を設定している社債の負債コストは，特約を設定してない社債よりも大きいことがわかる。負債コストとエイジェンシーコストに正の相関があるとすれば，表3-7の結果は，エイジェンシーコストの大きい社債ほど財務上の特約を設定する傾向があることを示唆しており，表3-5および表3-6の結果と整合している。

さらに1998年6月前後を比較すると，1998年6月以後に負債コストが上昇していることがわかる。財務上の特約を設定しない社債の平均利率スプレッドは，0.70から0.89に上昇した。すなわち，公開草案の公表後に，財務上の特約を設定しない社債の負債コストは顕著に増加したのである。これは，当該社債のエイジェンシーコストが公開草案の公表後に増加したことを示唆している。

表3-7 財務上の特約と負債コスト（普通社債）

	財務上の特約を設定した社債	財務上の特約を設定しない社債	全サンプル
公開草案公表前	N=60	N=561	N=621
スプレッド 平均値 (中央値)	0.92 (0.90)	0.70 (0.68)	0.72 (0.70)
公開草案公表後	N=52	N=936	N=988
スプレッド 平均値 (中央値)	1.40 (1.43)	0.89 (0.83)	0.91 (0.84)

注）負債コストの代理変数として利率スプレッド(SPREAD)を利用している。変数の詳細な定義は表3-8のパネルB参照。

---

[5] 社債利率などの変数の定義と記述統計量は，表3-8のパネルBを参照されたい。

以上の調査により，①(社債の格付け，社債管理会社の設置，および負債コストをエイジェンシーコストの代理変数とすれば)エイジェンシーコストの大きい社債ほど，財務上の特約が設定される，②エイジェンシーコストと財務上の特約の関係は，公開草案の公表後に希薄化した，③財務上の特約を設定しない社債の負債コスト(エイジェンシーコスト)は，公開草案の公表後に増加した，ということが明らかになった。つまり，公開草案の公表後，エイジェンシーコストに応じて特約を設定することが難しくなり，それに伴い負債コスト(エイジェンシーコスト)が増加したのである。

ただし，これらの調査結果は，負債コストと公開草案の単純な関係を示しているだけであり，負債コストに影響を与える他の要因をまったく考慮していない。われわれは，次項以降において，他の要因をコントロールしたうえで，時価評価基準の公開草案と負債コストの関係を分析する。

4 負債コストの重回帰分析―全サンプル―

Sengupta(1998)と須田他(2000a，2000b)は，以下のような変数が負債コストと関連していることを示した。すなわち，①起債会社の財務内容を示す変数，②社債の発行条件を示す変数，③市場全体の動きを反映した変数である。起債会社の財務内容を示す具体的な変数としては，負債比率(DER)，売上高経常利益率(MARGIN)，インタレスト・カバレッジ・レシオ(INCR)，総資産額(LASSET)があげられる。社債の発行条件を示す具体的変数として，社債の発行総額(BSIZE)，償還期限(MATUR)，社債の種類(CONVERT)，社債管理会社の設置の有無(BCFIRM)がある。そして，市場全体の動きを示す具体的変数として，AAA格債の平均利率スプレッド(RISKP)が用いられた[6]。

われわれは，これらをコントロール変数として分析に組み込み，負債コストと公開草案の関係を調査する。つまり，公開草案の公表後に負債コストが増加したことを前項で指摘したが，本項では，負債コストに影響を及ぼす他の要因をコントロールしたうえで，公開草案の公表と負債コストの関係を分析するの

---

6) それぞれの変数の詳しい定義は表3－8のパネルBを参照されたい。

である。

4.1 重回帰モデルの設定

　負債コストを従属変数とし，公開草案を示すダミー変数とコントロール変数を独立変数にした重回帰モデルを，以下のように設定する。独立変数の説明で括弧内に示した符号は，回帰モデルにおける予測符号である。

$$SPREAD = \alpha + \beta_1 ASTAND + \beta_2 DER + \beta_3 MARGIN + \beta_4 INCR + \beta_5 LASSET + \beta_6 BSIZE + \beta_7 MATUR + \beta_8 CONVERT + \beta_9 BCFIRM + \beta_{10} RISKP + \varepsilon$$

ただし，
　　SPREAD：利率スプレッド(＝YIELD－GBOND)
　　YIELD：当該社債の利率，
　　GBOND：国債の利率(当該社債と同年同月に発行された国債で，かつ償還期限が同じ国債の利率)，
　　ASTAND(＋)：公開草案の公表(1998年6月)後に発行された社債であれば1，そうでなければ0を示すダミー変数，
　　DER(＋)：起債会社の負債比率，
　　MARGIN(－)：起債会社の売上高経常利益率，
　　INCR(－)：起債会社のインタレスト・カバレッジ・レシオ，
　　LASSET(－)：起債会社における総資産額の自然対数値，
　　BSIZE(－)：社債発行総額の自然対数値，
　　MATUR(＋)：社債の償還期限，
　　CONVERT(－)：当該社債が転換社債ならば1，そうでなければ0を示すダミー変数，
　　BCFIRM(＋)：当該社債が社債管理会社を設置していれば1，設置していなければ0を示すダミー変数，
　　RISKP(＋)：格付けがA格の銘柄におけるSPREADの平均値(当該社債の発行月ごとに算定)。

　上記モデルにおけるSPREADは負債コストの代理変数であり，ASTAND

は「金融商品に係る会計基準の設定に関する意見書(公開草案)」の公表(1998年6月)後に発行された社債であれば1,そうでなければ0を示すダミー変数である。われわれが注目するのは、この2変数の関係である。公開草案の公表後に発行された社債ほど、負債コストは大きいと予想される。したがって、ASTANDの係数は正になることが予想される。

また、独立変数として使用するRISKPは、A格の銘柄における平均利率スプレッドであり、当該社債の発行月ごとに算定される[7]。この変数は、社債のリスクプレミアムにおける時系列変動をコントロールするために用いられる。負債比率や売上高経常利益率などの財務数値は、当該社債が発行された年度の期首(前期末)の数値である。

4.2 変数の記述統計量と相関係数

重回帰モデルの変数に関する記述統計量が、表3-8に要約されている。表3-8を見れば、①サンプルの55.5%が公開草案の公表後に発行された、②社債の平均償還期限は6.8年である、③サンプルの24.3%が社債管理会社を設置している、④サンプルの平均利率スプレッドは約0.6%である、ということがわかる。

変数相互の相関係数を表3-9に示した。ASTANDとSPREADの相関係数は0.324であり、正の相関が観察された。これは、公開草案の公表後、一般に負債コストが増加したことを示唆している。ただしCONVERTとRISKPおよびBCFIRMも、SPREADと強い相関関係がある。これらの変数をコントロールしたうえで、ASTANDとSPREADの関係を分析しなければならない。

4.3 重回帰モデルの推定結果

われわれは、前記の重回帰モデルを最小二乗法により推定した。その結果を表3-10に要約した。表3-10を見れば、ASTANDの係数が1%水準で有意な

---

[7] 通常このような調査では、最上格であるAAAの値を用いるのが一般的である(Sengupta, 1998, p.464)。しかし本研究では、サンプルとして利用可能な1,689銘柄の中で、AAA格を取得している銘柄は29と極端に少なかったため、月次での平均値を算定することができなかった。そこで、サンプルの中で最も観測値数が多いA格のスプレッドを利用して、RISKPを算定した。

表3-8 使用する変数の記述統計量

パネルA：記述統計量

	平均値	中央値	最大値	最小値	S.D.	尖度	歪度	観測値数
ASTAND	0.555	1.000	1.000	0.000	0.497	−0.220	1.049	1,689
DER	434.6	252.5	6013	15.09	690.4	4.947	32.60	1,689
MARGIN	4.111	3.220	61.24	−6.250	4.854	4.264	34.46	1,689
INCR	10.33	2.770	671.0	−15.17	39.83	9.272	107.9	1,689
LASSET	13.36	13.43	15.78	9.524	1.223	−0.374	2.690	1,689
BSIZE	16.25	16.12	19.11	14.51	0.666	0.500	3.780	1,689
MATUR	6.835	6.000	20.00	3.000	2.846	1.519	6.849	1,689
CONVERT	0.099	0.000	1.000	0.000	0.299	2.677	8.164	1,689
BCFIRM	0.243	0.000	1.000	0.000	0.429	1.196	2.431	1,689
SPREAD	0.596	0.700	2.700	−2.950	0.828	−1.561	6.606	1,689
YIELD	2.000	2.070	4.000	0.100	0.747	−0.322	2.569	1,689
GBOND	1.404	1.300	3.800	0.100	0.704	0.595	2.832	1,689
RISKP	0.686	0.734	1.400	−1.404	0.604	−1.691	5.818	1,689

パネルB：変数の定義

ASTAND	「金融商品に係る会計基準の設定に関する意見書」の公開草案(1998年6月)以後に発行された銘柄であれば1，そうでなければ0を示すダミー変数
DER	負債比率(負債総額/自己資本×100)
MARGIN	売上高経常利益率(経常利益/売上高×100)
INCR	インタレスト・カバレッジ・レシオ：(営業利益+受取利息・割引料・有価証券利息)/支払利息・割引料×100
LASSET	資産総額の自然対数値
BSIZE	社債発行総額の自然対数値
MATUR	社債の償還期限
CONVERT	転換社債ならば1，そうでなければ0を示すダミー変数
BCFIRM	社債管理会社を設置していれば1，設置していなければ0を示すダミー変数[1]
SPREAD	YIELDマイナスGBOND
YIELD	社債約定利率
GBOND	当該社債と同年同月に発行され，かつ償還期限が同じ国債の利率[2]
RISKP	A格債の発行月ごとに算定した平均SPREAD[3]

注) 1. 財務代理人を設定している社債は社債管理会社を設置していないとみなし，0を割り当てている。
　2. 同じ発行月と償還年限の国債がない場合には，最も条件が近い国債の利率を使用している。
　3. ここで使用する格付けは，格付投資情報センター(R&I)のものを利用している。なおR&Iは日本公社債研究所(JBRI)と日本インベスターズサービス(NIS)が1998年に合併して設立されたため，それ以前に関してはJBRIまたはNISの格付けを利用している。

表3-9 使用する変数の相関係数

	ASTAND	DER	MARGIN	INCR	LASSET	BSIZE	MATUR	CONVERT	BCFIRM	SPREAD	RISKP
ASTAND	1										
DER	0.157	1									
MARGIN	0.060	−0.148	1								
INCR	0.070	−0.053	0.415	1							
LASSET	0.122	0.287	−0.254	−0.170	1						
BSIZE	−0.045	−0.096	0.011	−0.027	0.495	1					
MATUR	−0.256	−0.130	−0.021	−0.072	0.142	0.161	1				
CONVERT	−0.244	−0.088	0.084	0.139	−0.410	0.011	0.091	1			
BCFIRM	−0.133	−0.004	0.151	0.115	−0.303	0.053	−0.089	0.586	1		
SPREAD	0.324	0.063	−0.033	−0.088	0.223	−0.146	−0.268	−0.798	−0.422	1	
RISKP	0.367	0.090	−0.022	−0.049	0.166	−0.031	−0.072	−0.390	−0.325	0.477	1

注)各変数の定義は表3-8のパネルB参照。

第3章 社債契約に与えた影響

表3-10 負債コストの重回帰分析―全サンプル―

変数	係数	標準誤差	t値	有意確率
C	3.175	0.270	(11.78)***	0.000
ASTAND	0.080	0.022	(3.642)***	0.000
DER	0.000	0.000	(4.046)***	0.000
MARGIN	0.002	0.004	(0.545)	0.586
INCR	0.000	0.000	(−0.461)	0.645
LASSET	−0.002	0.014	(−0.108)	0.914
BSIZE	−0.139	0.021	(−6.536)***	0.000
MATUR	−0.046	0.004	(−12.59)***	0.000
CONVERT	−2.065	0.063	(−32.52)***	0.000
BCFIRM	0.137	0.038	(3.593)***	0.000
RISKP	0.250	0.020	(12.45)***	0.000
Adj.R^2	0.721			
N	1,689			

注)各変数の定義は表3-8のパネルB参照。t値はWhiteの標準誤差にもとづいている。
*** 1％水準で有意。

正の値であることがわかる。また9つのコントロール変数のうち，6つの変数の係数が予測符号と一致し，かつ1％水準で有意になった。つまり，公開草案の公表後に発行され，起債会社の負債比率が大きく，社債管理会社を設置する社債ほど，負債コストは大きい。他方，社債発行総額が大きく償還期限の短い社債ほど，負債コストは小さいのである。また，回帰モデルの修正済み決定係数は0.721であり，モデルの当てはまりは良好だと考えられる。

以上われわれは，無担保社債の発行に伴う負債コストが，主たる影響要因をコントロールしてもなお，公開草案の公表後に有意に増加しているという証拠を得た。これは，前記の仮説H1を支持している。

5 負債コストの重回帰分析―特約を設定しないサンプル―

続いてわれわれは，①財務上の特約を設定しないサンプルと，②財務上の特約を設定したサンプルに分けて，前記の重回帰モデルを推定した。もし，①で負債コストと公開草案の公表について有意な関係が観察され，②のサンプルで

§2 時価評価基準と負債コスト

表3-11 負債コストの重回帰分析—特約を設定しないサンプル—

変数	係数	標準誤差	t値	有意確率
C	3.133	0.274	(11.45)***	0.000
ASTAND	0.058	0.021	(2.701)***	0.007
DER	0.000	0.000	(4.004)***	0.000
MARGIN	−0.006	0.005	(−1.208)	0.227
INCR	0.000	0.000	(0.480)	0.632
LASSET	0.008	0.014	(0.579)	0.563
BSIZE	−0.145	0.021	(−6.757)***	0.000
MATUR	−0.040	0.004	(−11.04)***	0.000
CONVERT	−1.983	0.078	(−25.34)***	0.000
BCFIRM	0.002	0.046	(0.040)	0.968
RISKP	0.243	0.021	(11.43)***	0.000
Adj.R^2	0.666			
N	1,496			

注)各変数の定義は表3-8のパネルB参照。t値はWhiteの標準誤差にもとづいている。
*** 1％水準で有意。

観察されなければ、それは前記の仮説H2とH3を支持する証拠となるだろう。

最初に、財務上の特約を設定しないサンプルについて、前記の重回帰モデルを推定した。その結果が表3-11に要約されている。表3-11におけるASTANDの係数は、1％水準で有意な正の値である。これは、財務上の特約を設けていない社債の中で、公開草案の公表後に発行した社債ほど負債コストが大きい、ということを意味している。言い換えれば、財務上の特約を設定しない社債の負債コストは、公開草案の公表後、有意に増加したのである。これは、仮説H2を支持する証拠となる。また9つのコントロール変数のうち、5つの変数の係数が予測符号と一致し、かつ1％水準で有意になった。

6 負債コストの重回帰分析—特約を設定したサンプル—

われわれは、財務上の特約を設定したサンプルを用いて、前記と同様の重回帰分析を実施した。その結果が表3-12に要約されている。表3-12におけるASTANDの係数は正の値であるが、統計的に有意ではない。つまり、財務上

表3-12　負債コストの重回帰分析―特約を設定したサンプル―

変数	係数	標準誤差	t値	有意確率
C	1.930	0.965	(2.000)**	0.047
ASTAND	0.140	0.097	(1.436)	0.153
DER	0.000	0.000	(0.527)	0.599
MARGIN	0.028	0.007	(4.047)***	0.000
INCR	−0.001	0.001	(−0.682)	0.496
LASSET	0.075	0.081	(0.933)	0.352
BSIZE	−0.077	0.096	(−0.804)	0.422
MATUR	−0.162	0.024	(−6.755)***	0.000
CONVERT	−1.993	0.117	(−16.97)***	0.000
BCFIRM	0.188	0.144	(1.304)	0.194
RISKP	0.210	0.065	(3.240)***	0.001
Adj.R^2	0.858			
N	193			

注)各変数の定義は表3-8のパネルB参照。t値はWhiteの標準誤差にもとづいている。
***1%水準で有意，**5%水準で有意。

の特約を設定した社債の負債コストは，公開草案の公表前後において有意に変化しなかったということである。これは，仮説H3を支持する証拠となる。また，9つのコントロール変数のうち，4つの変数の係数が予測符号と一致し，かつ1%水準で有意になった。

以上，表3-11と表3-12の調査結果から，財務上の特約を設定しない社債の負債コストは公開草案の公表後に増加し，他方，財務上の特約を設定した社債の負債コストは公開草案の公表前後で変化がない，ということが明らかになった。したがって，公開草案の公表後に負債コストが増加したという調査結果(表3-10)は，財務上の特約を設定しないサンプルによってもたらされたと考えられる。

これら結果と，前節の調査結果(時価評価基準の影響が大きい企業ほど財務上の特約を設定しない)から，次のようなことが示唆される。すなわち，時価評価基準の影響で特約の設定を回避した起債会社は，代わりに追加的な負債コストを負担するにいたった，ということである。

7 要約と課題

本節では，有価証券に係る時価評価基準の導入が無担保社債の負債コストに与える影響を分析した。その結果，(1)社債発行に伴う負債コストは，時価評価基準に関する公開草案の公表後，統計的に有意に増加した，(2)財務上の特約を設定しない社債の負債コストは，公開草案の公表後，統計的に有意に増加した，(3)財務上の特約を設定した社債には，この傾向が観察されないということがわかった。

この調査結果と前節の結果を総合すれば，次のような解釈が可能となる。すなわち，起債会社はテクニカル・デフォルトを避けるため，公開草案の公表後に財務上の特約を設定することを回避したが，特約を回避した社債の負債コストは増加し，特約を従来どおり設定した社債の負債コストは増加しなかった。これは，特約を回避した影響が負債コストの増加という形で社債契約に反映したことを示唆している。

社債投資家については，財務上の特約が設定されないことでエイジェンシーコストおよび投資リスクを多く負担することになり，その対価として多くのリターン(利率)を求めた，と解釈される。会計基準設定の観点からは，有価証券の時価評価基準を設定したことで，財務上の特約を設定する慣行が後退し，起債会社は利率の増加という形で追加的なコストを負担した，と解釈される。これは，会計基準設定の経済的帰結(economic consequences)を示す一つの証拠となろう。

《参考文献》

Duke, J. C., and HuntIII, H. G. (1990). An Empirical Examination of Debt Covenant Restriction and Accounting-Related Debt Proxies. *Journal of Accounting and Economics*, 12(1-3), 45-63.

伊藤邦雄(1996)『会計制度のダイナミズム』岩波書店.

Jensen, M. C., and Meckling, W. H. (1976). The Theory of the Firm: Managerial Behavior, Agency Costs, and Ownership Structure. *Journal of Financial Economics*, 3(4), 305-360.

Jensen, M. C. and Smith, C. W. (1985). Stockholder, Manager, and Creditor Interest. in E. I. Altman and M. G. Subramanyam ed., *Recent Advances in*

Corporate Finance, Irwin.
Kalay, A. (1982). Stockholder-Bondholder Conflict and Dividend Constraints. *Journal of Financial Economics*, 10(2), 211-233.
Leftwich, R. (1983). Accounting Information in Private Markets. *The Accounting Review*, 58(1), 23-42.
岡部孝好(1994)『会計報告の理論―日本の会計の探求―』森山書店.
小野 尚(1995)「適債基準および財務制限条項の基本的見直し」『商事法務』No.1388, 47-50.
音川和久(1999)『会計方針と株式市場』千倉書房.
音川和久(2000)「IR活動の資本コスト低減効果」『会計』158(4), 543-555.
Sengupta, P. (1998). Corporate Disclosure Quality and the Cost of Debt. *The Accounting Review*, 73(4), 459-474.
須田一幸(2000)『財務会計の機能』白桃書房.
須田一幸・乙政正太・松本祥尚・首藤昭信・太田浩司(2002a)「ディスクロージャーの戦略と効果(四)」『会計』162(4), 113-124.
須田一幸・乙政正太・松本祥尚・首藤昭信・太田浩司(2002b)「ディスクロージャーの戦略と効果(五)」『会計』162(5), 131-144.
Watts, R. (1977). Corporate Financial Statements, A Product of the Market and Political Processes. *Australian Journal of Management*, reprinted in R. Ball and C.W. Smith Jr. ed., *The Economics of Accounting Policy Choice*, McGraw-Hill, 1992, 7-29.
Watts, R., and Zimmerman, J. (1986). Positive Accounting Theory, Prentice-Hall,(須田一幸訳『実証理論としての会計学』白桃書房, 1991年).
Watts, R., and Zimmerman, J. (1990). Positive Accounting Theory: A Ten Year Perspective. *The Accounting Review*, 65, 31-156.
White, H. (1980). A Heteroscedasticity-consistent Covariance Matrix Estimator and A Direct Test for Heteroscedasticity. *Econometrica*, 48, 817-838.

(須田 一幸・首藤 昭信)

第4章
インセンティブ・システムに与えた影響

　アメリカの実証研究によれば，企業の経営者報酬は財務諸表の利益数値と有意に相関している。つまり，経営者のインセンティブ・システムに会計利益が用いられているのである。日本企業の場合はどうだろうか。そして，新しい会計基準の設定はインセンティブ・システムにどのような影響を与えたのだろうか。本章では§1で，個別財務諸表の利益と経営者報酬の関係を分析する。その結果，日本企業においても経営者報酬は会計利益と連動していることが明らかになった。続く§2では，経営者報酬と会計利益の関係を，個別財務諸表と連結財務諸表の利益について比較した。その結果，2000年以前は個別財務諸表の利益が大きな説明力を持ち，連結会計中心の開示制度が導入された2000年3月期以降は，個別財務諸表利益の相対情報内容が小さくなる，ということがわかった。これは，経営者報酬制度で連結会計利益が活用されていることを示唆する。もし，連結会計中心の開示制度を契機に各企業がインセンティブ・システムを変更したのであれば，新しい会計基準の設定で企業は追加的なコストを負担したことになる。§3では，アンケート調査のデータを用いて，インセンティブ・システムの導入に積極的な企業を分析対象にする。すなわち，新しい会計基準の設定がインセンティブ・システムの新規導入に与えた影響を分析する。その結果，①退職給付会計基準の影響が小さい企業ほどインセンティブ・システムを積極的に導入し，②外国法人持株割合が高く，持合い株式放出割合の大きい企業ほど，インセンティブ・システムを積極的に導入していることが判明した。インセンティブ・システムの構築に向けて，退職給付会計基準はネガティブな影響を与えたのである。

§7

個別会計情報と経営者報酬

1 はじめに

　経営者と株主の間の利害の対立(エイジェンシー問題)を抑制する手段として経営者報酬契約(management compensation contracts)の存在が知られている。これは株主の利害に沿う行動には報奨を供与し，株主の利害に反する行動にはペナルティーを科すインセンティブ・システムである。このインセンティブ・システムが有効に機能しているならば，株主の利益から逸脱する経営者行動はかなり食い止められるであろう。

　日本企業においては，経営者報酬契約の内容が明示化されることは少ないが，経営者の上げた業績をモニターする情報システムとして会計上の利益数値が利用される可能性が高い。会計ベースの経営者報酬契約において，会計利益の増減が経営者報酬の増減と結びついていることが重要なポイントである(Kaplan, 1994；須田, 2000)。

　ここでは，1986年3月期から2001年3月期の上場企業を対象に，経営者報酬と報告利益との間に統計的に有意なプラスの関係があるかどうかという経験的証拠を提示する。経営者報酬と会計利益との密接なリンクは，経営者報酬契約が経営者と株主の間の利害を調整する機能を果たしていることを意味する。

　会計数値としては個別(単独)決算の数値を用いる。調査対象期間において，どの年度でも経営者報酬と個別決算の会計利益は強く関係しているかどうかを調べる。

2 モデルの定式化―弾力性アプローチ―

　経営者報酬と企業業績の関係のモデル化に関しては，実証会計研究で必ずしも一般的な定式化が存在するわけではないが，ここでは，弾力性アプローチ

(elasticity approach)によって会計利益と経営者報酬の関係を推測する。次のような，対数変換されたモデルが設計される(Joskow and Rose, 1994; Kaplan, 1994; Murphy, 1999)。

$$\Delta \ln(経営者報酬)_{it} = a + b \Delta \ln(企業業績)_{it} \tag{1}$$

回帰係数(b)は，業績報酬弾力性(pay-performance elasticities)を表わすといわれている。bは，企業業績が1％増えたときに，経営者報酬がb％増加するという企業業績に対する経営者報酬の弾力性を示す。

ただ，(1)式については，負の会計数値が含まれることもあるので，実際の分析では業績の部分の対数変換は行われない[1]。分析においては，当期の会計利益(経常利益と純利益)の変化だけではなく，前期の会計利益の変化もモデルに加える。また，株価ベースの尺度(株式リターン)も経営者報酬に影響を及ぼしているかもしれないので，それをコントロール変数としてモデルに入れておく。したがって，次のモデルの係数が推定される。

$$\Delta \ln(COMP)_{it} = b_0 + b_1 \cdot \Delta ERN_{it} + b_2 \cdot \Delta ERN_{it-1} + b_3 RET_{it} + b_4 RET_{it-1} + \varepsilon_{it} \tag{2}$$

各変数の定義は下記の通りである。

$\Delta \ln(COMP)_{it} = ($役員報酬$_{it} + $役員賞与$_{it})$の自然対数の変化
$\Delta ERN_{it} = ($会計利益$_{it} - $会計利益$_{it-1})/$総資産$_{it}$[期首・期末の平均]
$\Delta ERN_{it-1} = ($会計利益$_{it-1} - $会計利益$_{it-2})/$総資産$_{it-1}$[期首・期末の平均]
$RET_{it} = ($年度末株価$_t - $年度末株価$_{t-1} + $配当$_t)/$株価$_{t-1}$
$RET_{it-1} = ($年度末株価$_{t-1} - $年度末株価$_{t-2} + $配当$_{t-1})/$株価$_{t-2}$

日本の場合，経営者報酬が個人(役位)別に開示されることはなく，経営者全員に支給された報酬総額で表記されることが一般的である(乙政, 2002)。そのため，日本企業を対象にした従来の経営者報酬の実証研究では，経営者報酬を

---

1) $\Delta \ln Y = a + b \Delta X$の場合，弾力性は，$b(X) = \dfrac{\Delta Y}{\Delta X} \dfrac{X}{Y}$で表される(Gujarati, 1995)。

役員数で割るという手続きをとって，一人当たり平均の経営者報酬額をとらえようとしてきた(たとえば，胥，1993)。けれども，役員の中には，非常勤の取締役，他社からの出向取締役，使用人兼務取締役などが存在するので，一人当たりの平均経営者報酬額には重大なバイアスが含まれている可能性がある[2]。

本節の分析においては，経営者個人ではなく，「経営陣」という単一のチームのパフォーマンスが評価される。経営陣の各主体の役割は一律ではないが(深尾・森田，1997，第3章)，ワンマン経営でない限り，経営意思決定が経営陣全体によって遂行されていると想定する。業務執行の対価として経営者チームの報酬総額が会計利益と連動しているかどうかが考察される[3]。

3 サンプル選択と基本統計量

3.1 サンプル選択

サンプルは，以下の4つの要件をすべて満たす企業と年度から構成される。分析対象期間は1986年3月期から2001年3月期の期間で，日本経済が安定した成長過程を経ていた時期から平成不況から完全には抜け出せずにいる時期にまで及んでいる。2000年3月期以降の期間も含まれるので，連結財務諸表を中心とする会計制度に変更されてからの分析も行われる。

1) わが国の全国証券取引所のいずれかに上場する企業(ただし，金融・証券・保険業と店頭企業を除く)[4]。
2) 3月決算企業で，決算月数が12ヶ月あること。
3) 上述の変数に用いられる各年度の単独決算の財務データと株価データが入手可能であること。財務データは『日経NEEDS企業財務データ』から

---

[2] 泉田(1997)は，役員に占める兼任役員の比率を回帰式に加え，平均報酬額にあるバイアスの除去を試みている。

[3] 経営者全体の報酬額を用いた先行研究としては，Kaplan(1994)，Kato(1997)，Joh(1999)等がある。なお，ここでは経営者報酬としてストック・オプションのような株価ベースの報酬を含めていない。

[4] 金融・証券・保険業以外に，経営者報酬に関する動機づけを考慮して，農林水産や電力・ガス・放送通信・運輸などの公益産業がサンプルから外されるケースもある(泉田，1997)。

§1 個別会計情報と経営者報酬

ダウンロードし,株価データは『株価CD-ROM』(東洋経済新報社)から抽出した。
4) 役員報酬がゼロ(非開示の可能性もある)でないこと。

これらの4つの要件を満たすサンプルから,実証分析における外れ値(outliers)の影響を除去するために,年度ごとに各変数について1パーセンタイル以下と99パーセンタイル以上のサンプルを削除している。具体的には,年度ごとに各変数の1パーセンタイル以下と99パーセンタイル以上のサンプルを削除している。

最終的に19,384企業・年度の観測値が得られたけれども,2期分のデータがすべて揃うのは19,095企業・年の観測値となっている。

3.2 基本統計量

表4-1には,回帰モデルの推定に使用される従属変数と独立変数の基本統計量を示している。すべての変数の平均,標準偏差,メジアン,第1四分位数(1st Qrt)および第3四分位数(3rd Qrt)が年度別に表示されている。

$\Delta\ln(COMP)$は,90年3月期が大きく,バブル期に経営者報酬が増大していたことがわかる。98年3月期以降はマイナスであり,経営者報酬が減少傾向にあることを表している。標準偏差は毎年大きくなっており,$\Delta\ln(COMP)$のちらばりが目立つ。経常利益と純利益を用いた会計利益の変化の平均はほぼ同じで,±1%のまわりにある。株式リターンの変動は大きく,会計利益の変化に比べて標準偏差が大きくなっている。

表4-2には,1986年3月期から2001年3月期までのデータをすべて含めた場合の相関係数をまとめている。$\Delta\ln(COMP)$とΔERN_tは,経常利益でも純利益でも正に相関している。同じく,$\Delta\ln(COMP)$とΔERN_{t-1}の相関もプラスである。RET_tとRET_{t-1}も会計利益ほどではないがプラスに$\Delta\ln(COMP)$と相関している。

ΔERN_t(経常利益)とΔRET_tとの相関は0.294であった。年度別で調査してみても,0.4を超える年度はなかった。残りの変数相互間の相関係数も大きくはない。多重共線性の問題が強く影響するとは考えられない。

第4章 インセンティブ・システムに与えた影響

表4-1 基本統計量

	$\Delta \ln(COMP)$					ΔERN (経常利益)				
	平均	標準偏差	メジアン	1st Qrt	3rd Qrt	平均	標準偏差	メジアン	1st Qrt	3rd Qrt
8603	0.045	0.136	0.041	−0.025	0.112	−0.004	0.023	−0.001	−0.014	0.006
8703	0.004	0.151	0.016	−0.057	0.076	−0.002	0.028	0.001	−0.013	0.010
8803	0.064	0.162	0.059	−0.015	0.133	0.012	0.021	0.010	0.002	0.021
8903	0.090	0.135	0.079	0.023	0.156	0.013	0.021	0.009	0.002	0.021
9003	0.108	0.150	0.087	0.022	0.172	0.005	0.017	0.004	−0.002	0.012
9103	0.086	0.148	0.067	0.011	0.146	0.002	0.017	0.002	−0.005	0.009
9203	0.058	0.149	0.053	−0.015	0.126	−0.005	0.018	−0.003	−0.014	0.004
9303	−0.001	0.156	0.009	−0.075	0.073	−0.011	0.022	−0.007	−0.020	0.001
9403	0.002	0.167	0.000	−0.079	0.072	−0.006	0.019	−0.003	−0.013	0.003
9503	0.013	0.170	0.017	−0.049	0.088	0.002	0.018	0.002	−0.006	0.010
9603	0.018	0.175	0.014	−0.057	0.091	0.004	0.019	0.002	−0.004	0.011
9703	0.017	0.170	0.016	−0.048	0.088	0.004	0.016	0.003	−0.003	0.010
9803	−0.003	0.176	0.000	−0.081	0.067	−0.004	0.018	−0.003	−0.013	0.004
9903	−0.054	0.172	−0.038	−0.134	0.031	−0.008	0.023	−0.004	−0.018	0.005
0003	−0.059	0.218	−0.042	−0.151	0.043	0.008	0.024	0.005	−0.003	0.016
0103	−0.013	0.237	0.000	−0.108	0.091	0.007	0.026	0.004	−0.004	0.017

	ΔERN (純利益)					RET				
	平均	標準偏差	メジアン	1st Qrt	3rd Qrt	平均	標準偏差	メジアン	1st Qrt	3rd Qrt
8603	−0.002	0.018	0.000	−0.006	0.003	0.309	0.520	0.168	−0.062	0.527
8703	−0.003	0.018	0.000	−0.007	0.004	0.113	0.360	0.046	−0.136	0.294
8803	0.006	0.015	0.004	0.001	0.009	0.508	0.463	0.438	0.195	0.734
8903	0.008	0.017	0.004	0.001	0.011	0.218	0.347	0.154	−0.029	0.401
9003	0.004	0.014	0.003	−0.001	0.008	0.243	0.361	0.182	−0.001	0.436
9103	0.002	0.014	0.002	−0.002	0.006	−0.159	0.170	−0.172	−0.278	−0.063
9203	−0.004	0.018	−0.002	−0.009	0.002	−0.302	0.161	−0.318	−0.415	−0.208
9303	−0.008	0.021	−0.004	−0.012	0.000	−0.058	0.183	−0.078	−0.174	0.038
9403	−0.003	0.020	−0.001	−0.007	0.002	0.114	0.221	0.077	−0.034	0.215
9503	0.002	0.022	0.000	−0.004	0.005	−0.147	0.160	−0.162	−0.250	−0.061
9603	0.003	0.022	0.001	−0.003	0.007	0.229	0.245	0.198	0.059	0.347
9703	0.002	0.023	0.001	−0.003	0.005	−0.223	0.177	−0.236	−0.350	−0.123
9803	−0.004	0.022	−0.002	−0.009	0.002	−0.254	0.192	−0.278	−0.390	−0.140
9903	−0.011	0.036	−0.005	−0.016	0.001	−0.080	0.275	−0.133	−0.266	0.017
0003	0.004	0.044	0.003	−0.005	0.012	0.056	0.444	−0.052	−0.214	0.158
0103	−0.001	0.060	0.000	−0.014	0.013	−0.028	0.274	−0.041	−0.192	0.101

注)観測値数は19,384企業・年。

§1 個別会計情報と経営者報酬

表4-2 各変数間の相関係数

	$\Delta\ln(COMP)$	ΔERN_t (経常利益)	ΔERN_{t-1} (経常利益)	ΔERN_t (純利益)	ΔERN_{t-1} (純利益)	RET_t	RET_{t-1}
$\Delta\ln(COMP)$	1.000						
ΔERN_t (経常利益)	0.170	1.000					
ΔERN_{t-1} (経常利益)	0.189	0.072	1.000				
ΔERN_t (純利益)	0.122	0.467	0.062	1.000			
ΔERN_{t-1} (純利益)	0.085	0.038	0.409	-0.278	1.000		
RET_t	0.113	0.294	0.027	0.170	-0.010	1.000	
RET_{t-1}	0.084	0.108	0.179	0.052	0.088	0.056	1.000

注) 観測値数は19,095企業・年。

4 実証分析の結果

弾力性アプローチに従って，それぞれ年度別にb_1〜b_4の係数を推定してみた。定数項については，便宜上，推定結果が省略されている。表4-3においては，b_1〜b_4の係数とそのt値，自由度修正済み決定係数(Adj.R^2)，F値(すべての係数がゼロか否か)を示している。ΔERNとして経常利益と純利益を組み入れた実証結果が別々のパネルに表示されている[5]。

経常利益のケースでは，当期のΔERNの係数は，16年中14年でプラスに有意であった。このことは，会計利益の増減が経営者報酬の増減と連動していることを意味する。純利益において，当期のΔERNの係数は16年中10年が統計的に有意にプラスであった。全体的には，どの年度でも会計利益の変化に対して経営者報酬の変化が強くリンクしていることが確認されたが，ほとんどの年度で，純利益の係数は経常利益の係数よりも小さくなっている[6]。

経常利益および純利益の係数はいずれも1993年3月期に最大になっており，

---

[5] 営業利益を用いた場合，経常利益とほぼ同様の結果が得られた。
[6] われわれが日本総合研究所と共同で2002年8月に実施した「会計基準の変更が企業経営に与えた影響に関するアンケート 第Ⅰ部 業績連動型報酬制度に与えた影響」には，次のような問いがある。利益連動型報酬制度において，報酬額を決定するとき算定基準となる会計数値のなかで中心となるものは何か(質問11)。この問いに対する53社の回答のうち，当期純利益は18社(34%)，経常利益は13社(24.5%)，営業利益は12社(22.6%)となっていた。明示的な経営者報酬制度を設けている企業では，当期純利益の地位が比較的高いのである。

第4章　インセンティブ・システムに与えた影響

表4-3　実証分析の結果

	パネルA：経常利益						パネルB：純利益						観測値数
	ΔERN_t	ΔERN_{t-1}	RET_t	RET_{t-1}	Adj.R^2	F値	ΔERN_t	ΔERN_{t-1}	RET_t	RET_{t-1}	Adj.R^2	F値	
8603	1.187	0.511	0.001	−0.003	0.045	9.52	0.854	0.356	0.007	−0.003	0.012	3.17	722
	(4.68)***	(2.16)**	(0.08)	(−6.88)***			(1.69)*	(1.34)	(0.76)	(−2.40)**			
8703	0.873	1.500	0.042	−0.006	0.117	25.82	0.775	0.630	0.062	0.012	0.049	10.57	750
	(2.68)***	(5.97)***	(2.37)**	(−0.54)			(1.39)	(1.69)*	(3.74)***	(1.05)			
8803	1.169	1.115	−0.003	−0.006	0.057	13.81	0.826	0.419	0.006	0.013	0.010	3.12	856
	(2.34)**	(3.84)***	(−0.18)	(−0.40)			(1.33)	(1.17)	(0.43)	(0.99)			
8903	0.735	0.553	0.021	0.006	0.032	8.89	0.220	0.318	0.029	0.016	0.012	3.85	959
	(2.46)**	(2.16)**	(1.75)*	(0.55)			(0.56)	(0.75)	(2.44)**	(1.35)			
9003	1.014	1.116	0.011	0.063	0.087	27.28	1.101	0.115	0.034	0.074	0.051	15.83	1,100
	(3.59)***	(4.60)***	(0.77)	(2.87)***			(2.26)**	(0.40)	(2.54)**	(3.78)**			
9103	1.413	0.504	0.043	0.018	0.048	15.33	0.739	0.399	0.085	0.032	0.026	8.51	1,144
	(3.58)***	(1.79)*	(1.20)	(1.59)			(1.50)	(1.66)*	(2.39)**	(2.92)***			
9203	1.117	1.420	0.037	−0.010	0.058	19.18	1.662	0.592	0.043	0.025	0.047	15.80	1,193
	(3.39)***	(4.93)***	(1.22)	(−0.41)			(4.57)***	(1.80)*	(1.46)	(1.03)			
9303	2.167	1.005	0.022	0.045	0.148	55.10	2.170	0.472	0.057	0.101	0.118	42.62	1,243
	(8.93)***	(3.38)***	(0.88)	(1.80)*			(7.60)***	(1.28)	(2.32)**	(3.89)***			
9403	1.482	1.168	0.061	0.037	0.089	31.59	1.595	0.843	0.075	0.064	0.083	29.36	1,254
	(4.69)***	(5.37)***	(2.78)***	(1.61)			(5.24)***	(2.93)***	(3.43)***	(2.74)***			
9503	0.311	1.240	0.058	0.080	0.054	19.32	0.136	0.561	0.075	0.109	0.040	14.31	1,278
	(0.85)	(4.50)***	(1.66)*	(3.35)***			(0.38)	(1.99)**	(2.21)**	(4.64)***			
9603	1.774	1.295	0.027	0.013	0.073	26.79	1.474	0.828	0.056	0.057	0.052	19.03	1,313
	(3.64)***	(4.12)***	(1.14)	(0.51)			(3.82)***	(2.56)***	(2.60)***	(1.97)*			
9703	1.044	0.489	0.051	0.036	0.024	9.58	0.365	0.324	0.076	0.044	0.016	6.63	1,370
	(2.34)**	(1.76)*	(2.06)**	(2.81)***			(1.44)	(1.49)	(3.24)***	(3.33)***			
9803	1.891	0.874	0.017	−0.008	0.048	18.94	0.753	0.130	0.069	0.006	0.016	6.90	1,433
	(6.35)***	(2.67)***	(0.56)	(−0.35)			(2.92)***	(0.63)	(2.33)**	(0.27)			
9903	0.912	0.948	0.064	0.091	0.073	29.87	0.679	0.381	0.077	0.112	0.067	27.31	1,478
	(3.13)***	(3.41)***	(3.66)***	(4.29)***			(4.20)***	(2.50)**	(4.75)***	(5.20)***			
0003	−0.021	1.058	1.058	0.073	0.049	20.14	0.358	0.403	0.064	0.066	0.044	18.01	1,495
	(−0.08)	(4.33)***	(4.33)***	(6.02)***			(1.93)*	(2.65)***	(5.44)***	(4.24)***			
0103	1.104	0.329	0.064	0.027	0.025	10.58	0.493	0.301	0.074	0.032	0.024	10.10	1,507
	(3.03)***	(1.32)	(2.22)**	(1.25)			(2.71)***	(1.39)	(2.79)***	(1.56)			
平均	1.133	0.951	0.098	0.027	0.064	21.26	0.883	0.448	0.055	0.046	0.041	14.56	1,193
	(3.47)	(3.54)	(1.65)	(1.02)			(2.71)	(1.66)	(2.67)	(2.14)			

注)*10％水準で有意，**5％水準で有意，***1％水準で有意，カッコ内はWhiteの標準誤差に基づくt値。

経常利益(純利益)の場合，当期のΔERNの1％の上昇は，経営者報酬の2.167(2.170)％の増加をもたらすことがわかった。その後，95年3月期に急落したものの，また持ち直し，2000年3月期にΔERN(経常利益)の係数はマイナスに落ち込んでいる。ΔERN(純利益)の2000年3月期の係数の下落は小さく，10％水準で統計的に有意に正となっている。

2000年3月期は個別財務諸表から連結財務諸表に重点移動した最初の年度であり，個別財務諸表の会計利益(経常利益)と経営者報酬との間の関係が弱くなっていることが観察された。けれども，2001年3月期には係数が1％水準でプラスに有意に戻っている。会計基準の変更以降，個別財務諸表の利益数値が経営者報酬契約の中でどのように織り込まれるようになったかについては，今後も詳細に検討する余地が残されている。

前期のΔERN(経常利益)の係数は16年中15年で統計的に有意に正である。前期のΔERNの係数(純利益)では，プラスに有意になっているケースは16年中8年と半分になっていたが，その他の年でもマイナスになっていることはない。役員報酬(基本給の部分)は，年度初めに設定されるのが通例で，前年度のパフォーマンスに反応して決定される可能性がある(Hall and Liebman, 1998)。当期のΔERNほどには全体的に係数が大きくはないけれども，1期前のΔERNは経営者報酬の決定に対して重要な役割を果たしていることが裏づけられた。

株式リターンの係数も統計的に有意なケースが存在した。日本企業の経営者報酬契約は，株主の利益を直接に追求するインセンティブ・システムとしても作用していることが示唆された。しかし，株式リターンの係数の大きさは会計リターンの係数の大きさよりも小さく，会計リターンと株式リターンとでは経営者報酬に対する説明力に違いがあることが浮き彫りになった。

5 要約と課題

本節では，経営者報酬と会計利益の間に統計的に有意なプラスの関係が存在するかどうかを検証した。このような関係の存在は，経営者報酬契約が有効に機能しているという明確な証拠となる。日本企業においては，多くの経営者報酬契約は明示的ではないので，実際の契約内容を知ることはできない。そこ

で，会計利益の変化ならびに株式リターンに対して経営者報酬がどのように反応するかが回帰分析された。1986年3月期から2001年3月期までのサンプル企業を収集して，経営者報酬の決定要因を会計尺度と株価尺度の業績指標に絞って実証的に探った。

連結の財務諸表データではなく，個別の財務諸表データを用いたが，全体的な結果として，経営者報酬と会計利益はほとんどの年度で強くプラスに関係していた。当期の会計利益の変化だけではなく前期の会計利益の変化も経営者報酬決定の要因となっていることが特徴としてみられる。会計利益としては，純利益に比べて経常利益のほうが経営者報酬の変化に対しての説明力が高かった。

また，株価ベースの尺度が経営者報酬とプラスに連動しているケースがあった。わが国の経営者報酬契約は，黙示的であったとしても，企業収益を追求するインセンティブが経営者に与えられる仕組みを有していることが観測された。

ただし，サンプル期間中に，個別の会計利益と経営者報酬との間の関係が弱くなることがあった。2000年3月期については，連結決算重視による会計基準の変更の影響があるかもしれないが，個別の会計利益は2001年3月期にまた経営者報酬に対して強い説明力をもっていた。会計基準の変更によって個別の会計利益の役割が減少したと判断する十分な証拠は得られなかった。

サンプルの中には，会計基準変更の前から連結経営を重視していた企業とそうでない企業が存在する。これらの企業の間で経営者報酬決定において利用される会計数値は異なる可能性がある。両者を峻別し，経営者報酬と会計利益の関係を調べなおす必要があろう。さらに，連結財務諸表への重点移動によって，経営者報酬と会計利益の関係がどのように影響を受けたかを詳しく考察するためには，個別財務諸表のデータだけではなく，そのモデルと連結財務諸表のデータを含めたモデルとの説明力の比較を行うことが求められる。

《参考文献》

泉田成美(1997)「日本企業の役員報酬に関する実証分析」『社会科学研究(東京大学)』48(5), 231-246.

乙政正太(2002)「経営者報酬パッケージの構成要素とデザイン」『阪南論集 社会科学編』37(3), 13-31.
胥 鵬(1993)「日本企業における役員賞与と経営者インセンティヴ」『日本経済研究』24, 73-96.
須田一幸(2000)『財務会計の機能―理論と実証―』白桃書房.
深尾光洋・森田泰子(1997)『企業ガバナンス構造の国際比較』日本経済新聞社.
Gujarati, D. (1995). Basic Econometrics (3rd ed.). McGraw-Hill.
Hall, B. and Liebman, J. (1998). Are CEOs Really Paid Like Bureaucrats? Quarterly Journal of Economics, 113, 653-691.
Joh, S. (1999). Strategic Managerial Incentive Compensation in Japan: Relative Performance Evaluation and Product Market Collusion. The Review of Economics and Statistics, 81, 303-313.
Joskow, P. and Rose, N. (1994). CEO Pay and Firm Performance: Dynamics, Asymmetries, and Alternative Performance Measures, NBER working paper 4976.
Kaplan, S. (1994). Top Executive Rewards and Firm Performance: A Comparison of Japan and the United States. Journal of Political Economy, 102, 510-546.
Kato, T. (1997). Chief Executive Compensation and Corporate Group in Japan: New Evidence from Micro Data. International Journal of Industrial Organization, 15, 455-467.
Murphy, K. (1999). Executive Compensation. In O. Ashenfelter, and D. Card (eds.) Handbook of Labor Economics, 3, 2485-2563.
White, H. (1980). A heteroskedasticity-consistent Covariance Matrix Estimator and a Direct Test for Heteroskedasticity. Econometrica, 48, 817-838.

(乙政 正太)

§2

連結会計情報と経営者報酬

1 はじめに

　わが国の企業会計制度は，2000年3月決算期から，従来の単独情報を中心とするディスクロージャーから連結情報中心のディスクロージャーへと変更された。これは企業会計審議会が1997年に公表した「連結財務諸表制度の見直しに関する意見書」にもとづいている(以下ではこの意見書にもとづく連結会計制度を「新連結会計制度」という)。連結会計情報の重要性は様々な視点から議論され，証券市場における有用性もすでに確認されている(石川，2000)。しかしながら経営者報酬(利益連動型報酬制度)と連結情報の関係についてはほとんど議論もなされておらず，経験的証拠も存在しない。そこで本節では，新連結会計制度の導入という会計制度変更が，経営者報酬制度に与えた影響について実証分析を行う。すなわち連結会計情報と親会社単独会計情報について，日本企業の経営者報酬額の決定が，いずれの会計数値にもとづいて行われているのかを比較検証することを目的とする。

　日本総合研究所が2002年に行った「会計基準の変更が企業経営に与えた影響に関するアンケート」によれば，日本企業で会計数値連動型の経営者報酬制度を設けている企業の50.9%が，報酬の算定に利用する会計数値として，単独数値ではなく連結数値を利用している。また近年において，報酬額の算定方法を変更したと答えた企業の約8割が，以前は単独数値にもとづいて報酬額を決定していたことがわかっている(経済産業省，2003)。わが国の経営者報酬制度における連結会計情報の利用は高まっていることが推測される。本節では現実の財務データを多数用いて，このことを解明したい[1]。

---

[1] 本節では紙面の都合上すべての分析結果を提示することはできなかった。本節の詳細な調査結果と包括的なインプリケーションについては首藤(2003)を参照してほしい。

以下第2項ではサンプルを選択する。第3項のリサーチ・デザインでは，具体的な分析方法を説明する。第4項で調査結果を示し，最後の第5項で調査結果の要約と課題を提示する。

2 サンプルの選択

1980年から2002年までの日本の上場企業のうち，以下の要件を満たすものをサンプルとする。
① 銀行・証券・保険業ではない。
② 決算期の変更を行なっていない。
③ 単独財務諸表における「役員報酬」と「役員賞与」の合計額がゼロではない。
④ 連結財務諸表を公表している。
⑤ 分析に必要な財務変数が『日経財務CD-ROM 一般事業会社版』から入手可能である[2]。

なお同一企業であっても年度が異なれば別個の観測値として取り扱う。この①から⑤までの要件を満たす観測値数は13,529であった。

3 リサーチ・デザイン

3.1 使用する変数の定義

経営者報酬額の測定は，日本企業を対象にした先行研究と同様に，役員報酬と役員賞与の総額を利用する(Kaplan, 1994; 乙政, 2002; 首藤, 2002)。役員報酬は損益計算書において販売費および一般管理費として計上される。そして役員賞与は利益処分として計上される。この役員報酬と役員賞与を合算したものを，経営者報酬として定義する。

比較検証の対象となる連結利益と単独利益は，①当期純利益，②経常利益，

---

[2] 2002年度のサンプルは，本節が使用するデータベースの入手制限から2002年6月決算企業までとしている。

③売上高を使用する。各変数は規模の影響を緩和するため，前期末の総資産額で割り算する。これらの会計利益と親会社単独財務諸表に計上されている経営者報酬額との関係を調査することになる。

3.2 相対情報内容の分析

分析にあたっては，経営者報酬に対する連結会計情報と単独会計情報の相対情報内容を調査する。相対情報内容の評価は，複数の会計情報について情報内容のランク付けをする場合や，複数の会計情報の中から一つを選択せざるを得ない場合に実施される(Biddle et al., 1995, p.1；須田，2001，43頁)。したがって相対情報内容の分析を行えば，経営者報酬制度で連結会計情報と単独会計情報のいずれがより利用されているのかを特定することができる。

以下の分析では，①経営者報酬と単独会計情報の関係を示す回帰モデルと②経営者報酬と連結会計情報の関係を示す回帰モデルを設定し，2つの式の相対的な評価を行う。推定する回帰式は，経営者報酬を従属変数，前節で定義した3つの会計利益を説明変数とする。さらに企業規模を示すコントロール変数を回帰式に追加する[3]。ただし，当期純利益と経常利益の相関係数は比較的高く，多重共線性の問題が懸念されるため，実際にはいずれかの変数を除去した形で推定する。よって以下の2つの回帰式を設定することになる。

$$\Delta \ln(COMP_{it}) = \alpha + \beta_1 \Delta SALE_{it} + \beta_2 \Delta ROAN(O)_{it} + \beta_3 \ln(SIZE_{it}) + \sum_{t=80}^{01} y_t + \varepsilon_{it} \qquad (1)$$

$$\Delta \ln(COMP_{it}) = \alpha + \beta_4 \Delta CSALE_{it} + \beta_5 \Delta CROAN(O)_{it} + \beta_6 \ln(CSIZE_{it}) + \sum_{t=80}^{01} y_t + \varepsilon_{it} \qquad (2)$$

ただし，

$COMP$：単独財務諸表における役員賞与と役員報酬の合計額。

---

[3] 経営者報酬と会計利益の関係を検証するにあたり，売上高や総資産額などの企業規模の変数がコントロール変数として利用されることがある(乙政，2002)。本節では，売上高を企業規模の代理変数としているが，総資産額を利用した場合でも調査結果はほとんど変わらなかった。

$\Delta \ln(COMP)$：$COMP$の自然対数値の変化額。

$\Delta SALE$：単独売上高の変化額を前期末単独総資産額で除したもの。

$\Delta CSALE$：連結売上高の変化額を前期末連結総資産額で除したもの。

ΔROA：単独利益の変化額を前期末単独総資産額で除したもの。なお以後に$\Delta ROAN$は単独当期純利益，$\Delta ROAO$は単独経常利益にもとづく変数を意味する。

$\Delta CROA$：連結利益の変化額を前期末連結総資産額で除したもの。なお以後に$\Delta CROAN$は連結当期純利益，$\Delta CROAO$は連結経常利益にもとづく変数を意味する。

$\ln(SIZE)$：単独売上高の自然対数値

$\ln(CSIZE)$：連結売上高の自然対数値

y_t：年度ダミーを示す。

iは個別企業を示すインデックスであり，tは年度を示す。

（1）式と（2）式の相対評価は，Davidson and Mackinnon(1981)によるJ検定を行う[4]。J検定は以下のような手順を踏む(須田，2001，45頁；若林，2002，84-85頁)。

① （2）式を最小二乗法で推定する。（2）式で得られた予測値を$COMP_{CROA}$とする。

② $COMP_{CROA}$を独立変数として（1）式に追加した以下の（3）式を推定する。

$$\Delta \ln(COMP_{it}) = \alpha + \beta_7 \Delta SALE_{it} + \beta_8 \Delta ROA_{it} + \beta_9 \ln(SIZE_{it}) + \beta_{10} COMP_{CROAit} + \sum_{t=80}^{01} y_t + \varepsilon_{it} \qquad (3)$$

③ また（1）式から得られた予測値$COMP_{ROA}$を独立変数として（2）式に追加した以下の（4）式を推定する。

---

[4] J検定についての説明は須田(2001，44-46頁)，浅野・中村(2000，247-249頁)，松浦・マッケンジー(2001，88-92頁)に詳しい。J検定のほかに相対情報内容を分析する方法としてはVuong(1989)によるVuong検定等がある。日本企業を対象に会計情報の相対情報内容を分析した研究として，中野(2000)，若林(2002)，太田(2002)，浅野(2002)等がある。

$$\Delta \ln(COMP_{it}) = \alpha + \beta_{11} \Delta CSALE_{it} + \beta_{12} \Delta CROA_{it} + B_{13} \ln(CSIZE_{it})$$
$$+ \beta_{14} COMP_{ROAit} + \sum_{t=80}^{01} y_t + \varepsilon_{it} \qquad (4)$$

④(4)式の$COMP_{ROA}$の係数について$\beta_{14}=0$が棄却され,(3)式の$COMP_{CROA}$の係数$\beta_{10}=0$が棄却されなければ,(2)式は(1)式により棄却されたことになり,単独情報のほうが連結情報よりも経営者報酬と強力な関係を有していると解釈される。また$\beta_{14}=0$が棄却されず,$\beta_{10}=0$が棄却されれば,(1)式は(2)式により棄却されたことになり,連結情報のほうが単独情報よりも経営者報酬をより説明すると考えられる。なお$\beta_{14}=0$,$\beta_{10}=0$がともに棄却される(されない)場合,単独情報と連結情報のいずれが経営者報酬と強力な関係を有するのか,ということについて優劣を下すことはできない。

4 調査結果

4.1 記述統計量

表4-4に使用する変数の記述統計量と相関係数を要約している。パネルBの相関係数を見ると,連結利益($\Delta CSALE$, $\Delta CROAO$, $\Delta CROAN$)と経営者報酬の間には,正の相関係数が確認される。たとえば連結経常利益($\Delta CROAO$)と経営者報酬の相関係数は0.107である。これは単独利益と同様に,日本企業の経営者報酬制度において連結利益が利用されていることを示唆するものである。

4.2 全サンプルの調査結果

(3)式と(4)式の推定結果を示したのが表4-5である。パネルA(3)式の結果を見ると,$COMP_{CROA}$の係数のt値は-0.843であり,$COMP_{CROA}$の係数が0であるという帰無仮説は棄却されない。これに対して,(4)式の$COMP_{ROA}$の係数は7.453であり,$COMP_{ROA}$の係数が0であるという帰無仮説は棄却されている。この調査結果から,単独利益と連結利益を比較した場合,単独利益のほうが相対的により経営者報酬を説明するといえる。パネルBについても同様の結果が得られている。

表4-4 使用する変数の記述統計量と相関係数

パネルA：記述統計量

	平均値	中央値	最大値	最小値	S.D.	尖度	歪度	観測値数
$\Delta lnCOMP$	0.002	0.016	3.331	−3.856	0.290	−1.481	31.60	13,529
$\Delta CSALE$	0.034	0.021	4.887	−1.835	0.167	4.057	82.01	13,529
$\Delta CROAO$	0.001	0.002	0.432	−0.329	0.030	0.374	26.36	13,529
$\Delta CROAN$	0.000	0.000	1.871	−0.730	0.047	11.15	443.5	13,529
$\Delta SALE$	0.021	0.013	4.229	−1.164	0.162	2.929	57.00	13,529
$\Delta ROAO$	0.001	0.001	0.446	−0.309	0.028	0.434	24.33	13,529
$\Delta ROAN$	0.000	0.000	2.052	−0.737	0.052	12.79	477.1	13,529
$\Delta lnCSIZE$	11.44	11.28	16.87	5.756	1.514	0.542	3.609	13,529
$\Delta lnSIZE$	11.24	11.11	16.88	4.466	1.483	0.554	3.895	13,529

パネルB：相関係数

	$\Delta lnCOMP$	$\Delta CSALE$	$\Delta CROAO$	$\Delta CROAN$	$\Delta SALE$	$\Delta ROAO$	$\Delta ROAN$	$\Delta lnCSIZE$	$\Delta lnSIZE$
$\Delta lnCOMP$	1								
$\Delta CSALE$	0.122	1							
$\Delta CROAO$	0.107	0.429	1						
$\Delta CROAN$	0.063	0.177	0.446	1					
$\Delta SALE$	0.144	0.857	0.405	0.168	1				
$\Delta ROAO$	0.112	0.400	0.924	0.407	0.424	1			
$\Delta ROAN$	0.068	0.145	0.349	0.900	0.152	0.373	1		
$\Delta lnCSIZE$	−0.003	0.056	0.014	0.008	0.049	0.014	0.007	1	
$\Delta lnSIZE$	0.000	0.058	0.016	0.010	0.062	0.018	0.009	0.987	1

注)各変数の定義は第3項を参照してほしい。

以上の調査結果は，単独利益が連結利益と比較して，経営者報酬に対して相対情報内容を有し，経営者報酬制度における活用が大きいことを示唆している[5]。

---

[5] 本節の調査方法には多少の制限があることに注意してほしい。それは，連結数値を利用するにあたり，1980年から2002年までのデータをクロスセクションでプールしているため，連結数値の質的内容の変化について考慮をしていない点である。この問題を克服するために，次節では2000年以降のサンプルを別に推定している。

第4章 インセンティブ・システムに与えた影響

表4-5 全サンプルに関する相対情報内容の調査結果

	$\Delta SALE$	$\Delta CSALE$	ΔROA	$\Delta CROA$	$COMP_{ROA}$	$COMP_{CROA}$	Adj.R^2
パネルA；当期純利益を用いた場合(N=13,529)							
(3)	0.203		0.289			−0.153	0.0440
	(7.264)***		(4.737)***			(−0.843)	
(4)		−0.021		−0.042	1.107		0.0440
		(−0.768)		(−0.629)	(7.453)***		
パネルB；経常利益を用いた場合(N=13,529)							
(3)	0.143		0.664			0.050	0.0454
	(5.930)***		(3.981)***			(0.269)	
(4)		−0.013		0.088	0.990		0.0454
		(−0.537)		(0.641)	(6.309)***		

注）表中には各変数の係数と括弧内にt値を載せている。なお定数項とln(C)SIZEの係数は省略している。***1％水準で有意。すべてのモデルに年次ダミーを挿入している。

4.3 各年の調査結果

　連結利益と単独利益の相対情報内容を検証するため，(3)式と(4)式を各年で推定したのが次ページ表4-6(当期純利益を利用した場合)と表4-7(経常利益を利用した場合)である。以下では，表4-6と表4-7の調査結果にもとづいて，連結情報と単独情報のいずれに相対情報内容が確認されたかを1990年以降の調査結果にもとづいて要約した。

【相対情報内容分析の調査結果の要約】

	90年	91年	92年	93年	94年	95年	96年	97年	98年	99年	00年	01年	02年
表4-6	単	単	単	−	単	単	単	単	−	単	−	−	−
表4-7	単	単	単	単	単	単	単	単	単	単	連	−	単

注）「単」とは，単独会計情報に相対情報内容が確認されたことを意味する。「連」は同様に連結会計情報に相対情報内容が確認されたことを意味する。「−」は優劣を下すことができないケースを示している。

　表4-6の要約を見ると，新連結会計制度導入前の1999年以前においては，1998年と1993年を除くすべての年度において，単独情報のほうが経営者報酬をより説明するという結果が得られている。これに対して，2000年以降の年度に

§2 連結会計情報と経営者報酬

表4-6　各年の相対情報内容の調査結果：当期純利益を利用した場合

年度	$COMP=C+\beta\Delta CSALE+\beta\Delta CROAN$ $+\beta ln(CSIZE)+\beta COMP_{ROA}+\varepsilon$				$COMP=C+\beta\Delta SALE+\beta\Delta ROAN$ $+\beta ln(SIZE)+\beta COMP_{CROA}+\varepsilon$			
	$\Delta CSALE$	$\Delta CROAN$	$COMP_{ROA}$	Adj.R^2	$\Delta SALE$	$\Delta ROAN$	$COMP_{CROA}$	Adj.R^2
2002年	−0.207 (−1.906)*	−0.213 (−1.049)	1.847 (3.736)***	0.0099	0.377 (3.627)***	0.363 (1.932)*	−1.859 (−2.067)**	0.0100
2001年	−0.006 (−0.072)	0.072 (0.272)	0.888 (0.947)	0.0036	0.071 (0.822)	0.121 (0.427)	0.419 (0.389)	0.0035
2000年	0.108 (1.122)	0.220 (0.986)	0.538 (1.299)	0.0187	0.151 (1.325)	0.017 (0.089)	0.683 (1.512)	0.0191
1999年	0.009 (0.085)	0.075 (0.262)	0.955 (2.533)**	0.0452	0.268 (2.386)**	0.385 (1.875)*	0.071 (0.176)	0.0451
1998年	0.129 (0.891)	0.253 (0.527)	0.409 (0.579)	0.0082	0.038 (0.253)	0.188 (0.502)	0.822 (1.142)	0.0084
1997年	−0.008 (−0.088)	−0.148 (−0.449)	1.069 (2.780)***	0.0245	0.290 (2.641)***	0.083 (0.261)	−0.067 (−0.129)	0.0242
1996年	−0.128 (−0.667)	−0.076 (−0.210)	1.259 (2.840)***	0.0239	0.545 (2.795)***	0.539 (1.362)	−0.368 (−0.666)	0.0239
1995年	−0.201 (−1.434)	−0.375 (−1.129)	1.922 (2.741)***	0.0081	0.336 (2.127)**	0.122 (0.386)	−1.389 (−0.978)	0.0052
1994年	−0.047 (−0.537)	0.324 (0.710)	1.089 (2.764)***	0.0131	0.292 (2.596)***	0.047 (0.099)	0.088 (0.134)	0.0118
1993年	0.279 (2.857)***	0.367 (1.236)	0.469 (1.942)*	0.0795	0.133 (1.881)*	0.304 (0.978)	0.660 (2.892)***	0.0794
1992年	0.012 (0.179)	−0.104 (−0.203)	1.087 (1.778)*	0.0126	0.122 (1.180)	0.811 (1.593)	−0.074 (−0.104)	0.0125
1991年	0.135 (1.688)*	0.037 (0.254)	0.721 (1.905)*	0.0433	0.143 (1.499)	0.159 (1.385)	0.544 (1.612)	0.0421
1990年	−0.034 (−0.395)	−1.334 (−2.028)**	2.282 (2.819)***	0.0120	0.068 (0.635)	0.959 (1.903)*	−0.339 (−0.244)	0.0045
1989年	−0.079 (−0.418)	−0.028 (−0.195)	1.233 (1.957)*	0.0272	0.365 (1.938)*	0.135 (0.863)	−0.284 (−0.391)	0.0271
1988年	0.017 (0.175)	−0.225 (−0.411)	−0.977 (−0.383)	0.0045	0.016 (0.161)	0.308 (0.413)	2.182 (1.005)	0.0049
1987年	0.154 (1.636)	0.562 (0.786)	0.264 (0.474)	0.0512	−0.054 (−0.479)	0.283 (0.551)	1.122 (1.957)*	0.0532
1986年	−0.257 (−1.628)	0.181 (0.850)	2.078 (2.851)***	0.0263	0.367 (2.550)**	0.017 (0.079)	−1.186 (−1.247)	0.0236
1985年	−0.279 (−2.205)**	−2.153 (−3.661)***	4.232 (3.792)***	0.0421	−0.302 (−1.971)**	1.425 (2.943)***	3.177 (2.805)***	0.0293
1984年	0.664 (1.408)	−1.454 (−0.619)	−0.357 (−0.251)	0.2375	−0.719 (−1.985)*	3.724 (2.042)**	2.213 (3.096)***	0.3021
1983年	−0.091 (−0.407)	3.303 (1.537)	0.172 (0.200)	0.0386	0.023 (0.124)	0.257 (0.104)	0.925 (1.542)	0.0386
1982年	−0.067 (−0.636)	−8.971 (−2.306)**	3.261 (3.134)***	0.1646	−0.010 (−0.078)	17.822 (3.145)***	−3.902 (−2.363)**	0.1680
1981年	−0.020 (−0.203)	6.123 (1.978)*	0.219 (0.387)	0.1532	0.023 (0.251)	0.906 (0.313)	0.895 (2.018)*	0.1545
1980年	−0.026 (−0.352)	1.628 (0.911)	0.375 (0.395)	0.0299	−0.026 (−0.461)	0.305 (0.159)	0.841 (1.021)	0.0318
平均値	0.003 (−0.039)	−0.084 (−0.085)	1.089 (1.792)	0.0469	0.109 (1.036)	1.273 (1.017)	0.225 (0.570)	0.0488

注）表中には各変数の係数と括弧内にt値を載せている。なお定数項と$ln(C)SIZE$の係数は省略している。***1％水準で有意、**5％水準で有意、*10％水準で有意。

第4章　インセンティブ・システムに与えた影響

表4-7　各年の相対情報内容の調査結果：経常利益を利用した場合

年度	$COMP=C+\beta\Delta CSALE+\beta\Delta CROAN$ $+\beta ln(CSIZE)+\beta COMP_{ROA}+\varepsilon$				$COMP=C+\beta\Delta SALE+\beta\Delta ROAN$ $+\beta ln(SIZE)+\beta COMP_{CROA}+\varepsilon$			
	$\Delta CSALE$	$\Delta CROAO$	$COMP_{ROA}$	Adj.R^2	$\Delta SALE$	$\Delta ROAO$	$COMP_{CROA}$	Adj.R^2
2002年	−0.217	0.238	1.653	0.0087	0.329	0.454	−1.530	0.0077
	(−1.849)*	(0.747)	(3.461)***		(3.235)***	(0.895)	(−1.392)	
2001年	−0.001	0.395	0.710	0.0129	0.031	0.828	0.365	0.0129
	(−0.027)	(0.527)	(1.177)		(0.584)	(1.034)	(0.577)	
2000年	0.090	0.482	0.540	0.0180	0.147	−0.172	0.748	0.0185
	(0.935)	(1.154)	(1.294)		(1.334)	(−0.351)	(1.688)*	
1999年	−0.056	−0.149	1.211	0.0487	0.253	1.263	−0.226	0.0486
	(−0.523)	(−0.307)	(2.779)***		(2.495)**	(2.218)**	(−0.477)	
1998年	0.123	0.250	0.383	0.0077	0.015	0.228	0.872	0.0079
	(0.854)	(0.350)	(0.466)		(0.099)	(0.344)	(1.084)	
1997年	−0.017	−0.304	1.158	0.0270	0.283	0.767	−0.233	0.0268
	(−0.190)	(−0.601)	(3.075)***		(2.706)***	(1.497)	(−0.451)	
1996年	−0.110	−0.038	1.194	0.0283	0.389	1.388	−0.185	0.0279
	(−0.628)	(−0.053)	(2.491)**		(2.321)**	(1.565)	(−0.323)	
1995年	−0.129	−0.094	1.443	0.0064	0.265	−0.475	−0.128	0.0044
	(−0.837)	(−0.198)	(2.193)**		(1.692)	(−0.699)	(−0.127)	
1994年	−0.054	0.198	1.076	0.0154	0.256	0.658	0.081	0.0146
	(−0.614)	(0.302)	(2.476)**		(2.359)**	(0.632)	(0.102)	
1993年	0.132	−0.013	0.855	0.1053	0.142	1.442	0.286	0.1038
	(1.446)	(−0.023)	(3.168)***		(2.201)**	(2.535)**	(1.059)	
1992年	−0.005	0.517	0.734	0.0181	0.013	1.241	0.371	0.0181
	(−0.071)	(0.776)	(1.702)*		(0.129)	(1.620)	(0.795)	
1991年	0.122	−0.028	0.800	0.0414	0.108	0.848	0.500	0.0398
	(1.704)**	(−0.048)	(2.115)**		(1.185)	(1.677)*	(1.454)	
1990年	0.026	−1.860	1.965	0.0276	0.023	3.440	−1.119	0.0265
	(0.357)	(−1.530)	(2.862)***		(0.381)	(2.732)***	(−1.331)	
1989年	−0.084	0.156	1.209	0.0264	0.334	0.112	−0.160	0.0259
	(−0.438)	(0.384)	(1.892)*		(1.792)*	(0.255)	(−0.214)	
1988年	−0.050	0.736	1.410	0.0101	0.105	−1.484	−0.329	0.0095
	(−0.438)	(0.559)	(1.346)		(0.869)	(−1.167)	(−0.219)	
1987年	0.178	1.430	−0.262	0.0685	−0.063	−0.249	1.291	0.0691
	(2.186)**	(2.042)**	(−0.457)		(−0.713)	(−0.375)	(2.422)**	
1986年	−0.207	0.074	1.825	0.0254	0.229	0.368	−0.432	0.0215
	(−1.368)	(0.229)	(2.410)**		(1.925)*	(0.739)	(−0.453)	
1985年	−0.054	−1.848	2.907	0.0401	0.181	2.097	−2.099	0.0357
	(−0.721)	(−2.298)**	(3.243)***		(1.861)*	(2.920)***	(−1.831)*	
1984年	0.185	−2.002	1.402	0.3429	−0.040	3.185	0.146	0.3212
	(1.136)	(−1.070)	(2.348)**		(−0.177)	(1.733)*	(0.184)	
1983年	0.105	2.440	−1.113	−0.0130	−0.004	−1.654	2.044	−0.0100
	(0.391)	(0.998)	(−0.481)		(−0.018)	(−0.610)	(1.069)	
1982年	−0.047	−0.764	1.169	0.2788	0.025	5.121	−0.162	0.2734
	(−0.482)	(−0.393)	(2.585)**		(0.208)	(2.446)**	(−0.299)	
1981年	−0.097	−1.811	2.525	−0.0234	0.093	2.157	−3.671	−0.0387
	(−0.748)	(−1.059)	(1.540)		(0.776)	(1.280)	(−0.832)	
1980年	0.000	0.307	0.767	0.0082	−0.028	0.078	0.865	0.0090
	(0.002)	(0.224)	(0.472)		(−0.302)	(0.047)	(0.518)	
平均値	−0.007	−0.073	1.111	0.0491	0.134	0.941	−0.118	0.0467
	(0.003)	(0.031)	(1.920)		(1.171)	(0.999)	(0.131)	

注)表中には各変数の係数と括弧内にt値を載せている。なお定数項と$ln(C)SIZE$の係数は省略している。***1％水準で有意，**5％水準で有意，*10％水準で有意。

§2 連結会計情報と経営者報酬

おいては、単独情報と連結情報のいずれが経営者報酬と強力な関係を有するのかについて優劣を下すことはできない、という結果になっている。

たとえば2000年の連結利益（$COMP_{CROA}$）の係数の t 値は1.512であり、単独利益（$COMP_{ROA}$）の係数の t 値は1.299である。したがって係数が 0 であるという帰無仮説はともに棄却されていない。また表4-7の経常利益を用いた分析でもほぼ同様の結果が得られている。2002年は単独会計情報の相対情報内容が確認されるものの、新連結会計制度の導入初年度となる2000年においては、連結情報の相対情報内容が唯一検証されている点に注目したい。以上のことから、連結財務諸表が正式導入された近年においては、単独会計情報の相対情報内容が小さくなっていることが見てとれる[6]。

5 要約と課題

本節では、連結会計情報と単独会計情報について、日本企業の経営者報酬額の決定がいずれの会計数値にもとづいて行われているのかを比較検証した。分析の第一の目的は、連結財務諸表の導入という会計制度変更が、経営者報酬制度に与える影響を考察することである。

本節で得られた主要な調査結果は以下の2点であった。すなわち(1)全サンプルを対象に連結情報と単独情報を比較した場合、単独情報のほうに経営者報酬に対する相対情報内容があることが確認された、(2)年度別の分析を行った場合、2000年以降においては単独情報の相対情報内容はほとんど確認されない、という2点である。

上述の日本総合研究所のアンケートによれば、経営者報酬制度を設けている企業の約半数が、報酬の算定に連結数値を利用していると回答していたことを思い出してほしい。さらに興味深いアンケートの調査結果は、近年において、報酬額の算定方法を変更したと答えた企業の約8割が、以前は単独数値にもと

---

[6] 石川(2000, 19頁)は、わが国で連結情報と単独情報の比較検証を行う際に直面する問題として「連単倍率が1に近似する企業がわが国企業の大部分を占めている」ということを指摘している。そこで石川(2000)にしたがい連単倍率が大きな企業のみを抽出して再分析を行ったが、主要な調査結果は変わらなかった。

づいて報酬額を決定していたと答えていたことである。

　また経営者報酬制度の内容を開示している数少ない企業である東京エレクトロンや帝人などは、報酬の算定の基礎として連結利益を利用していることを公表している。したがって、近年において単独情報の相対的な説明力が減少している理由は、経営者報酬制度における連結情報の利用が高まっているからである、と考えるのが妥当であろう。

　以上の調査結果にもとづいて、新連結会計制度の導入が経営者報酬制度に与えた影響を要約すれば次のようになる。すなわち日本企業の経営者報酬制度では、従来は単独利益の利用が支配的であったが、連結財務諸表が主たる財務諸表として導入された2000年以降においては、単独会計情報の相対情報内容は確認されず、経営者報酬制度における連結会計情報の利用が示唆される、ということである。

　今後は、わが国の多くの企業が単独財務諸表数値をベースにして配当を行っているという現状を鑑み、配当方針なども考慮した分析を行う必要がある。そうすることによって、わが国の効率的な報酬契約のデザインに関するより具体的な提言と課題を指摘することが可能となろう。

《引用文献》

阿部直彦(2001)『会社を変える報酬改革』東洋経済新報社.
浅野信博(2002)「企業の業績尺度と営業サイクルとの関係」『原価計算研究』26(1), 46-58.
浅野哲・中村二朗(2000)『計量経済学』有斐閣.
Biddle, G. C., Seow, G. S., and Siegel, A. F. (1995). Relative versus Incremental Information Contents. *Contemporary Accounting Research*, 12, 1-23.
Bushman, R., and Smith, A. (2001). Financial Accounting Information and Corporate Governance. *Journal of Accounting and Economics*, 32, 237-333.
Chan, K. C. and Seow, G. S. (1996). The Association between Stock Returns and Foreign GAAP Earnings versus Earnings Adjusted to U.S.GAAP. *Journal of Accounting and Economics*, 21, 139-158.
Davidson, R., and Mackinnon, J. G. (1981). Several Test for Model Specification in the Presence of Alternative Hypothesis. *Econometrica*, 49, 781-793.
Holmstrom, B. (1979). Moral Hazard and Observability. *The Bell Journal of Economic*, 10, 74-91.
広瀬義州(2000)『連結会計入門』中央経済社.

広瀬義州(2003)「連結会計制度と配当可能利益算定機能」『企業会計』55(1), 48-55.
石川博行(2000)『連結会計情報と株価形成』千倉書房.
伊藤邦雄(2003)『ゼミナール 現代会計入門』日本経済新聞社.
Joh, S. (1999). Strategic Managerial Incentive Compensation in Japan: Relative Performance Evaluation and Product Market Collusion. *The Review of Economic and Statistic*, 81, 303-313.
Kapln, S. (1994). Top Executive Rewards and Firm Performance: A Comparison of Japan and the United States. *Journal of Political Economy*, 102, 510-546.
Kato, T. (1997). Executive Compensation in Japan: New Evidence. *International Journal of Industrial Organization*, 15, 455-467.
経済産業省企業行動課(2003)『新会計基準の設定が企業経営と経済システムに与えた実証分析』.
黒川行治(1998)『連結会計』サイエンス社.
松尾聿正(1998)「改訂連結財務諸表原則が連結財務分析に与える影響」『関西大学商学論集』43(4), 289-307.
松浦克己・コリン・マッケンジー(2001)『Eviewsによる計量経済分析』東洋経済新報社.
Murphy, K. J. (1999). Executive Compensation. *Working Paper*, University of Southern California.
中野誠(2000)「企業年金会計におけるABO対PBOの実証研究—Incremental Information ContentとRelative Information Contentの分析—」『企業会計』52(5), 101-110.
岡部孝好(1994)『会計報告の理論—日本の会計の探求—』森山書店.
大倉雄次郎(1998)『連結会計ディスクロージャー論』中央経済社.
太田浩司(2002)「経営者予想利益の価値関連性およびアナリスト予想利益に与える影響」『証券アナリストジャーナル』40(3), 85-109.
乙政正太(2002)「わが国における経営者報酬と会計利益の関係」阪南大学 Occasional Paper Series, No.21, 1-43.
首藤昭信(2002)「経営者報酬制度における相対業績評価に関する実証分析」専修大学会計学研究所報, 6, 1-28.
首藤昭信(2003)「連結会計情報が経営者報酬制度に与えた影響に関する実証分析」専修大学会計学研究所報, 9, 1-20.
須田一幸(2000)『財務会計の機能—理論と実証—』白桃書房.
須田一幸(2001)「キャッシュ・フロー情報と利益情報の有用性(一)」『会計』160(1), 73-90.
Vuong, Q. H. (1989). Likelihood Ratio for Model Selection and Non-nested Hypotheses. *Econometrica*, 57, 307-333.
若林公美(2002)「包括利益情報に対する株式市場の評価—有価証券の評価差額を手がかりとして—」『会計』162(1), 81-94.
Watts, R., and Zimmerman, J. (1986). *Positive Accounting Theory*, Prentice-Hall.
Watts, R., and Zimmerman, J. (1990). Positive Accounting Theory: A Ten Year Perspective. *The Accounting Review*, 65, 31-156.

Xu, P. (1997). Executive Salaries as Tournament Prizes and Executive Bonuses as Managerial Incentive in Japan. *Journal of Japanese and International Economic*, 11, 319-346.

八重倉孝(2001)「連結決算と実証会計研究(1)(2)」『企業会計』53(1), 110-112; 53(2), 94-96.

（首藤　昭信）

§3
新会計基準の設定とインセンティブ・システム

1 はじめに

　本節の目的は，a)インセンティブ・システムを積極的に導入しようとするか否かには，昨今の会計基準の新設・変更が影響を与えているかどうか，ならびに，b)インセンティブ・システムを積極的に導入している企業とそうでない企業との間に企業特性の違いがあるかどうかを探究することである。

　以下では，まず，インセンティブ・システム導入企業とインセンティブ・システム非導入企業を選別する。次に，会計基準の影響の程度あるいは企業特性を計数化し，それらがインセンティブ・システム導入企業とインセンティブ・システム非導入企業との間で差があるかどうかを調査する。次いで，インセンティブ・システム導入・非導入に影響を与える要因がどこにあるかをロジット回帰分析で突き止めることにする。

2 調査方法

　日本総合研究所が2002年8月に実施した「会計基準の変更が企業経営に与えた影響に関するアンケート　第II部　業績連動型報酬制度に与えた影響」を基礎にサンプルの選択を行う。

　アンケート調査では，以下のように，質問1で従業員の成果配分制度の導入の有無を，質問9で経営者報酬制度の設定の有無を問うている。

　質問1
　　売上高や利益などの会計数値をベースにして，従業員にボーナスなどを支給する成果配分制度を設けている企業があります。貴社は成果配分制度を導入していますか。

第4章　インセンティブ・システムに与えた影響

> 1．既に導入している
> 2．現在導入していないが半年以内に導入するつもりである
> 3．現在導入していないが1年以内に導入するつもりである
> 4．現在導入していないが2年以内に導入するつもりである
> 5．現在導入していないが2年以上先に導入するつもりである
> 6．現在導入しておらず今後も導入するつもりはない

質問9

最近，株価や利益などに連動した経営者報酬制度を設けている企業が増加してきました。貴社の状況についてお聞かせ下さい。
②貴社は利益連動型報酬制度を設けていますか。
　　1．設けている　　　　2．設けていない

表4-8に，質問1と質問9②をクロス集計した結果をまとめてみた。縦の欄は，質問1の回答を従業員の成果配分制度の導入・導入予定(回答の1～5)と従業員の成果配分制度の導入予定なし(回答の6)に分類している。横の欄は，質問9②の利益連動型報酬制度を設けている(回答の1)か，あるいは設けていない(回答の2)かに分割している。

経営者報酬制度を導入している企業のほとんどは，従業員の成果配分制度を既に導入(44社)しているか，あるいは導入予定(6社)であった。逆に，経営者報酬制度を導入していない企業の多くは，従業員の成果配分制度の導入を予定に入れていない。

ここでは，黒塗りの部分をサンプルとして用いたい。経営者報酬制度と従業員の成果配分制度の導入・導入予定の企業はインセンティブ・システムを積極的に導入している企業であると判断される。経営者報酬制度を設定していないし，従業員の成果配分制度の予定もない企業は，インセンティブ・システムの導入に消極的な企業であろう。

ただし，単独決算数値しか公表していない企業かつ新規公開企業をサンプルから省いたので，インセンティブ・システムを積極的に導入する企業は43社，

§3 新会計基準の設定とインセンティブ・システム

表4-8 質問1と質問9のクロス分析

	経営者報酬制度導入	経営者報酬制度非導入	N
従業員の成果配分制度の導入・導入予定	50	144	194
従業員の成果配分制度の導入予定なし	1	349	350
	51	493	544

そうでない企業が289社に減少している。データは『日経NEEDS企業財務データ』から抽出しているが，基本的に2000年4月から2001年3月までの決算期における連結財務諸表の数値を利用している。

次項では，新会計基準設定の影響について，退職給付会計の導入と持ち合い株式の時価評価を取り上げる。また，企業特性の違いを調査するために，株式の所有構造，業績指標，成長性の相違を検討する。

3 分析結果

3.1 単一変量分析

(1) 新会計基準の設定

ここでは，新会計基準の設定によるインセンティブ・システム導入の影響を検討するが，新会計基準として退職給付会計(適用初年度2001年3月期)とその他有価証券の時価会計(適用初年度2002年3月期)を取り上げる。

退職給付会計の影響の大きい企業では，未認識債務の合計(未認識過去勤務債務+未認識数理計算上の差異+会計基準変更時差異の未処理額)が多くなり，繰延の部分が大きくなると予想される。このようなオフバランスの処理を遅らせている企業は，将来の費用負担も重く，会計数値をベースにしたインセンティブ・システムの導入に消極的にならざるをえないであろう。

同じく，未認識債務の償却費用合計(過去勤務債務の費用処理額+数理計算上の差異の費用処理額+会計基準変更時差異の費用処理額)の負担が大きい企業も新会計基準の影響が強いであろう。逆に，未認識債務の償却費用合計が小さければ，新会計基準への対応が事前に図られている可能性が高く，前倒しで積立不足の処理を行ったり，引当金を積み増ししたり，退職給付制度を抜本的に見直

したりしていると考えられる。新会計基準に素早く対処できる，あるいは新会計基準の影響が少ないような企業ほど，インセンティブ・システムの導入に対する障壁は低いと思われる。

その他有価証券の時価評価では，業務提携の目的で保有する有価証券がその範疇に入っており，持ち合い株式はその例である。持ち合い株式の評価差額が企業の経営状態を悪化させるのであれば，会計数値にもとづくインセンティブ・システムの導入に乗り気にならないであろう。

ただ，時価評価の影響を勘案して，すでに持ち合いの解消が進展しているとも考えられる。そこで，先述のアンケート調査第Ⅰ部の質問5を活用する。そこでは，金融商品を時価評価する基準の導入によって，「貴社が保有していた他企業の持合い株式をどの程度放出したか」を尋ねている(放出以前における持合い株式の株式総数に対する割合)。株式の持ち合いを解消する程度が大きい企業ほど，安定株主に依存することができず，新たなガバナンスの仕組みを求めている可能性が高い。このような企業ほどインセンティブ・システムを設定しようとする動機が強いであろう。

次のような変数によって新会計基準の影響を測定することにしよう。

　　未認識債務合計(UBO) ＝ 未認識債務合計÷総資産
　　未認識債務の償却費用合計(EXP) ＝ 未認識債務の償却費用合計÷総資産
　　その他有価証券評価差額金($CHOLD$) ＝ その他有価証券評価差額金÷総資産[1]
　　アンケート調査の質問5による持ち合い株式の放出割合($Q5PER$)

表4-9では，新会計基準の設定に関する各変数の平均値(カッコ内はメジアン)が表示されている。母平均の差の有意性検定(メジアンの差についてはウイルコクソンの順位和検定)を実施した。その結果によると，未認識債務合計では，インセンティブ・システム導入企業のほうが，平均でもメジアンでもインセンティブ・システム非導入企業よりも低くなっている。同じく，未認識債務の償却費用合計も両グループの間で有意な差があった。インセンティブ・システム導入企業では退職給付会計の影響は弱いといえる。

---

1) この尺度についてのみ，適用初年度である2002年度のデータが利用されている。

§3 新会計基準の設定とインセンティブ・システム

表4-9 新会計基準の影響の差の検定

	インセンティブ・システム導入	インセンティブ・システム非導入	t統計量 (z統計量)
未認識債務合計(UBO)	1.20% (0.7%)	2.60% (1.3%)	4.41** (2.74)***
未認識債務の償却費用合計(EXP)	1.50% (0.3%)	2.90% (1.2%)	3.15*** (2.27)**
その他有価証券評価差額金(CHOLD)	1.8% (0.3%)	1.2% (0.2%)	0.56 (0.23)
持ち合い株式放出割合(Q5PER)	10.5% (0.0%)	5.9% (0.0%)	1.19 (1.58)

注)インセンティブ・システム導入企業は43社, インセンティブ・システム非導入企業は289社。
　**5%水準で有意, ***1%水準で有意。

　その他有価証券評価差額金では, 両者の間に統計的に有意な差は観察されない。持ち合い株式の放出割合は, インセンティブ・システム導入企業で高くなっている。持ち合い株式の解消はインセンティブ・システム導入企業で進んでいるように思われるが, インセンティブ・システム非導入企業との差は統計的に有意ではなかった。

(2) 株式の所有構造

　ここからは, インセンティブ・システム導入企業とそれ以外の企業の間の企業特性の違いを検討していく。まずは, 株式の所有構造(ownership structure)に注目し, 次の3つの比率を用いて分析を行う。

　　役員持株比率(DIR) = 役員持株数÷期末の発行済株式数
　　金融機関所有株比率(FIN) = 金融機関所有株数÷期末の発行済株式数
　　外国法人等所有株比率($FORE$) = 外国法人等所有株数÷期末の発行済株式数

　株式所有が経営者に集中するほど, 経営者と株主の間のエイジェンシー問題(agency problems)は抑制される可能性が高い(岡部, 1994)[2]。逆に言えば, 株

---

[2] 株式所有構造と経営者報酬のレベルを実証的に検証したCore et al.(1999)では, 経営者の所有株比率が高いほど, 経営者報酬のレベルは高いとされている。

式所有が経営者から離れるほど，経営者と株主の間のエイジェンシー問題は頻発しやすくなろう。それゆえに，経営者(役員)の株式所有比率が低いほど，インセンティブ・システムを積極的に導入する動機が強くなると考えられる。

株式所有が金融機関に集中している場合，金融機関のモニタリングは強化されると予測される(岡部, 1994)。金融機関のモニタリングが存在するので，インセンティブ・システムの設定が強くは望まれないかもしれない。金融機関の持株比率が高い企業ほど，インセンティブ・システム導入に積極的でない可能性がある。ただ，経営者行動のコントロールを一層強くするためにインセンティブ・システムが必要とされているとも考えられ，これらを先験的に決めつけることは難しい。

安定株主工作のための株式持ち合いが解消される動きがあり，その動きに応じて外国人投資家の比率が上昇してきている。外国人投資家は，議決権行使などによって経営に関与し，企業収益を向上させるプレッシャーを与える可能性をもっている(「日本経済新聞」夕刊2003年3月20日付)。外国人投資家の株式所有比率が上昇する場合，インセンティブ・システムを積極的に取り入れることによって，企業収益の向上を目指すように経営者あるいは従業員に促すことが重要となろう。

表4-10には，株式所有構造に関する各変数の平均値(カッコ内はメジアン)が表示されている。期待に反して，役員持株比率は，平均的に，インセンティブ・システム導入企業で高い(メジアンでは逆)。しかしながら，インセンティ

表4-10 株式所有構造の差の検定

	インセンティブ・システム導入	インセンティブ・システム非導入	t統計量 (z統計量)
役員持株比率(DIR)	6.3%	4.4%	1.21
	(0.3%)	(0.5%)	(0.24)
金融機関持株比率(FIN)	29.8%	26.5%	1.23
	(26.7%)	(25.2%)	(1.11)
外国法人等所有株比率($FORE$)	10.2%	5.6%	3.17***
	(10.0%)	(1.8%)	(3.60)***

注)インセンティブ・システム導入企業は43社，インセンティブ・システム非導入企業は289社。
　***1％水準で有意。

ブ・システム導入企業と非導入企業との間で統計的に有意な平均の差は観察されなかった。

金融機関持株比率は，平均でもメジアンでもインセンティブ・システム導入企業で高いが，両者の差は統計的に有意ではない。外国法人等所有株比率は，期待通り，インセンティブ・システム導入企業で高くなっている。「両者グループの外国法人等所有株比率の平均が等しい」，「両者グループの外国法人等所有株比率のメジアンについて分布の位置は同じ」という仮説は1％水準で棄却された。

（3）業績指標

業績指標については，以下の2つの指標を用いて，インセンティブ・システム導入企業とインセンティブ・システム非導入企業の間で比較してみる。

　　当期総資産純利益率（ROA）＝当期純利益÷総資産
　　利益変動性（VAR）＝総資産純利益の5年間の標準偏差

アンケート調査で選択した企業では，従業員の成果配分制度も経営者報酬制度も会計数値に連動した形式になっている。インセンティブ・システムを積極的に導入している企業はそうでない企業よりも企業業績（当期の総資産純利益率）が良好であるかどうかを調べる。

また，利益のノイズ（noise）の尺度として利益のちらばりを利用する。会計利益の分散が大きい場合，会計利益は経営者の努力あるいは能力に関して有用な情報源とはならないと考えられている（Bushman et al., 1996; Hayes and Schaefer, 2000）。それゆえに，会計数値連動型のインセンティブ・システムを導入している企業では，利益の変動性が小さいはずである。利益の変動性が大きい企業では，経営者と従業員の受け取る報酬も変動しやすくなり，彼らの負担するリスクは大きくなるので，インセンティブ・システムが積極的に採用されないであろう。

表4-11において，当期総資産純利益率の平均は，インセンティブ・システム導入企業で高いことがわかった（メジアンでは有意な差はない）[3]。インセンティブ・システム導入企業の業績は良好であることが検証された。利益変動性

表4-11 業績指標の差の検定

	インセンティブ・システム導入	インセンティブ・システム非導入	t統計量（z統計量）
当期総資産純利益率（ROA）	1.3% (1.4%)	−0.5% (0.6%)	2.70** (0.63)
利益変動性（VAR）	1.7% (1.4%)	2.2% (1.2%)	1.69 (0.41)

注）インセンティブ・システム導入企業は43社，インセンティブ・システム非導入企業は289社。ただし，利益変動性では，39社と250社に減少している。**5％水準で有意。

は，インセンティブ・システム導入企業で平均的に低くなっているが，かろうじて10％水準で有意になっているにすぎない。ただ，メジアンでは，インセンティブ・システム非導入企業で利益変動性が低くなっており，結果に一貫性がない。

（4）成長性

投資機会集合の豊富な企業，つまり成長性の高い企業の経営者の裁量行動をモニターすることは困難である。それゆえに，成長性の高い企業ほど，経営者報酬を企業パフォーマンスの指標にリンクさせ，経営者の逸脱行動を抑制しておく必要がある(Smith and Watts, 1992; Gaver and Gaver, 1993)。

成長性については，次の2つの指標を取り上げる。

研究開発投資（RD）＝研究開発費÷総資産
総資産の伸び率（GRW）＝過去5年間の総資産の伸び率(年率複利換算)

表4-12によれば，研究開発投資でも総資産の伸び率でも，インセンティブ・システム導入企業の成長性は平均でみれば高いけれども，統計的に有意な差にはなっていない。メジアンでは，逆にインセンティブ非導入企業で成長性の指標が高くなっていたが，両者の間で統計的に有意な差はみられない。

---

3) 総資産利益率の変化（ΔROA）では，平均でもメジアンでも統計的に有意に高くなっていない。

§3 新会計基準の設定とインセンティブ・システム

表4-12 成長性の差の検定

	インセンティブ・システム導入	インセンティブ・システム非導入	t統計量 (z統計量)
研究開発投資(RD)	1.6% (0.3%)	1.4% (0.6%)	0.45 (0.84)
総資産の伸び率(GRW)	3.4% (0.0%)	2.2% (0.5%)	0.54 (0.40)

注)インセンティブ・システム導入企業は43社,インセンティブ・システム非導入企業は289社。ただし,純資産の伸び率では,41社と281社に減少している。

3.2 多変量分析

ここでは,上記で取り上げた要因がインセンティブ・システムの導入と結びつくかどうかという因果関係を調べる。分析モデルとしてはロジット回帰モデルが利用される。この研究では,43社のインセンティブ・システム導入企業と289社のインセンティブ・システム非導入企業からサンプルが構成されている。

次のようなモデルが設定される。INCNTV には,インセンティブ・システム導入企業ならば1,それ以外ならば0が割り当てられる。

$$INCNTV = \alpha + \beta_1 \text{新会計基準の影響に関する変数} + \beta_2 \text{株式所有に関する変数} \\ + \beta_3 \text{業績指標に関する変数} + \beta_4 \text{成長性に関する変数} + \varepsilon$$

新会計基準の影響に関する変数(UBO, EXP, CHOLD, Q5PER)と株式所有構造に関する変数(DIR, FIN, FORE),成長性に関する変数(RD, GRW)には,上記で定義した変数を用いる。業績指標に関する変数では,ROAとVARの間の相関係数が高いので,ROAを用いた分析結果だけを示す。

ロジット回帰分析の結果は表4-13に表示されている。まずは,会計基準の影響について検討してみよう。未認識給付債務(UBO)の係数はマイナスで,期待符号と一致するが,統計的には有意になっていない。この点は,先ほどの単一変量テストの結果と首尾一貫しない。未認識債務の償却費用合計(EXP)の係数は,企業特性などのその他の要因をコントロールした後でも,①式から⑤式のどれでもマイナスに有意であった。退職給付会計の導入時の費用負担が少ない企業ほど,インセンティブ・システムを導入しようとしているという証拠が得られた。

第4章 インセンティブ・システムに与えた影響

表4-13 インセンティブ・システム導入の決定要因

	会計基準の影響				株式の所有構造			業績指標	成長性		決定係数	観測値数
	(−) UBO	(−) EXP	(+) CHOLD	(+) Q5PER	(−) DIR	(?) FIN	(+) FORE	(+) ROA	(+) RD	(+) GRW		
①	−8.646 (−1.24)	−19.450 (−1.77)*	2.336 (0.65)		1.256 (0.72)	1.837 (1.40)	3.088 (1.95)*	4.862 (0.99)	6.917 (0.83)		0.061	332
②	−10.369 (−1.46)	−20.403 (−1.84)*	2.851 (0.79)	0.017 (2.00)**	1.685 (0.95)	2.062 (1.53)	2.759 (1.70)*	4.369 (0.88)	6.588 (0.78)		0.075	332
③	−10.606 (−1.47)	−20.419 (−1.84)*	3.526 (0.96)	0.014 (1.60)	1.853 (0.95)	1.969 (1.41)	3.579 (1.95)*	5.692 (1.09)	8.456 (0.99)	−1.496 (−1.01)	0.087	322

注)*10％水準で有意,**5％水準で有意。

　その他有価証券評価差額金(CHOLD)の係数は,どの式でもプラスであったけれども,t値はいずれも低い。アンケート調査で得られた持ち合い株式の放出割合(Q5PER)の係数は,③式では有意でないが,②式では有意にプラスであった。放出割合(持ち合い解消の程度)の高い企業ほど,インセンティブ・システムを積極的に導入していることがわかった。

　株式持ち合いの解消は,銀行依存型経営からの脱却を促進する可能性を高めるので,株主重視の経営に積極的に取り組む姿勢を示すことが重要になってくる。インセンティブ・システムの導入は,経営の緊張感を高めるとともに,企業の価値評価を高めることに役立つと期待されている。

　株式の所有構造において,役員持株比率(DIR)と金融機関持株比率(FIN)の係数は,どの式でも有意ではなく,インセンティブ・システム導入の決定要因とはなっていない。ところが,外国法人等所有株比率(FORE)の係数はプラスで有意(10％水準)である。この比率が高いほど,インセンティブ・システムの導入に積極的であることが提示された。この証拠は単一変量テストの結果と整合的である。「モノ言う株主」として外国人投資家の圧力は強く(「日本経済新聞」2002年7月6日付),ガバナンスの仕組みを明示化しておくことが要求されるようになってくる。

　業績指標については,ROAの係数は期待符号と一致しているが,インセンティブ・システム導入の強い決定要因とはなっていなかった。成長性に関しても,どの変数も統計的に有意ではない。成長性の高い企業では,会計数値が経営者の行動を十分に反映しているかどうか疑わしい場合がある。投資機会集合

が豊富な企業では，会計数値をベースにしたインセンティブ・システムよりもむしろ市場ベースのインセンティブ・システム（たとえば，ストック・オプション制度）により大きな信頼性が置かれることがある（Baber et al., 1996）。

4 要約と課題

本節では，新会計基準の影響，株式所有構造，業績指標，および成長性がインセンティブ・システムの採否にどのように関係しているかを検証した。

その結果，新会計基準の影響については，未認識債務の償却費用合計の負担の少ない企業ほど，インセンティブ・システム導入に積極的であった。本サンプルのインセンティブ・システム導入企業では従業員の成果配分制度も導入されているので，退職給付制度の見直しも進んでいる可能性がある。インセンティブ・システムの構築に向けて，退職給付会計基準はネガティブな影響を与えていた可能性が高いという証拠が得られた。新会計基準に素早く対応することができる企業ほど，インセンティブ・システムの導入に踏み切ることに積極的であったと思われる。

その他有価証券の時価会計については，インセンティブ・システムの導入との直接な関係を見いだすことができなかった。ただ，その他有価証券の時価会計は株式の持ち合い解消を促すと考えられる。本節では，持ち合い株式の放出割合の高い企業ほど，インセンティブ・システムの導入に意欲的であることが明らかになった。

株式所有構造において，外国法人等所有株比率が高い企業ほど，インセンティブ・システムを積極的に採用していることもわかったが，持ち合い株式の解消の受け皿に外国人投資家がなっている傾向がある。安定株主の存在が影を潜めるようになって，投資家の利益を追求するようなインセンティブ・システムを構築する必要がでてきたのかもしれない。

本節では，分析時点（2000年度決算期）におけるクロスセクション分析にとどまっており，インセンティブ・システム導入の要因がどのように変化しているかを把握していない。長引く超低金利と株安の影響で企業の退職給付債務が膨らみ続け，企業の負担が増加しているといわれている。外国人投資家の売り買

第4章　インセンティブ・システムに与えた影響

いが膨らんでいるという状況もある。そのような事態では、どのような企業の対応が図られているかはまだ不明である。

また、ここでは会計数値に連動した報酬制度だけを取り上げたが、投資家や株主の利益に直結するシステムとしてはストック・オプション制度も重要である。この制度の導入要因についても今後調査する必要があろう。

《参考文献》

岡部孝好(1994)『会計報告の理論』森山書店.

Baber, W., Janakiraman, S., and Kang, S. (1996). Investment Opportunities and Structure of Executive Compensation. *Journal of Accounting and Economics*, 21, 297-318.

Bushman, R., Indjejikian, R., and Smith, A. (1996). CEO Compensation: The Role of Individual Performance Evaluation. *Journal of Accounting and Economics*, 21, 161-193.

Core, J., Holthausen, R., and Larcker, D. (1999). Corporate Governance, Chief Executive Officer Compensation, and Firm Performance. *Journal of Financial Economics*, 51, 371-406.

Gaver, J., and Gaver, K. (1993). Additional Evidence on the Association between the Investment Opportunity Set and Corporate Financing, Dividend, and Compensation Policy. *Journal of Accounting and Economics*, 16, 125-160.

Hayes, R., and Schaefer, S. (2000). Implicit Contracts and the Explanatory Power of Top Executive Compensation for Future Performance. *RAND Journal of Economics*, 31, 273-293.

Smith, C., and Watts, R. (1992). The Investment Opportunity Set and Corporate Financing, Dividend, and Compensation Policy. *Journal of Financial Economics*, 32, 263-292.

(乙政　正太)

第5章
政府規制に与えた影響

　銀行は自己資本比率規制を受け，保険会社はソルベンシー・マージン比率規制の対象になっている。それぞれの規制は財務諸表の数値に依拠している。したがって，新しい会計基準が設定されれば，規制の実効性に影響を与える可能性がある。本章では§1において，税効果会計基準の設定が自己資本比率規制に及ぼした影響を分析する。その結果，①税効果会計が銀行の不良債権処理を促進し，②銀行は自己資本比率規制に抵触する可能性を見据えて，裁量的に繰延税金資産を計上していることがわかった。①は税効果会計基準の社会的ベネフィットを示し，②は規制コストの増加を示唆している。さらに，銀行の税効果会計実務に対する証券市場の反応を観察したところ，証券市場は，銀行が計上した繰延税金資産を一般に資産として評価したが，自己資本比率の低い銀行が計上した繰延税金資産に対しては，ネガティブな評価を下していることがわかった。§2では，有価証券の時価評価基準などが銀行の貸出行動に与えた影響を分析する。その結果，地方銀行については全般的に健全な貸出行動が観察され，「時価会計導入により貸出規律が高まり非効率貸出が減少する」という仮説を支持する証拠を得た。これに対して大手銀行の場合は，収益性と無関係に危険貸出を増加させていることが明らかになった。すなわち大手銀行については，時価会計などの導入後も貸出規律の向上が観察されなかったのである。

§1
税効果会計基準と銀行の自己資本比率規制

1 はじめに

　企業会計審議会は1997年6月に連結財務諸表原則を改訂し，連結財務諸表の作成において税効果会計を全面的に適用することを求めた。そして，1998年10月に「税効果会計に係る会計基準の設定に関する意見書」を公表し，連結財務諸表のみならず個別財務諸表と中間財務諸表および中間連結財務諸表を対象にした包括的な税効果会計の基準を設けた。これを受けて財務諸表等規則および商法計算書類規則などが1998年12月に改正され，税効果会計は2000年3月期から全面適用される運びとなったのである。

　ただし，1999年1月期からの早期適用も認められていた。須田(2000a，2001)は，金融機関や製造業などが早期適用した税効果会計の実務を比較した。その結果，製造業の場合，①繰延税金資産／自己資本比率が小さい，②繰延税金資産は一般に回収可能性があると考えられる，③収益力が大きくビジネスリスクの小さい企業ほど，不良債権問題などへ積極的に取り組み，それに伴い税効果会計を早期に適用した，ということが明らかになった。つまり，「法人税等を適切に期間配分することで税引前当期純利益と税金費用を合理的に対応させる」(桜井・須田，2003，175頁)という本来の目的に沿って，税効果会計が実施されたのである。

　これに対して，銀行と生命保険会社の場合，①繰延税金資産／自己資本比率が極めて高い，②繰延税金資産の回収可能性に疑義のあるケースが多い，③税効果会計は本来の目的よりも自己資本比率規制とソルベンシー・マージン比率規制のもとで「資本増強が図れる魔法の杖」として活用された可能性がある，と指摘された(須田，2001，92頁)。

　近年の新聞報道でも，税効果会計により銀行の自己資本は「水膨れ」しており(「日本経済新聞」2002年3月13日付)，見かけ上の資本が2割ないし3割もあ

る(「朝日新聞」2002年5月3日付)と論じられている。

　注意すべきは，これらの新聞報道と須田(2000a, 2001)がいずれも大手銀行に限定した調査結果だということである。その他の銀行は，どのような税効果会計を行っているのであろうか。本節では，上場しているすべての銀行を調査対象にして，1999年から2001年までの税効果会計実務を分析する。

　分析のテーマは2つある。第1のテーマは，銀行の税効果会計実務の決定要因を明らかにすることである。すなわち，①銀行は回収可能性を考慮して繰延税金資産を計上したのか，②銀行の税効果会計実務は不良債権処理の影響を受けたのか，③銀行の税効果会計実務は自己資本比率規制の影響を受けたのか，という点を分析する。

　第2のテーマは，銀行の税効果会計実務に対する証券市場の反応を分析することである。具体的には，①銀行が計上した繰延税金資産に株価関連性(value relevance)は認められるのか，②もし銀行が自己資本を底上げするために税効果会計を活用したのであれば，そのような会計行動に証券市場はいかに反応するのか，③証券市場の反応に経年変化は観察されるのか，ということを調査する。

2 税効果会計実務の決定要因

2.1 サンプルの選択と変数の定義

　分析対象となるサンプルは，1999年6月末と2000年6月末および2001年6月末の各時点で，東京証券取引所と大阪証券取引所または名古屋証券取引所に上場している銀行である。ただし，「日経NEEDS CD-ROM金融財務データ」または全国銀行協会『全国銀行財務諸表分析』からデータを入手できない銀行は，サンプルから除外された。その結果サンプル数は(変数によって異なるが最大で)，合計322(1999年114，2000年110，2001年98)になった。

　上記のサンプルについて，まず純繰延税金資産の額を計算した。そして税効果会計の決定要因を分析するために，①回収可能性を示す変数(一株当たり業務純益，増益率，自己資本利益率)と②不良債権を示す変数(リスク管理債権額)および③自己資本比率規制に関連する変数(自己資本，基本項目TierⅠ，国際統一基

準または国内基準に従って算定された自己資本比率)のデータを,「日経NEEDS CD-ROM金融財務データ」と全国銀行協会『全国銀行財務諸表分析』から収集した。さらに,繰延税金資産の株価関連性を分析するため,各年度の6月末における株価データを「株価CD-ROM」(東洋経済新報社)から集めた。

それぞれの変数の定義と基本統計量が表5-1に要約されている。表5-1を見れば,銀行が1999年から2001年にかけて計上した純繰延税金資産の平均は491億6570万円であり,一株当たり純繰延税金資産の平均は147円であることがわかる。

2.2 繰延税金資産と自己資本比率

繰延税金資産が自己資本比率に及ぼした影響を調べるため,まず以下のような単変量分析を行った。すなわち,①それぞれの年度で計上された純繰延税金資産が基本的項目(TierⅠ)に占める割合を計算する,②純繰延税金資産をTierⅠから控除し,修正後自己資本比率を求める,そして③未修正の自己資本比率と修正後自己資本比率の有意差を検定する。

さらに,自己資本比率規制値への接近度に及ぼす影響を調べるため,次のような分析を追加した。つまり,④国際統一基準に従っている銀行は8%以上(国内基準に従っている銀行は4%以上)の自己資本比率が求められており,規制値への接近度を測定するため,国際統一基準(国内基準)に従っている銀行について,自己資本比率から8%(4%)を控除し規制値スラックを求める,⑤純繰延税金資産をTierⅠから控除し,修正後規制値スラックを求める,⑥未修正の規制値スラックと修正後規制値スラックの有意差を検定する。

それぞれの調査結果を表5-2に要約した。表5-2を見れば,自己資本の21.9%に相当する額が純繰延税金資産として計上され,その計上により自己資本比率と規制値スラックは有意に増加したことがわかる。すなわち,8%未満であった自己資本比率が,純繰延税金資産の計上により9%を超えたのである。このような税効果会計実務を規定する要因は何か。以下で仮説を設定し,各々を検証する。

§1 税効果会計基準と銀行の自己資本比率規制

表5-1 変数の定義と基本統計量

パネルA：基本統計量

変数	平均	標準偏差	最小値	1Q	中央値	3Q	最大値	観測値
Dtax	49165.7	111700.0	−77807	2763	8439	27627	642560	322
DtaxPS	147.521	267.6483	−712.163	30.1158	68.74493	144.7436	1590.034	322
AdjNetA	890.193	1548.748	−747.504	346.268	453.800	644.341	12128.04	322
Capital	263320.3	535481	2710	30343	80230	183510	3046448	322
Tier I	260918.5	540056	2710	28881	76759	169152	2691181	322
RiskAc	850.370	1444.97	67.2037	259.281	428.377	626.059	10352.33	322
CapR	9.18801	2.225743	0.4500	8.15501	9.26032	10.75012	15.6403	316
Income	128.989	208.2293	−20.4271	47.2225	64.0285	93.3332	1223.235	322
Growth	6.23450	104.9269	−13.715	−35.6564	−12.8162	10.2467	1039.969	320
ROE	−13.5525	139.922	−2540.44	−3.94434	1.59839	2.98896	23.2383	322
PRICE	854.351	1221.707	93	374	482	689	8200	322

パネルB：変数の定義

純繰延税金資産（Dtax）＝繰延税金資産−繰延税金負債−資産再評価に係る繰延税金負債 （単位 百万円）
一株当り純繰延税金資産（DtaxPS）＝Dtax÷期末発行済み株式数 （単位 円）
一株当り修正後純資産（AdjNetA）＝純資産÷期末発行済み株式数−DtaxPS （単位 円）
自己資本（Capital）＝期末資産総額−期末負債総額（ただし負のサンプルは除外した） （単位 百万円）
基本的項目（Tier I）＝資本勘定−営業権 （『全国銀行財務諸表分析』のデータ） （単位 百万円）
一株当りリスク管理債権額（RiskAc）＝（破綻先債権額＋延滞債権額＋3ヶ月以上延滞債権額＋貸出条件緩和債権額）÷期末発行済み株式数 （『全国銀行財務諸表分析』のデータ） （単位 円）

自己資本比率（CapR）＝（基本的項目＋補完的項目）÷信用リスクアセット×100
（『全国銀行財務諸表分析』のデータ） （単位 ％）
一株当り業務純益（Income）＝（業務収益−業務費用＋金銭の信託運用見合費用）÷期末発行済み株式数 （単位 円）
（『全国銀行財務諸表分析』のデータ）

増益率（Growth）＝（当期の業務純益−3期前の業務純益）÷|3期前の業務純益|×100 （単位 ％）
自己資本利益率（ROE）＝当期純利益÷自己資本（Capital）×100 （単位 ％）
株価（PRICE）＝各行の1999年、2000年、2001年6月末日における株価 （単位 円）

第5章 政府規制に与えた影響

表5-2 繰延税金資産が自己資本比率に与えた影響―単変量分析―

変数	平均	標準偏差	最小値	1Q	中央値	3Q	最大値
Dtax/Capital	21.872	68.003	−23.561	5.8729	12.244	25.269	1307.19
Dtax/Tier I	21.953	69.386	−50.103	5.7122	13.0914	25.769	1307.19
CapR	9.18801	2.225743	0.4500	8.15501	9.26032	10.75012	15.6403
AdjCapR	7.97549	2.845482	−3.35834	6.38386	8.41235	9.818824	14.0027
	平均差のt検定：t値		16.684	p値	0.0000		
	ウィルコクソン検定：z値		13.659	p値	0.0000		
CapSL	4.263956	1.824195	−3.5502	3.2051	4.45023	5.45512	8.70121
AdjCapSL	3.067104	2.498614	−7.3583	1.7719	3.20122	4.65751	10.0027
	平均差のt検定：t値		16.313	p値	0.0000		
	ウィルコクソン検定：z値		13.679	p値	0.0000		

注）繰延税金資産/自己資本(Dtax/Capital)＝純繰延税金資産÷自己資本×100 （単位 ％）
　　繰延税金資産/Tier I (Dtax/Tier I)＝純繰延税金資産÷基本的項目×100 （単位 ％）
　　自己資本比率(CapR)＝(基本的項目＋補完的項目＋準補完的項目－控除項目)÷信用リスクアセット×100 （単位 ％）
　　修正後自己資本比率(AdjCapR)＝(基本的項目－純繰延税金資産＋補完的項目＋準補完的項目－控除項目)÷信用リスクアセット×100 （単位 ％）
　　規制値スラック(CapSL)＝CapR−8 （国際統一基準適用行）（単位％），
　　　　　　　　　　　　　CapR−4 （国内基準適用行）（単位％）
　　修正後規制値スラック(AdjCapSL)＝AdjCapR−8 （国際統一基準適用行）（単位％），
　　　　　　　　　　　　　　　　　 AdjCapR−4 （国内基準適用行）（単位％）

2.3 仮説の設定

① 回収可能性仮説

日本公認会計士協会は1999年11月に監査委員会報告第66号「繰延税金資産の回収可能性の判断に関する監査上の取扱い」を公表し，回収可能性のある繰延税金資産についてのみ，その計上を認めることにした。そして，回収可能性があると判断される規準の1つとして，次の事項をあげている。それは，「当期及び過去(おおむね3年)連続してある程度の経常的な利益を計上しているような会社の場合には，通常，将来においても同水準の課税所得の発生が見込まれる。したがって，そのような会社については，一時差異等のスケジューリングの結果に基づき，それに係る繰延税金資産を計上している場合には，当該繰延税金資産は回収可能性があると判断できるものとする」という規準である。

そこで本研究では，銀行における税効果会計実務の決定要因を分析するにあたり，第1に繰延税金資産の回収可能性を考えた。すなわち「当期および過去

3年間の経営成績が優れている銀行ほど，(回収可能性が認められるので)繰延税金資産を多く計上する」という仮説である。これを回収可能性仮説と呼ぶ。ここでは，経営成績を示す指標として，一株当たり業務純益(Income)と3年間の業務純益成長率(Growth)および自己資本当期純利益率(ROE)を用いる。それぞれの基本統計量は表5-1を参照されたい。

② **不良債権処理仮説**

「日本経済新聞」は「税効果会計導入相次ぐ」という見出しで，1999年3月期から税効果会計を前倒しで導入する企業が続出していることを報道した。税効果会計の導入により，銀行は思い切った不良債権処理を実施できる，という(1999年2月25日付)。

本節では，不良債権処理を税効果会計実務の決定要因の1つとして取り上げ，「不良債権を多額に抱えている銀行ほど，(その処理をすることで)多くの繰延税金資産を計上する」という不良債権処理仮説を設定する。不良債権を示す変数として，前期末の一株当りリスク管理債権額(RiskAc)を用いる(表5-1参照)。

③ **自己資本比率規制仮説**

すでに単変量分析により，純繰延税金資産が自己資本比率に甚大な影響を及ぼしていることが明らかになった(表5-2参照)。それは偶然ではなく，むしろ自己資本比率を底上げするための裁量行動の結果である，と解釈することも可能であろう。

そこで本研究は，自己資本比率規制を税効果会計実務の決定要因の1つであると理解し，次のような仮説を設定する。すなわち，「自己資本比率規制に抵触しそうな銀行ほど，(自己資本比率を底上げするために)多くの繰延税金資産を計上する」という仮説である。これを自己資本比率規制仮説と呼ぶ。自己資本比率規制に抵触する可能性を示す変数として，修正後規制値スラック(AdjCap-SL)を使用する(表5-2参照)。修正後規制値スラックが小さい銀行ほど，自己資本比率規制に抵触し早期是正措置を命じられる可能性が高い，と考える。

以上3つの仮説を設定した。もし回収可能性仮説と不良債権処理仮説が支持され，自己資本比率規制仮説が棄却されれば，銀行の税効果会計実務に裁量的会計行動は観察されず，「法人税等を適切に期間配分することで税引前当期純

利益と税金費用を合理的に対応させる」という税効果会計本来の目的に沿っていると考えられる。逆に自己資本比率規制仮説が支持され，回収可能性仮説が棄却されれば，銀行の税効果会計実務は，専ら自己資本比率規制の影響を受け税効果会計本来の目的に沿っていない，と判断されよう。

2.4 繰延税金資産モデルの設定

銀行における税効果会計実務の決定要因として，繰延税金資産の回収可能性と不良債権処理および自己資本比率規制をあげ，それぞれについて仮説を設けた。各々の仮説を同時に検証するために，以下のような繰延税金資産モデルを設定する。

$$DtaxPS = \beta_0 + \beta_1 AdjCapSL + \beta_2 Income + \beta_3 Growth + \beta_4 ROE + \beta_5 RiskAc + \beta_6 Year00 + \beta_7 Year01 + \varepsilon$$

モデルにおける変数の定義は，表5-1と表5-2に示している。注意すべきは，モデルに年度ダミー変数(Year00とYear01)を組み込んだことである。本節ではクロスセクション・データを3年分プールして分析するため，繰延税金資産が年度ごとに全体として変化した可能性がある。そのような構造変化を捕捉するために，1999年を基準年とした年度ダミー変数を組み込み，合計7つの独立変数による重回帰モデルを設定したのである。

2.5 繰延税金資産モデルの推定結果

上記の繰延税金資産モデルを推定した結果が表5-3に要約されている。表5-3によれば，繰延税金資産の回収可能性を示す変数の中で，一株当り業務純益と資本利益率の係数は合理的な水準で有意な正の値になった。これは回収可能性仮説を支持する証拠となる。

不良債権を示す変数(リスク管理債権額)の係数も有意な正の値になり，不良債権処理仮説を支持している。さらに，自己資本比率規制との関係を示す変数(修正後規制値スラック)の係数は，有意な負の値となり自己資本比率規制仮説を支持している。年度ダミー変数は，Year01の係数が10％水準で有意となり，2001年に全体的な構造変化が生じたことを示唆している。この点は後に再検討

表5-3 繰延税金資産モデルの推定結果

定数項 仮説符号	AdjCapSL −	Income +	Growth +	ROE +	RiskAc +	Year00 ?	Year01 ?	Adj.R^2	観測値数
87.66167	−19.6372	0.13555	−0.0660	0.2606	0.1361	9.7000	−44.624	0.68498	302
(4.986)***	(−4.498)***	(2.1977)**	(−0.7560)	(3.860)***	(14.667)***	(0.4464)	(−1.827)*		
[0.000]	[0.000]	[0.028]	[0.450]	[0.000]	[0.000]	[0.655]	[0.068]		

注)1. 回帰式は以下のとおりである。各変数の定義については表5-1と表5-2を参照。
　　Dtax PS＝$\beta_0+\beta_1$ AdjCapSL＋β_2 Income＋β_3 Growth＋β_4 ROE＋β_5 RiskAc＋β_6 Year00＋β_7 Year01＋ε
　2. 仮説に従った符号を変数の下に示した。
　3. 上段の数値は各変数の係数であり，下段括弧内はその t 値と p 値を示している。なお検定はすべて両側検定で行っている。
　　***1％水準で有意，**5％水準で有意，*10％水準で有意。

しよう。

　以上，本節では，回収可能性仮説と不良債権処理仮説および自己資本比率規制仮説のすべてを支持する証拠を得た。一般に銀行は，不良債権処理を進める中で，繰延税金資産の回収可能性を考慮し，かつ自己資本比率の底上げを狙って税効果会計を実施したのである。自己資本比率規制に誘発された裁量的会計行動は一般的に観察されるが，繰延税金資産の回収可能性を無視しているわけではない。合理的な範囲で裁量的会計行動がなされている，といえよう。

3 税効果会計と証券市場

3.1 先行研究の概要

　Ayers(1998)はBarth(1991)のモデルにもとづき，繰延税金資産などの税効果会計情報を独立変数にした株価関連性モデル(value relevance model)を設定した。そして米国の上場企業988社について，1992年と1993年のデータから株価関連性モデルを推定し，繰延税金資産などの税効果会計情報に追加的な株価説明力があることを示した。繰延税金資産の係数は有意な正の値となり，それが証券市場で資産として認知されていることを確認したのである。

　桜井・桜井(1998)は，わが国の銀行について，デリバティブの未実現損益などを独立変数にした株価関連性モデルを推定し，デリバティブの契約額などに

追加的な株価説明力があることを示した。吉田・加藤・國村(2002)も日本の銀行を対象にして，有価証券の実現・未実現損益の株価説明力を検証した。それぞれを独立変数にした株価関連性モデルを設定し，そのモデルを推定した結果，実現損益などに株価説明力のあることがわかった。ただし，市場インデックスを独立変数に組み込むと，その説明力は消失する。

以上のように，米国企業が計上した繰延税金資産は証券市場に追加的な情報を提供し，日本の銀行が開示したデリバティブ情報と有価証券の時価情報は追加的な株価説明力を備えているのである。では，日本の銀行が計上した繰延税金資産に追加的な株価説明力は備わっているのだろうか。以下で検証しよう。

3.2 株価関連性モデルの設定
① モデル1

本研究では最初に，Ayers(1998)の調査結果と比較するため以下のモデル1を設定し，一株当り修正後純資産(AdjNetA)を所与とした場合の一株当り純繰延税金資産(DtaxPS)における追加的な株価説明力を検証する。繰延税金資産が裁量的に計上され，投資家がその情報をノイズとして捕らえていれば，一株当り純繰延税金資産に追加的な株価説明力は観察されないであろう。

モデル1：$PRICE = \beta_0 + \beta_1 AdjNetA + \beta_2 DtaxPS + \varepsilon$

② モデル2

前項で，銀行の税効果会計実務は自己資本比率規制の影響を強く受けていることが明らかになった。したがって，証券市場が効率的ならば，自己資本比率の低い銀行が計上した繰延税金資産は，別個に株価形成されている可能性がある。その株価効果を識別するために，下記のモデル2では，独立変数として「純繰延税金資産と自己資本比率ダミー変数の交差項」(DtaxPS＊Dummy)を追加した。自己資本比率ダミー変数は，修正後自己資本比率(AdjCapR)がメジアンよりも小さい銀行の場合は1，メジアンよりも大きい銀行については0で示される。

また，自己資本比率の低い銀行の繰延税金資産が別個に株価形成されているのならば，証券市場は自己資本比率規制に抵触する確率も株価に織り込んでい

るはずである。そこでモデル2では、自己資本比率の規制値に対する接近度を示す修正後規制値スラック(AdjCapSL)を独立変数に組み込んだ。

モデル2：PRICE＝β_0＋β_1 AdjNetA＋β_2 DtaxPS＋β_3 DtaxPS＊Dummy
　　　　　＋β_4 AdjCapSL＋ε

③ モデル3

本研究は、クロスセクション・データを3年間プールして分析するため、繰延税金資産などの株価関連性は構造的に年度変化する可能性がある。その影響を析出するため、下記のモデル3では、1999年を基準年度にした年度ダミー変数(Year00とYear01)を追加した。

モデル3：PRICE＝β_0＋β_1 AdjNetA＋β_2 DtaxPS＋β_3 DtaxPS＊Dummy
　　　　　＋β_4 AdjCapSL＋β_5 Year00＋β_6 Year01＋ε

3.3 株価関連性モデルの推定結果

前記3つのモデルを推定した結果が、表5-4にまとめられている。表5-4におけるモデル1の推定結果は、純繰延税金資産とそれ以外の純資産に、それぞれ有意な株価説明力があることを示している。純繰延税金資産には、その他の純資産を所与としても追加的な株価説明力がある。Ayers(1998)の調査結果と同様に、邦銀が計上した繰延税金資産も、証券市場で資産としてポジティブな評価を受けているのである。また、自由度修正済み決定係数(Adj.R^2)は0.7746となり、モデル1の株価説明力が大きいことを示している。

モデル2の推定結果でも、純繰延税金資産とそれ以外の純資産に追加的な説明力のあることが確認された。注目すべきは、「純繰延税金資産と自己資本比率ダミー変数の交差項」(DtaxPS＊CapDummy)の係数が、合理的な水準で有意な負の値になったことである。この係数は、修正後自己資本比率が相対的に小さい銀行における純繰延税金資産の株価関連性を示している。符号が負であるのは、そのような銀行が繰延税金資産を計上するほど株価は下落する、ということを意味している。したがってモデル2の推定結果は、①純繰延税金資産は証券市場で資産としてポジティブに評価されている、②しかし自己資本比率

第5章 政府規制に与えた影響

表5-4 株価関連性モデルの推定結果

	定数項	AdjNetA	DtaxPS	DtaxPS*Dummy	AdjCapSL	Year00	Year01	Adj.R^2	観測値数
モデル1	152.486 (3.88)*** [0.000]	0.6049 (27.1)*** [0.000]	1.1074 (8.59)*** [0.000]					0.7746	322
モデル2	143.007 (2.33)** [0.017]	0.5951 (23.7)*** [0.000]	1.6953 (6.54)*** [0.000]	−0.6801 (−2.6)*** [0.010]	0.8986 (0.059) [0.952]			0.7821	313
モデル3	193.360 (2.86)*** [0.004]	0.5970 (23.9)*** [0.000]	1.5882 (6.06)*** [0.000]	−0.5441 (−2.01)** [0.045]	11.2042 (0.710) [0.477]	−64.208 (−0.797) [0.426]	−193.39 (−2.26)** [0.024]	0.7844	313

注)1. 回帰式は以下のモデル1-3である。
　　モデル1：PRICE＝β_0＋β_1 AdjNetA＋β_2 DtaxPS＋ε
　　モデル2：PRICE＝β_0＋β_1 AdjNetA＋β_2 DtaxPS＋β_3 DtaxPS*Dummy＋
　　　　　　　　　β_4 AdjCapSL＋ε
　　モデル3：PRICE＝β_0＋β_1 AdjNetA＋β_2 DtaxPS＋β_3 DtaxPS*Dummy＋
　　　　　　　　　β_4 AdjCapSL＋β_5 Y00＋β_6 Y01＋ε
2. DtaxPS*Dummyのダミー変数では，修正後自己資本比率がメジアンよりも小さい銀行を1，メジアンより大きい銀行を0で示した。
3. Y00は2000年のサンプルを1，その他を0で示した。Y01は2001年のサンプルを1，その他を0で示した。
4. 各モデルの上段の数値は各変数の係数であり，下段の括弧内はそのt値とp値である。なお検定はすべて両側検定で行った。***1％水準で有意，**5％水準で有意，*10％水準で有意。

の低い銀行が計上した純繰延税金資産は，むしろネガティブな評価を得た，と解釈される。

　モデル3の推定結果も，モデル1およびモデル2の結果と整合的である。モデル3の自由度修正済み決定係数は0.7844となり，3つのモデルの中で最大になった。さらにモデル3では，Year01の係数が合理的水準で有意になった。これは，株価と繰延税金資産などの全体的な関係が2001年に大きく変化したことを意味している。この構造変化は，繰延税金資産モデルの推定結果でも示唆されていた。われわれは，次項で検証結果の頑健性をチェックし，最後に，年度別の分析を試み株価関連性の経年変化を観察する。

4 検証結果の頑健性テスト

4.1 独立変数の相関

繰延税金資産モデルと株価説明モデルの推定で用いた独立変数が相互に関連していると，回帰係数の推定と有意性検定が正しく行われない(須田，2000b，289頁参照)。多重共線性の問題である。そこで本研究では，変数相互の相関係数を算定し，その結果を表5-5にまとめた。

表5-5を見ると，繰延税金資産モデルで用いた独立変数の中で，リスク管理債権額(RiskAc)と業務純益(Income)の相関係数が比較的大きい(0.6645)ことがわかる。そこで最初に，リスク管理債権を除いて繰延税金資産モデルを推定し，次に業務純益を除いて繰延税金資産モデルを推定した。その結果は表5-3と類似しており，前記3つの仮説を支持する証拠が追加されたのである。

次に，株価関連性モデルで使用した独立変数の相関であるが，純繰延税金資産(DtaxPS)と修正後純資産(AdjNetA)の相関係数(0.3386)が最大であり，多重共線性を懸念するほどではないと考えられる。

表5-5　変数の相関係数

変数	PRICE	DtaxPS	AdjNetA	AdjCapR	Growth	Income	ROE	AdjCapSL	RiskAc
PRICE	1.0000								
DtaxPS	0.5065	1.0000							
AdjNetA	0.8528	0.3386	1.0000						
AdjCapR	0.1020	−0.3184	0.1878	1.0000					
Growth	−0.0390	−0.0963	−0.0291	0.0747	1.0000				
Income	0.7545	0.5755	0.8731	0.0375	−0.0032	1.0000			
ROE	−0.0069	−0.1648	0.0799	0.2886	0.0497	0.0080	1.0000		
AdjCapSL	0.1623	−0.2761	0.2866	0.8106	0.0944	0.1362	0.2996	1.0000	
RiskAc	0.5695	0.7981	0.5324	−0.2475	−0.0441	0.6645	−0.3291	−0.1760	1.0000

4.2 誤差項の不均一分散

繰延税金資産モデルと株価説明モデルにおいて，誤差項の分散が著しく不均一であると，回帰係数の有意性検定が正しく実施されない恐れがある。Greene(2000, pp.508-510)は，分散の不均一性を検証する方法として，White

第5章 政府規制に与えた影響

表5-6 繰延税金資産モデルの推定―Whiteの標準誤差に基づくt値

定数項	AdjCapSL	Income	Growth	ROE	RiskAc	Year00	Year01	Adj.R²	観測値数
仮説符号	−	+	+	+	+	?	?		
87.66167	−19.6372	0.13555	−0.0660	0.2606	0.1361	9.700	−44.624	0.68498	302
(4.458)***	(−6.076)***	(0.8977)	(−1.2384)	(3.489)***	(6.0672)***	(0.5933)	(−1.994)**		
[0.000]	[0.000]	[0.370]	[0.216]	[0.000]	[0.000]	[0.655]	[0.047]		

注)1. 回帰式は以下のとおりである。各変数の定義については表5-3と表5-4を参照。
$$DtaxPS = \beta_0 + \beta_1 AdjCapSL + \beta_2 Income + \beta_3 Growth + \beta_4 ROE + \beta_5 RiskAc + \beta_6 Year00 + \beta_7 Year01 + \varepsilon$$
2. 仮説による符号を変数の下に示した。
3. 上段の数値は各変数の係数であり，下段括弧内はそのt値とp値を示している。なお検定はすべて両側検定で行った。　***1％水準で有意，**5％水準で有意，*10％水準で有意。

表5-7 株価関連性モデルの推定結果―Whiteの標準誤差に基づくt値

	定数項	AdjNetA	DtaxPS	DtaxPS*Dummy	AdjCapSL	Year00	Year01	Adj.R²	観測値数
モデル1	52.486	0.6049	1.1074					0.7746	322
	(4.679)***	(12.44)***	(4.999)***						
	[0.000]	[0.000]	[0.000]						
モデル2	143.007	0.5951	1.6953	−0.6801	0.8986			0.7821	313
	(2.94)***	(11.4)***	(3.21)***	(−2.13)**	(0.079)				
	[0.003]	[0.000]	[0.001]	[0.047]	[0.936]				
モデル3	193.360	0.5970	1.5882	−0.5441	11.2042	−64.208	−193.39	0.7844	313
	(3.24)***	(11.5)***	(2.86)***	(−1.98)*	(0.941)	(−0.831)	(−2.21)**		
	[0.001]	[0.000]	[0.004]	[0.072]	[0.341]	[0.406]	[0.027]		

注)1. 回帰式は以下のモデル1-3である。各変数の定義については表5-1と表5-2を参照。
　　モデル1：$PRICE = \beta_0 + \beta_1 AdjNetA + \beta_2 DtaxPS + \varepsilon$
　　モデル2：$PRICE = \beta_0 + \beta_1 AdjNetA + \beta_2 DtaxPS + \beta_3 DtaxPS*Dummy + \beta_4 AdjCapSL + \varepsilon$
　　モデル3：$PRICE = \beta_0 + \beta_1 AdjNetA + \beta_2 DtaxPS + \beta_3 DtaxPS*Dummy + \beta_4 AdjCapSL + \beta_5 Year00 + \beta_6 Year01 + \varepsilon$
2. DtaxPS*Dummyのダミー変数は，修正後自己資本比率がメジアンよりも小さい銀行を1，メジアンより大きい銀行を0で示した。
3. Year00は2000年のサンプルを1，その他を0で示した。Year01は2001年のサンプルを1，その他を0で示した。
4. 各モデルの上段の数値は各変数の係数であり，下段の括弧内はそのt値とp値である。なお検定はすべて両側検定で行った。　***1％水準で有意，**5％水準で有意，*10％水準で有意。

の検定とGoldfeld-Quandt検定およびBreusch-Pagan検定をあげている。本研究では，Whiteの検定を実施した。その結果，いずれのモデルについても「誤差項の分散は均一である」という帰無仮説は棄却された。そこで本研究は，分散の不均一性に対処したWhiteのt値(Greene, 2000, p.463)を用いて回帰係数の有意性検定を行った。その結果が表5-6と表5-7に要約されている。各々の表を見れば，表5-3と表5-4の検定結果と大差のないことがわかる。

4.3 パネル分析

本研究では，クロスセクション・データを3年間プールして回帰分析し，構造変化を捕捉するため年度ダミー変数を組み込んだ。しかし，タイムシリーズ・クロスセクション・データにはパネル分析を適用すべきだという論者もいる(Greene, 2000, p.557)。そこで，繰延税金資産モデルと株価効果モデル(モデル2)について，ランダム効果モデルによるパネル分析を実施した。その結果が表5-8に要約されている。

表5-8の上段は繰延税金資産モデルの推定結果であり，表5-3と同様に3

表5-8 パネル分析の結果

独立変数	定数項	AdjCapSL	Income	Growth	ROE	RisAc	Adj.R^2	観測値数
従属変数：純繰延税金資産(DtaxPS)								
	102.5284	−25.1869	0.2201	−0.0841	0.251	0.11129	0.7563	310
(t値)	(5.592)***	(−5.919)***	(3.4033)***	(−1.067)	(3.88)***	(11.78)***		
[p値]	[0.000]	[0.000]	[0.000]	[0.286]	[0.000]	[0.000]		

独立変数	定数項	AdjNetA	DtaxPS	DetaxPS*Dummy	AdjCapSL	Adj.R^2	観測値数
従属変数：株価(PRICE)							
	442.4785	0.356224	1.03873	−0.24105	−10.527	0.9646	313
(t値)	(5.564)***	(11.728)***	(7.1248)***	(−1.701)*	(−0.929)		
[p値]	[0.000]	[0.000]	[0.000]	[0.089]	[0.353]		

注)1. 上段の回帰式は以下のとおりである。各変数の定義については表5-1と表5-2を参照。
　　　Dtax PS=$\beta_0+\beta_1$ AdjCapSL+β_2 Income+β_3 Growth+β_4 ROE+β_5 RiskAc+ε
　2. 下段の回帰式は以下のとおりである。各変数の定義については表5-1と表5-2を参照。
　　　PRICE=$\beta_0+\beta_1$ AdjNetA+β_2 DtaxPS+β_3 DtaxPS*Dummy+β_4 AdjCapSL+ε
　3. ***1％水準で有意，**5％水準で有意，*10％水準で有意。
　　　なお検定はすべて両側検定で行った。

つの仮説を支持している。表5-8の下段は株価効果モデル(モデル2)の推定結果であり,交差項のt値がやや小さくなった以外は,表5-4とほぼ同一である。

以上,繰延税金資産モデルと株価関連性モデルの推定結果について,頑健性テストを実施した。その結果,表5-3と表5-4に示した係数の推定値と有意性は,多重共線性や不均一分散およびパネルデータ処理に対して頑健であると判断される。

5 株価反応の経年変化

表5-3の年度ダミー変数(Year01)が10%水準で有意になり,2001年に構造変化が生じたことを示唆していた。表5-4のモデル3では,Year01が5%水準で有意になっている。はたして,邦銀の税効果会計実務に対する証券市場の反応は,時を経て変化しているのだろうか。本研究では,経年変化を観察するために,1999年と2000年および2001年のデータを別々に分析した。適用した株価説明モデルはモデル2である。年度別にモデルを推定した結果が表5-9に

表5-9 株価関連性モデルの推定値における経年変化

独立変数	定数項	AdjNetA	DtaxPS	DetaxPS * Dummy	AdjCapSL	Adj.R^2	観測値数
1999年	132.456 (1.81)* [0.074]	0.8414 (11.2)*** [0.000]	−0.1621 (−0.225) [0.822]	1.0813 (1.577) [0.117]	7.9938 (0.374) [0.709]	0.8410	111
2000年	−2.6141 (−0.02) [0.984]	0.4502 (6.11)*** [0.000]	2.7785 (3.31)*** [0.001]	−0.6977 (−0.99) [0.321]	35.272 (1.12) [0.261]	0.7824	104
2001年	171.235 (1.28) [0.202]	0.5835 (16.0)*** [0.000]	1.3835 (3.55)*** [0.001]	−1.0424 (−2.20)** [0.030]	−8.7718 (−0.29) [0.768]	0.7727	98

注)1. 各年度の回帰式は以下のとおりである。
$PRICE = \beta_0 + \beta_1 AdjNetA + \beta_2 DtaxPS + \beta_3 DtaxPS * Dummy + \beta_4 AdjCapSL + \varepsilon$
2. 各年度の上段は各変数の係数であり,下段の括弧内はそのt値とp値である。なお検定はすべて両側検定で行った。 ***1%水準で有意, **5%水準で有意, *10%水準で有意。

示されている。

　表5-9によれば，わが国の証券市場が税効果会計情報を徐々に学習していることがわかる。すなわち，1999年には，修正後純資産額と修正後規制値スラックなどを所与とした場合，純繰延税金資産の追加的株価説明力は観察されないが，2000年になると，純繰延税金資産の追加的説明力が現われ，純繰延税金資産は資産として証券市場でポジティブに評価されたのである。2001年には学習が更に進み，純繰延税金資産の追加的な株価説明力が観察されただけではなく，証券市場は，自己資本比率の小さい銀行が計上した繰延税金資産にネガティブな評価を与えるようになったのである。

　すなわち，わが国の証券市場は銀行の税効果会計実務を徐々に学習し，2001年にいたって，自己資本比率規制の影響による裁量的会計行動を反映した株価が形成されたと解釈することができる。これは，日本公認会計士協会監査委員会報告書第66号の公表や，繰延税金資産の回収可能性に関する金融庁とジャーナリズムの厳しい指摘(「日本経済新聞」2002年4月26日付など)が反映されたものと思われる。

6 要約と課題

　本節では，わが国の銀行における税効果会計実務の決定要因と，税効果会計情報の株価関連性を分析した。税効果会計実務の決定要因として，繰延税金資産の回収可能性と不良債権処理および自己資本比率規制があげられた。そして，回収可能性仮説と不良債権処理仮説および自己資本比率規制仮説を支持する証拠が得られた。税効果会計は銀行の不良債権処理を促進し，銀行は，繰延税金資産の回収可能性を考慮しつつ，自己資本比率規制に抵触する可能性を見据えて，繰延税金資産を計上したのである。税効果会計のポジティブな側面とネガティブな側面が観察された。

　ここでは，繰延税金資産の回収可能性と不良債権処理の影響を所与としても，なお自己資本比率規制が税効果会計実務に大きな影響を与えていることに注目したい。Watts and Zimmerman(1986)と須田(2000)は，政治コストが経営者の会計手続き選択に影響を及ぼす，ということを示した。本研究は，政治

コストと会計手続き選択の関係を示す，新たな証拠を提示している。すなわち，自己資本比率規制に抵触する可能性の高い銀行ほど多くの政治コストを負担しており，政治コストの大きい銀行ほど，政治コストを軽減するために繰延税金資産を多く計上したのである。

このような経営者の裁量的会計行動に対して，証券市場は負の評価を与えた。すなわち証券市場は，銀行が計上した繰延税金資産を一般に資産として評価したが，自己資本比率の低い銀行が計上した繰延税金資産に対してはマイナスの評価を下したのである。注目すべきは，繰延税金資産が単に株価関連性があるだけでなく，銀行の自己資本比率に応じてその内容が異なる，ということである。

一般に，会計情報の株価関連性分析では，その情報が作成されたプロセスや情報の不確実性を調査対象にすることはない。われわれは，自己資本比率規制の関係で裁量的に計上された繰延税金資産が証券市場で異なる評価を得る，ということを知った。またCampbell et al.(1998, 2001)によれば，米国企業が測定開示した環境負債情報の株価関連性は，情報の不確実性により異なっている（須田，2002を参照）。つまり，各企業が同様に繰延税金資産や環境負債を測定開示しても，証券市場の反応は一様でなく，ある企業グループについては正反対の反応が観察された，ということである。株価関連性分析は，今後，情報の作成プロセスや不確実性をモデルに組み込んで，会計情報と株価の関係を調査する必要があるだろう。

最後に，繰延税金資産における株価関連性の経年変化に注目したい。本節では，1999年に観察されなかった繰延税金資産の追加的説明力が2000年では観察され，2001年にいたっては，裁量的に計上された繰延税金資産が別個に評価されることを示した。会計情報の株価関連性は年度と共に変化する。したがって，単年度の株価関連性分析により会計情報の有用性を判断することは問題があり，データをプールした分析では，全体的な構造変化をコントロールすべきであろう。クロスセクション・データを何年かについて蓄積し，それをパネル分析するという方法も有効である。本節では，調査結果の頑健性テストにパネル分析を活用した。

《引用文献》
Ayers, C. B. (1998). Deferred Tax Accounting Under SFAS No.109: An Empirical Investigation of its Incremental Value-Relevance Relative to APB No.11. *The Accounting Review*, 73(2), 195-212.
Barth, M. (1991). Relative Measurement Errors among Alternative Pension Assets and Liability Measures. *The Accounting Review*, 66(3), 433-463.
Campbell, K., Sefcik, S. E., and Soderstrom, N. S. (1998). Site Uncertainty, Allocation Uncertainty, and Superfund Liability Valuation. *Journal of Accounting and Public Policy*, 17, 331-366.
Campbell, K., Sefcik, S. E., and Soderstrom, N. S. (2001). Disclosure of Private Information and Reduction of Uncertainty: Environmental Liabilities in the Chemical industry. *Working Paper of Social Sience Research Network Electronic Paper Collection*, 1-51.
Greene, W. H. (2000). *Econometric Analysis*, Fourth edition. Prentice Hall.
桜井久勝・桜井貴憲(1998)「銀行のデリバティブ会計情報と株価形成」中野勲・山地秀俊編著『21世紀の会計評価論』勁草書房, 113-130.
須田一幸(2000a)「税効果会計の光と影」『税経セミナー』45(13), 4-11.
須田一幸(2000b)『財務会計の機能―理論と実証―』白桃書房.
須田一幸(2001)「税効果会計の意義と問題点」中村忠編著『制度会計の変革と展望』白桃書房, 87-103.
須田一幸(2002)「環境会計の制度と機能」関西大学経済・政治研究所『研究双書 経済システム改革と会計制度Ⅲ』3月, 145-166.
Watts, R. L., and Zimmerman, J. L. (1986). *Positive Accounting Theory*, Prentice-Hall(須田一幸訳『実証理論としての会計学』白桃書房, 1991).
吉田靖・加藤千雄・國村道雄(2002)「邦銀の有価証券評価損益情報と株価」『現代ディスクロージャー研究』3, 25-37.

(須田 一幸)

§2
新会計基準の設定と銀行の貸出行動

1 はじめに

　1990年代に入り，資産価格の下落傾向が顕著となり，特に不動産関連の融資を中心にして，銀行における貸出債権の劣化が進行した。それにも関わらず銀行は，不良資産を抱える問題企業に対して「追い貸し」と呼ばれる貸出しを継続し，本来の信用仲介機能を果たしてこなかった，という説がある。この非効率な貸出行動の背景として，銀行自体のガバナンスの欠如や監督当局による規制の不備とともに，会計制度の問題，すなわち資産の時価評価が義務付けられていなかった，という要因が指摘されている(たとえば櫻川，2002)。

　近年の時価会計制度の導入は，資産査定の厳格化を通じて，銀行貸出行動の規律向上に寄与することが期待される。そこで本節では，2001年3月期から開始された有価証券の時価評価および販売用不動産の強制評価減の徹底化が，このような追い貸し行動を是正する方向で一定の役割を果たしたか否かを実証的に検討する。ここでは特に「非効率3業種」とも呼ばれる建設・卸小売・不動産業向け貸出に着目し，時価会計の導入が3業種貸出比率に対して統計的に有意な影響を及ぼしたかどうかについて，①大手銀行と地方銀行のパネルデータ，および②アンケート回答銀行のパネルデータにもとづき検証する。

　以下の第2項では，分析の背景として，銀行機能の低下に関する既存文献をサーベイする。続く第3項で実証研究の手法を説明する。そして第4項で実証研究の結果と解釈を示し，第5項で結論を述べる。

2 分析の背景と先行研究

　分析に先立ち，銀行の機能に関する問題について，既存研究のサーベイを行う。1990年代以降の景気停滞の1要因として，銀行機能が低下したという問題

がよく指摘される。それは大きく分けると「貸し渋り」問題と「追い貸し」問題の2つに要約される。

「貸し渋り」は，優良な投資機会のある企業への貸出が，貸出の供給側における要因で抑制されるという問題である。1990年代に入り，自己資本比率規制(BIS規制)の導入や不良債権の増加などによって，銀行は貸出供給の圧縮を余儀なくされた。その結果，企業サイドには資金需要があるにも関わらず，必要資金が供給されず(クレディット・クランチの発生)，企業の投資活動(とりわけ市場からの資金調達が困難な中小企業の設備投資)が制約を受け，全体として過少投資を招いたのである。

この貸し渋り現象は大別すると，1992～93年頃の貸出低迷期(伸び率の低下)，そして1997～98年の貸出減少期に問題となり，数多くの先行研究でその現象が確認されている[1]。しかし貸し渋りがマクロ経済へ与えた影響は総じて限定的である，と考えられる。たとえばMotonishi and Yoshikawa(1999)によれば，貸出供給要因が実物投資に有意な影響を及ぼすのは中小企業の場合だけであり，また時期としては1997～98年のみである。Hayashi and Prescott(2002)は，県別データを利用してGDPと貸出の統計的関係を期間別に検証しているが，貸出しがGDPに有意な影響を及ぼしたのは1996～98年のサンプル期間のみである。これらの実証結果から判断する限り，銀行の貸し渋りが実物投資に強い影響を与えたとしても，それは1997～98年における金融危機の時期だけであり，90年代における経済の長期停滞を招いた要因としては，その影響力が限られていたと考えられる。

これに対して「追い貸し」は，貸出債権が劣化し不良化しているにも関わらず，銀行が融資を継続するという問題である[2]。バブル経済崩壊以降，資産価格の下落や実体経済の悪化等により貸出債権は不良化したが，適切なガバナンスの不在や当局による規制の不備等により，その実態は顕在化せず，銀行は非

---

1) 1992～93年の貸し渋りを取り扱った研究としては，吉川他(1994)，宮川他(1995)，前田(1996)，Ito and Sasaki(2002)，Honda(2002)などがあり，1997～98年の貸し渋りを示す実証結果は，Woo(1999)，堀江(1999)，深尾他(2000)，中小企業庁(2002)などで報告されている。
2) 追い貸しが行われる理由として，星(2000)，Tsuru(2001)などは，貸出債権(あるいは担保)の価値が将来回復すると期待される場合，不良債権処理を先送りし追い貸しを行うことが合理的であると指摘している。

効率産業への貸出を継続した。その結果，退出すべき不良企業は温存され，企業部門全体として供給過剰・低収益構造となり，それが持続的成長の足かせとなったと考えられる。

　この追い貸し行動についても，その存在を示す実証結果が数多く発表されている。たとえば櫻川(2002)は，不動産関連融資の収益性を地価上昇率で代理させ，その収益性と融資シェアの関係を推計した。調査の結果，収益性に関する係数は92年以降有意にマイナスとなり，他方，不動産関連融資は増加していることがわかった。不動産業の収益性が低下しているにも関わらず，不動産関連融資を拡大するという追い貸し行動が観察されたのである。

　小林他(2002)，杉原・才田(2002)，杉原・大田(2002)は，融資先の債務比率と不良債権比率および資産時価に着目し，各指標の悪化にも関わらず融資が拡大したという追い貸し行動を検出している。またHosono and Sakuragawa (2002)は，BIS規制による貸出し規律について大手銀行と地方銀行に分けた分析を行い，規律低下の問題は特に大手銀行について深刻であるという結果を提示した。たとえば，TierⅡの資本における劣後債発行額と不動産関連融資の相関係数が，大手行については有意にプラスとなった。つまり，劣後債の発行により(それを系列生保が引き受けることで)銀行の自己資本が水増しされ，リスクの高い不動産関連融資が増えるという状況が浮き彫りになった。非効率な貸出しの問題は大手銀行で，より深刻なのである。

　次に，追い貸し行動のマクロ的影響を分析した先行研究を概観しよう。才田・関根(2001)は，部門間の資金再配分の滞りと実体経済との関係を検証している。彼らは，1990年代に入り，貸出を通じた部門間の資金の移動は大きく沈滞し，それが実質GDPの下押しになった可能性を示唆している[3]。また宮尾(2004)は，資源配分の非効率性について，多額の不良資産を抱える建設・卸小売・不動産(いわゆる「非効率3業種」)の資本ストックの割合が1990年代を通じて上昇し，経済全体でみた資源配分の非効率性が増加した状況を示している。

---

[3] ただし，才田・関根(2001)も指摘しているように，資金移動が滞った要因としては，銀行の追い貸しに代表される非効率な資源配分(金融仲介機能の低下)だけではなく，実物的な部門間ショックの減少(換言すれば，各業種に共通するマクロショックの増大)の可能性も排除できない。その意味で，彼らの推計結果の解釈には注意が必要である。

その上で宮尾(2004)は，マクロの生産性と地価との理論的関係に着目し，資源配分の歪みによってもたらされた生産性の低下が，地価の下落を通じて，総需要の低迷にもつながると議論した。供給サイドの要因が需要サイドにもリンクすることで，それは1990年代における経済の長期停滞の主要因になり得る，と指摘されたのである[4]。

以上の既存研究のサーベイから，「貸し渋り」と「追い貸し」の存在が示唆され，マクロ経済と長期停滞への影響という観点からは，追い貸しによる資源配分の歪みがより深刻な問題であると考えられる。すなわち，追い貸しは非効率産業の温存と資源配分の非効率化に結びつき，生産性と収益性の低下を通じて潜在的成長性を鈍化させ，同時に地価の下落を通じて総需要も低迷させるのである。

追い貸し行動の要因としては，銀行におけるガバナンスの欠如や銀行監督の不備とともに，会計制度もその1つにあげられている。たとえば櫻川(2002，5章)は，会計制度の不完全性を考慮した追い貸し行動を理論的に考察している。逆にいえば，会計制度を完備すれば，追い貸しは抑制できるかもしれない。はたして，2001年3月期決算に導入された時価会計制度は，銀行の貸出行動に規律を与え，非効率業種への追い貸しを抑制する方向で機能したのだろうか。以下で，この点を検証する。

3 実証分析の方法

本節の目的は，非効率業種向け貸出と時価会計制度導入との関係を実証的に明らかにすることである。最初に，基本となる推計式を考えなければならない。ここでは，追い貸しに関する主要文献の1つであるHosono and Sakuragawa(2002)に依拠し，次のような回帰モデルを設定する。

まず被説明変数として，建設・卸小売・不動産業の3業種向け貸出比率(3業種向け貸出額/総貸出額)を算定する。次に説明変数として，①時価会計制度

---

[4] 生産性の低下を長期停滞の主因とする見方については，Hayashi and Prescott(2002)，宮川(2003)なども参照されたい。

第5章 政府規制に与えた影響

の導入を示すダミー変数，②総資産，③総資産利益率(経常利益/総資産比率)，および④地価を使用する。総資産と総資産利益率および地価は，コントロール変数として位置づけられる。

総資産は，銀行のサイズをコントロールするための変数である。総資産が多いと資産選択をより多様化することが可能になり，特定産業への貸出が減少すると考えられる。したがって回帰分析で期待される符号はマイナスである。総資産利益率は，銀行の収益性をコントロールするための変数である。収益性が高ければ高いほど，その銀行のフランチャイズ価値が高まるため，危険度の高い投資で倒産した場合に被る機会損失額が大きくなり，非効率産業への貸出は減少すると考えられる。したがって総資産利益率に期待される符合はマイナスとなる。

地価は3業種貸出のリターンに関する代理変数である。3業種は，いずれも土地資産を生産資源として広範に使用する業種であり，近似的に貸出債権のリターンに対応するものと考えられる。貸出に関するリターンが低下すれば，通常ならば貸出を減少させると考えられるので，地価に期待される符号条件はプラスである。逆に，リターンが悪化しているにも関わらず追い貸しによって貸出を増やしていれば，符号はマイナスとなる。

時価会計制度の導入を示す変数として，2001年3月期以降の会計年度であれば1を割当て，それ以外を0とするダミー変数が用いられる。2001年3月期前後を問題にしたのは，その期から有価証券の時価評価が実施され，さらに販売用不動産における強制評価減が徹底されるようになったからである[5]。この時価会計の制度化が，資産に関する適正かつ厳格な時価評価をもたらし，銀行貸出の規律付けを強化するならば，2001年3月期以降，非効率業種向け融資の減少が観察されるはずである。したがって，時価会計制度導入の変数に期待される符合はマイナスとなる。われわれの関心は，時価会計制度導入の効果を示すダミー変数と3業種向け貸出比率の関係にある。

以上をまとめると，時価会計制度導入が3業種向け貸出比率に及ぼす影響を

---

[5] 日本公認会計士協会監査委員会報告第69号「販売用不動産等の強制評価減の要否の判断に関する監査上の取扱い」(2000年7月)に従い，販売用不動産の含み損について強制評価減の実施を徹底することになった。これは2000年4月1日以後開始する事業年度に係る監査から適用された。

§2 新会計基準の設定と銀行の貸出行動

分析する基本モデルは，下記のとおりになる（変数のカッコ内は期待される符号条件である）。

$$INEFF = 定数項 + b*LASSET + c*ROA + d*PLAND + e*DUM + 誤差項 \quad (1)$$

ただし，
 $INEFF$＝3業種貸出額/総貸出額，
 $LASSET(-)$＝総資産額の自然対数値，
 $ROA(-)$＝経常利益/総資産，
 $PLAND(+)$＝地価（全国市街地・全用途），
 $DUM(-)$＝2001年3月期以降の会計年度であれば1，
  それ以外は0のダミー変数。

使用するデータは，大きく2つからなる。第1は，「日経金融財務データ」から入手可能な大手銀行(13行)と地方銀行(64行)のパネルデータである。第2は，われわれが実施したアンケート調査(第6章を参照)の回答銀行(地方銀行24行と第2地方銀行7行の合計31行)について，「日経金融財務データ」から得たパネルデータである。

アンケート回答銀行については，新会計基準の設定が融資基準に及ぼした影響度合いについて回答を得ているので，その総合点数を時価会計制度導入のダミー変数とクロスさせた交差項を設け，それをDUMとして用いる[6]。この操作により，新会計基準設定の影響をより強く融資基準等に反映させたとアンケートに答えた銀行が，実際にここでの不動産関連融資に対しても，より大きく貸出し行動を変化させたか否かを検証することが可能になる。

推計期間は，1991年3月期から2002年3月期までの12年次サンプルである。サンプル期間の始期は，地価がこの時期をピークにして下落に転じた時であり，不動産関連融資のリターンが低下し，追い貸しが潜在的問題として重要に

---

[6] 金融業向けアンケートの質問1である。そこでは合計8項目ある新会計基準ごとに，影響度を1から7ポイントで回答（高ポイントほど影響大，ポイント1は影響なし）することを求めた。各ポイントの合計点を，ここでの総合点数としてダミー変数とクロスさせるのである。

なった時期に対応している[7]。また推計手法は主体の異質性を考慮したパネル推計(ランダム効果モデルおよび固定効果モデル)を利用する。

4 実証結果

4.1 基本推計モデルの結果

　基本モデル(1)式を地方銀行と大手銀行について推計した結果が,表5-10に要約されている。紙幅の都合上,ランダム効果モデルの結果だけを示したが,固定効果モデルを用いても主要な結果は変わらなかった。

　まず表5-10における地方銀行の結果についてみると,総資産について期待される符号条件(マイナス)が有意に満たされ,また地価の係数についても有意なプラスの値になった。つまり地価の下落に応じて非効率融資を減少させており,健全な貸出行動がとられていることがわかる。そして時価会計導入の影響(DUMの係数)については有意にマイナスとなり,時価会計導入後,非効率融資を減少させているという結果が示された。

　次に,表5-10では大手銀行を全サンプル(13行),信託・長信銀(7行),都市銀行(6行)に分けて結果を示している。総資産と総資産利益率の変数については,全サンプルで期待される符号条件が得られた。地価の係数は,全サンプルと信託・長信銀について,一貫して有意にマイナスという結果になった。これは,リターンに反して不動産関連融資を増やすという追い貸し行動を示唆している。また都市銀行については,地価に関して有意性が確認されなかった。つまり,リターンとは無関係に非効率業種向け貸出しを続けていることを意味しており,これも追い貸し行動と解釈できる。このように,大手銀行については,非効率な追い貸しの存在が示唆されたのである。

　また時価会計導入の影響については,大手銀行の全サンプルと信託・長信銀のパネル推計の結果から,有意にマイナスという結果が得られた。信託と長信銀については,時価会計の導入が追い貸し行動を是正する方向で一定の役割を

---

[7] 前述のとおり,櫻川(2002)は,1992年以降に不動産関連融資の追い貸し行動が観察されるという実証結果を得ている。

果たしている，と解釈される。これに対して都市銀行の場合，パネル推計の結果は有意ではなく，時価会計導入以降も追い貸しを是正する傾向は観察されない。大手銀行の中でも都市銀行については，時価会計制度の導入が貸出行動の規律付けに寄与しなかったと，解釈されよう。

続いてわれわれは，アンケート回答銀行について基本モデル（1）を推計した。その結果が表5-11にまとめられている。表5-10における地方銀行の結果と同様に，表5-11でも地価の係数が有意なプラスの値となり，おおむね健全な貸出行動になっていることがわかる。これは，アンケート回答銀行31行のうち，ほぼ8割（24行）が地方銀行（残り7行は第2地方銀行）であることからも，整合的な結果といえるだろう。また時価会計導入の影響については，アンケート回答から得られた総合点数をクロスさせたDUMを用いているが，その推計結果は，有意にマイナスであった。したがって新会計制度の導入後に融資基準を

表5-10　地方銀行と大手銀行の推計結果

モデル	定数項	LASSET	ROA	PLAND	DUM
地方銀行（64行）	0.423***	−0.008**	0.063	0.0007***	−0.018***
	(7.21)	(−1.97)	(0.44)	(9.46)	(−6.24)
大手銀行（13行）	0.506***	−0.008	−0.235***	−0.0007***	−0.021***
	(3.94)	(−1.00)	(−3.02)	(−4.83)	(−3.42)
信託・長信銀（7行）	0.238***	0.008	−0.235***	−0.001***	−0.026**
	(2.98)	(1.21)	(−3.44)	(−5.15)	(−2.16)
都市銀行（6行）	0.480*	−0.007	0.119	−0.0001	−0.010
	(1.89)	(−0.48)	(0.21)	(−0.48)	(−1.06)

注）ランダム効果モデルによる推計。カッコ内はWhiteの標準誤差に基づくt値。*，**，***は，それぞれ10％水準，5％水準，1％水準で有意。

表5-11　アンケート回答銀行の推計結果

モデル	定数項	LASSET	ROA	PLAND	DUM
アンケート回答行	0.397***	−0.006	0.158	0.0006***	−0.0008***
	(6.08)	(−1.28)	(0.78)	(8.14)	(−4.14)

注）ランダム効果モデルによる推計。カッコ内はWhiteの標準誤差に基づくt値。*，**，***は，それぞれ10％水準，5％水準，1％水準で有意。ここでのDUMは，アンケート調査（金融業の質問1）の結果に基づく影響度指数とクロスさせたダミー変数である。

大幅に見直した銀行ほど，実際に非効率貸出を減少させたと考えられる。そのような銀行ほど，時価会計制度の導入で期待された規律付けが有効に機能した，と解釈される。

4.2 追加検証とその結果

われわれは，基本モデル（1）の分析に加えて，いくつかの追加検証を行った。第1に，自己資本比率規制に関連した自己資本比率のデータが1993年3月期より入手可能であるため，地方銀行について自己資本比率を含めたモデルを推計した[8]。この推計をした理由は，①先行研究で自己資本比率を含めた推計も行われている（たとえばHosono and Sakuragawa, 2002）ので，調査結果を比較可能な形にしたい，②自己資本比率の算定方法が，2001年3月期に貸出規律が強化される方向で修正されたため[9]，基本推計の結果に，時価会計導入の影響と自己資本比率規制の影響とが混在している可能性を否定できない，ということにある。

基本モデル（1）に自己資本比率を追加したモデルの推計結果が，表5-12にまとめられている[10]。表5-12によれば，自己資本比率についてはHosono and Sakuragawa（2002）と同様に有意なマイナスの値が得られ，DUMの係数は，基本モデルの推計と同じくマイナスで有意な結果が得られた。すなわち，自己資本比率規制の影響をコントロールしても，同じ結果を得たのである。したがって「時価会計導入によって地方銀行の貸出規律が高まり，非効率3業種貸出が減少した」という実証結果は，自己資本比率規制の影響に対して頑健である

---

8) 大手銀行については，合併によるメガバンクの設立が相次ぎ，合併前の各行の自己資本比率をどのようにウェイト付けて合併後の数値と整合性を取るかという問題が発生した。したがって，ここでは大手銀行に関する分析は行っていない。しかし，ここで捉えようとする自己資本比率規制の影響は，規制の厳格化により貸出規律を高める方向に作用するはずであるが，大手銀行（特に都市銀行）については，もともとDUMについて有意な結果が得られていない（表5-10を参照）。したがって，時価会計導入の影響と自己資本比率規制の影響が混同されるという問題は，大手（都市）銀行については生じないと考えられる。
9) この自己資本比率規制の修正により，当該銀行と株式保有関係にある金融機関等からの資本調達額が，自己資本算定の控除項目として明示的に追加され，関連金融機関の引き受けによる自己資本の水増しがより厳しくチェックされることになった。
10) 表5-12の変数CAPは，各行の自己資本比率から基準値（国内基準を適用している銀行は4％，国際基準を適用している銀行は8％）を差し引いた値である。この値の小さい銀行ほど，自己資本比率規制に抵触する確率が高いと考えられる。

§2 新会計基準の設定と銀行の貸出行動

と考えられる。

第2の追加検証として,総資産利益率を経常利益ではなく業務純益を用いて計算し,基本モデルの推計を行った。業務純益は本業の利益をよりよく表わすと言われているからである。地方銀行と大手銀行それぞれについて推計した結果を,表5-13に示した。この結果を表5-10と比較すれば,総資産利益率の符合と有意性は若干異なるが,われわれの主要な関心事である地価およびDUMの係数については,同じ結果が得られたことがわかる。したがって本研究の主要な結果は,総資産利益率の異なる計算方法に対して頑健であると考えられる。

表5-12 追加検証:自己資本比率モデル

モデル	定数項	LASSET	ROA	PLAND	DUM	CAP
地方銀行	0.381***	−0.005	0.080	0.0007***	−0.012**	−0.003***
	(6.26)	(−1.13)	(0.61)	(5.97)	(−5.00)	(−4.98)

注)ランダム効果モデルによる推計。カッコ内はWhiteの標準誤差に基づくt値。*, **, ***は,それぞれ10%水準,5%水準,1%水準で有意。CAPは自己資本比率から基準値(国内基準=4%,国際基準=8%)を差し引いた値である。推計期間は1993年3月期-2002年3月期。

表5-13 追加検証:業務純益/総資産モデル

モデル	定数項	LASSET	ROA	PLAND	DUM
地方銀行(64行)	0.389***	−0.006	0.463**	0.0007***	−0.017***
	(6.22)	(−1.43)	(2.25)	(10.50)	(−5.91)
大手銀行(13行)	0.513***	−0.007	−0.683	−0.0009***	−0.026***
	(4.16)	(−0.92)	(−1.13)	(−5.22)	(−3.72)
信託・長信銀(7行)	0.440***	−0.003	−1.102**	−0.002***	−0.036***
	(4.69)	(−0.37)	(2.08)	(−6.53)	(−3.25)
都市銀行(6行)	0.495*	−0.008	−0.205	−0.0001	−0.010
	(1.83)	(−0.53)	(−0.14)	(−0.44)	(−1.00)

注)ランダム効果モデルによる推計。カッコ内はWhiteの標準誤差に基づくt値。*, **, ***は,それぞれ10%水準,5%水準,1%水準で有意。

第5章　政府規制に与えた影響

5 要約と課題

　本節では，2001年3月期に導入された時価会計制度が銀行の貸出行動における規律向上に寄与したか否かを検証した。まず1990年代の銀行貸出に関する問題として，「貸し渋り」と「追い貸し」という2つの問題を取り上げ，既存文献をサーベイし，特にマクロ的影響という観点から，追い貸し行動の方が潜在的な問題が大きいことを明らかにした。

　その上で，建設・卸小売・不動産業向け貸出(いわゆる「非効率3業種」向け貸出)を説明する推計モデルを設定し，追い貸し行動が観察されるか否か，また，それが時価会計導入後に改善されたか否かを分析した。その結果，地方銀行に関しては，総じて健全な貸出行動が観察され，時価会計導入後に危険貸出しを有意に減少させ，期待される規律付けが機能していることを示す結果が得られた。これに対して大手銀行については，地価が下落し，貸出債権のリターンが低下しているにもかかわらず融資を増やすという追い貸し行動が検出された。とりわけ都市銀行の場合，時価会計の導入後も3業種向け融資を減少させず，新会計基準の設定にもかかわらず追い貸しを継続しているという結果が得られた。

　またアンケート回答銀行についても同様の検証を行い，特に会計制度改革の影響度合いに関するアンケート調査の回答を明示的に反映させて分析を行った。その結果，新会計基準の設定を契機にして融資基準を大幅に見直した銀行ほど，非効率貸出を減少させており，期待される規律付けが有効に機能しているという結果を得た。

　調査結果の頑健性についても可能な範囲で追加検証を行い，自己資本比率規制の影響と総資産利益率の異なる計算方法に対して，調査結果が頑健なものであることを確認した。

　ただし，調査結果の解釈は慎重に行われるべきだと思われる。本節では，2001年3月期以降の会計年度を1とするダミー変数を使用し，それが時価会計制度の導入を意味すると仮定して解釈を行った。しかし厳密には，会計制度改革以外の要因を完全に排除することはできない。たとえば，同時期に外生的な借入需要の変化(不況の深刻化による企業側の借入需要の減少)が生じていたなら

ば,推計結果にその影響が含まれている可能性がある[11]。したがって,その影響を考慮すれば,ダミー変数が有意なマイナスの値になった結果を解釈するには,留保条件を要するであろう。他方,大手銀行については,ダミー変数がもともと有意ではなかったため,その可能性を考慮したとしても,本節で示した結論の解釈には影響しない。むしろ,需要減退の影響を相殺するような貸出の増加(つまり非効率貸出の増加)が観察されたと言うこともできるだろう。都市銀行については,「時価会計制度の導入が貸出行動の規律付けに寄与しなかった」と解釈されるのである。

いずれにせよ,分析結果の解釈に関するこのような問題点を解決し,よりシャープな結論を導き出すためには,企業の借入需要を明示的に分析へ組み込む必要がある。この点は,今後の研究課題としたい。

《参考文献》

小林慶一郎,才田友美,関根敏隆(2002)「いわゆる『追い貸し』について」日本銀行調査統計局Working Paper 02-2.

才田友美,関根敏隆(2001)「貸出を通じた部門間資金再配分のマクロ的影響」日本銀行調査統計局Working Paper 01-16.

櫻川昌哉(2002)『金融危機の経済分析』東京大学出版会.

杉原茂,大田智之(2002)「資産価格の下落と企業のバランスシート調整」原田泰,岩田規久男編『デフレ不況の実証分析―日本経済の停滞と再生』東洋経済新報社,95-120.

杉原茂,笛田郁子(2002)「不良債権と追い貸し」『日本経済研究』44, 63-87.

中小企業庁編(2002)『中小企業白書2002年版』.

深尾光洋・日本経済研究センター編(2000)『金融不況の実証分析』日本経済新聞社.

星岳雄「なぜ日本は流動性の罠から逃れられないのか」深尾光洋・吉川洋編『ゼロ金利と日本経済』日本経済新聞社, 233-266.

堀江康熙(1999)「わが国の『貸し渋り』分析」『経済学研究』65(6), 1-31.

前田努(1996)「わが国銀行業における貸し出しの伸び悩みについて:貸し渋り論に関する考察と実証分析」『フィナンシャル・レビュー』大蔵省財政金融研究所, 131-151.

宮尾龍蔵(2004)「銀行機能の低下と90年代以降のデフレ停滞――『貸し渋り』説と『追い貸し』説の検討」浜田宏一・堀内昭義編『論争 日本の経済危機』日本経済新聞社, 217-243.

宮川努(2003)「『失われた10年』と産業構造の転換――何故新しい成長産業が生まれないのか」岩田規久男・宮川努編『エコノミックス 失われた10年の真因は何か』東洋

---

[11] この点は,本プロジェクト最終報告会にて合間篤史氏(新日本製鉄)からご指摘いただきました。感謝申し上げます。

経済新報社, 39-66.

宮川努, 野坂博南, 橋本守(1995)「金融環境の変化と実体経済」『調査』203, 日本開発銀行.

吉川洋, 江藤勝, 池敏廣(1994)「中小企業に対する銀行の『貸し渋り』について」『経済分析: 政策研究の視点シリーズ第1巻』経済企画庁経済研究所, 1-48.

Hayashi, F., and Prescott E. C. (2002). The 1990s in Japan: A Lost Decade. *Review of Economic Dynamics*, 5, 206-235.

Honda, Y. (2002). The Effects of the Basle Accord on Bank Credit: The Case of Japan. *Applied Economics*, 34, 1233-1239.

Hosono, K., and Sakuragawa, M. (2002). Soft Budget Problems in the Japanese Credit Market. mimeo.

Ito, T., and Nagataki Sasaki, Y. (2002). Impacts of the Basle Capital Standard on Japanese Banks' Behavior. *Journal of the Japanese and International Economies*, 16, 372-397.

Motonishi, T., and Yoshikawa, H. (1999). Causes of the Long Stagnation of Japan during the 1990s: Financial or Real? *Journal of the Japanese and International Economies*, 13, 181-200.

Tsuru, K. (2001). The Choice of Lending Patterns by Japanese Banks during the 1980s and 1990s: The Causes and Consequences of a Real Estate Lending Boom. IMES Discussion Paper 2001-E-8, Bank of Japan.

Woo, D. (1999). In Search of Capital Crunch: Supply Factors behind the Credit Slowdown in Japan. IMF Working Paper.

(宮尾 龍蔵・須田 一幸)

第6章
会計制度改革の影響に関する アンケート調査

　これまでの5つの章で展開された実証研究は，株価と財務数値などを用いた定量的分析である。しかし新しい会計基準の設定による経済的影響には，定量的分析では把握しきれない部分が存在する。また個々の会計基準の経済的影響とは別に，会計制度改革の全体的な経済的帰結を分析することも必要である。そこでわれわれは，会計制度改革の全体的な影響を把握し，会計基準設定の経済的帰結に関する定性的分析を行うため，日本総合研究所と協力してアンケート調査を実施した。2002年8月に「会計基準の変更が企業経営に与えた影響に関するアンケート」を2667社に送付し，734社から回答を得た。本章は§1で，新しい会計基準設定の経済的影響に関するアンケート調査結果を示す。たとえば，企業経営に与えた影響の中で，「子会社と関連会社の管理方法への影響」と「株式持合いへの影響」が最も大きいということがわかった。連結会計基準と有価証券の時価評価基準が相対的に大きな影響を及ぼしたのである。§2では，新しい会計基準と業績連動型報酬制度に関するアンケート調査の結果が要約される。調査結果によれば，経営者と従業員の報酬に会計数値連動型報酬制度を適用する企業が年々増えている。かつては，いずれについても個別財務諸表数値が多用されていたが，経営者報酬制度について近年変化がみられた。すなわち，連結財務諸表数値を経営者報酬制度に使用する企業が増加している。この調査結果と第4章の分析結果が整合していることに注目したい。

§1

アンケート調査の概要と結果

1 はじめに

　最近の相次ぐ会計基準の改訂は，会計基準の国際的調和化を着実に進める一方で，経済情勢の悪化を背景として企業経営に大きな影響を与えていると考えられる。このような企業会計をめぐる環境変化の中で会計基準の変更が企業経営にどのような影響を与えたかを分析するためにこれまで行われた会計基準の変更が，わが国の経済・金融システム・企業経営にどのような影響を与えたかを実証分析する資料として会計基準の変更が企業経営に与えた影響に関するアンケートは実施された。本アンケートは，二部構成となっており，Ⅰ部では企業会計基準変更の影響について質問している。Ⅰ部については，一般企業と金融業(銀行業，証券・商品先物取引業，保険業の3業態)にそれぞれ別のアンケートを送付している。アンケートの配布，回収結果は表6-1である。

　一般企業のアンケートは，質問の種類により3種類に分けられる。ひとつは，多肢選択式の設問であり，もう一方は，リカートスケール式の設問であ

表6-1　アンケート発送，回収の状況

業種	一般企業	金融業	計
配布数	2,533	134	2,667
抽出条件	東証一部，二部，ナスダック・ジャパン，東証マザーズ上場企業(金融業については，非上場企業含む)		
発送日	2002年8月8日		
締切日	2002年9月6日		
	Ⅰ部		
回収数 (回収率)	684 (27.0%)	50 (37.3%)	734 (27.5%)

る。リカートスケール式設問は,会計基準の変更がマイナスの影響を与えたかプラスの影響を与えたかに関する設問と,会計基準の変更が与えた影響の強さに関する設問に分けられる。各設問は,表6-2にある最近(2002年現在)基準が変更された研究開発費会計基準,連結会計中心の開示制度,キャッシュ・フロー計算書の導入,税効果会計の導入,有価証券・デリバティブの時価評価,外貨建取引等会計処理基準,販売用不動産の減損処理,退職給付会計の導入,以上8つの会計基準それぞれについて7点リカートスケールを用いて回答を得ている。

表6-2 1999年以降の会計基準の変更

適用開始	項目	主な内容
2000年3月期	研究開発費	①研究開発費の範囲の明確化 ②発生時費用処理 ③ソフトウェア制作費に関する会計処理の整備
2000年3月期	連結会計	①連結財務諸表中心のディスクロージャー制度 ②支配力基準による連結範囲の決定
2000年3月期	キャッシュフロー計算書	営業キャッシュフロー,財務キャッシュフロー,投資キャッシュフローに区分したキャッシュフローステートメントの作成
2000年3月期	税効果会計	個別財務諸表と連結財務諸表に税効果会計を導入し,繰延税金資産と負債を計上
2001年3月期	売買目的有価証券・デリバティブの時価会計	時価評価し,評価差額を損益に計上
2001年3月期	外貨建取引	①外貨建金銭債権債務については,短期・長期の区分をせず,決算時の為替相場により円換算する ②外貨建有価証券の換算については,満期保有目的の債券は決算時の為替相場により円換算する
2001年3月期	販売用不動産の強制評価減	「販売用不動産等の強制評価減の要否の判断に関する監査上の取扱い」に従い,強制評価減を徹底する
2001年3月期	退職給付会計	①退職給付債務を予測給付債務(PBO)で計上 ②退職給付見積額を積立方法・給付形態を問わ

		ず,統一して処理 ③負債から資産の控除。期待収益の費用からの控除 ④過去勤務債務および数理計算上の差異の規則的費用処理
2002年 3月期	その他有価証券の時価会計	時価評価し,資本の部に直接計上

次の例は,一般企業のリカートスケール式設問,「子会社と関連会社の管理方法」に関する質問12である。

(リカートスケール式設問 例)

質問 12 以下に示した会計基準の変更・新設により,その後,貴社の子会社と関連会社の管理方法を見直したことがありますか。その影響の程度をお答え下さい。

研究開発費会計基準の新設
連結会計中心の開示制度
キャッシュ・フロー計算書の導入
税効果会計の導入
有価証券・デリバティブの時価評価
外貨建取引等会計処理基準
販売用不動産の減損処理
退職給付会計の導入

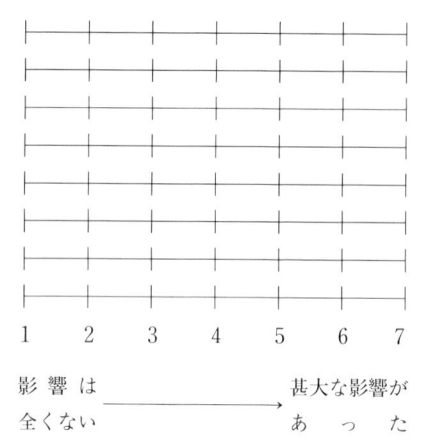

1　2　3　4　5　6　7

影響は　　　　　　　　　甚大な影響が
全くない　　　　　　　　あった

金融業のアンケートも,多肢選択式の設問と,リカートスケール式の設問で構成されるが,リカートスケール式設問のすべてが影響の強さを1から7まで,7点リカートスケールで設定した設問である。

§1 アンケート調査の概要と結果

以下簡単にアンケート結果を整理するが，持合いに関する多肢選択式の設問については，ここでは触れない。

2 一般企業向けアンケート

表6-3は，一般企業向けの各設問について，設問ごとに回答の合計値(各設問ごとに設けられた8つの会計基準の選択値の合計)をとった結果である。

銀行利率，融資枠への影響，資産流動化取引の活用状況への影響，設備投資に対する姿勢への影響，研究開発投資に対する姿勢への影響の4つの設問は，それがプラスに影響したか，マイナスに影響したかについて質問している。したがって，表6-3でプラスでもマイナスでもない場合は，ゼロとなっており，すべての会計基準に回答があれば，最大は24(3×8問)，最小はマイナス24(-3×8問)である。マイナスは，企業にとって不利に，プラスは，企業にとってプラスに働いていると考える。

それ以外の設問(社債に係る財務制限条項の設定状況への影響，株式持合い構造への影響，余剰資金の運用への影響，事業再編や他社との提携などへの影響，子会

表6-3 一般企業向けアンケート結果(1)

設問	標本数	平均	標準偏差	Min	Max
銀行利率，融資枠	607	-0.36	1.98	-24	16
社債に係る財務制限条項	489	13.93	10.11	8	40
資産流動化取引の活用状況	557	0.40	2.28	-24	12
株式持合い	602	15.86	10.38	8	45
余剰資金の運用	603	14.76	9.50	8	44
設備投資	612	-0.70	3.51	-24	8
研究開発投資	603	-0.47	3.19	-24	8
事業再編や他社との提携	614	15.89	10.41	8	42
子会社と関連会社の管理方法	605	18.73	10.55	8	51
与信基準と決済条件	617	15.13	10.10	8	48
人事政策	613	14.02	9.11	8	41

社と関連会社の管理方法への影響,取引先企業について与信基準と決済条件などの見直し,人事政策への影響の各設問)については影響の程度を7段階で質問している。したがって,最低は,すべて記載があれば8(1×8問),最大は56(7×8問)である。

まず,プラスの影響か,マイナスの影響かを聞いた設問について見る。

資産流動化以外の3つの設問は,マイナスの影響があり,資産流動化取引の活用についてはプラスの影響があった。その程度は,設備投資については高くなっている。研究開発投資については,研究開発投資を行っていないような業種も含まれることから低くなっているが,これを研究開発投資と設備投資の関係について見たものが図6-1である。

横軸は設備投資に対する会計基準変更の影響を示す。縦軸は研究開発投資に対する会計基準変更の影響を示す。これを業種別(証券コード協会中分類)に調べると,標本が右上方に集中するもの,横に水平に並ぶもの,対角線上に並ぶものの3つに分けられる。標本が右上方に集まるものは,設備投資にも研究開発投資にも影響を受けなかった業種であり,製造業以外の業種ではおおむね影響が乏しかったと考えられるが,建設業などでは水平に並んでおり,これは設備投資には影響があったが,研究開発投資には影響のなかった業種だからである。

対角線上に並んでいる業種は,いずれの投資にも影響のあった業種である。

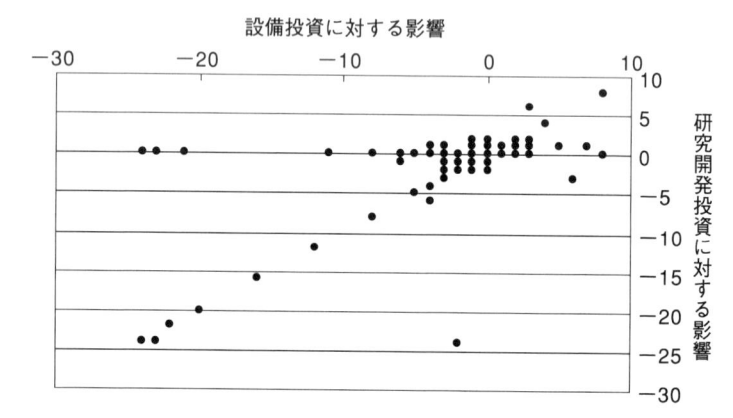

図6-1 設備投資と研究開発投資に対する会計基準変更の影響

§1 アンケート調査の概要と結果

輸送用機器や機械などは対角線上に並んでいるが，並び方は，影響の強かった数社と，影響のなかった企業に分かれる。設備投資と研究開発投資が対角線上にのるか否か，言い換えると設備投資に対する影響とある線形の関係で研究開発投資にも影響があるような企業には，業種的特徴が認められる。

次に，強度についての設問を見ると，子会社と関連会社の管理方法への影響の平均がもっとも高く，続いて，余剰資金の運用への影響，事業再編や他社との提携などへの影響，取引先企業について与信基準と決済条件などの見直し，株式持合い構造への影響が続く。社債に係る財務制限条項の設定状況への影響は，社債を発行していない企業には影響はないはずなので(すなわち平均は低いので)，その水準と比較して，余剰資金の運用への影響や人事政策への影響は概して低かったものと考えられる。標準偏差から見ると，強度の高いものほど，おおむねばらつきの程度も高く，この点は，プラスの影響かマイナスの影響かについての設問についても同様である。

子会社と関連会社の管理方法への影響が高いことは，言い換えると連結会計中心の開示制度への移行という基準変更の影響が大きかったことを意味する。この点については，後に触れる。図6-2は，子会社と関連会社の管理方法への影響についての設問について先の業種コード中分類にしたがって建設業と電気機器産業についてのヒストグラムを表示したものである。

縦軸は度数を，横軸は強度を示す。業種ごとにグラフの形状を見ると，右下がりのもの，U字型のもの，水平のものに分けられる。U字型のものは，強度の認識が強いグループと低いグループに分かれる業種であり，水平のものはサ

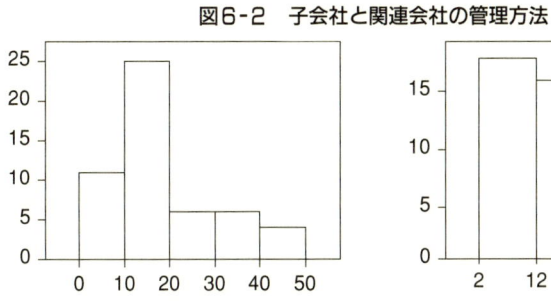

図6-2　子会社と関連会社の管理方法

建　設　業　　　　　　　　　電気機器

表6-4　一般企業向けアンケート結果（2）

基準	標本数	平均	標準偏差	Min	Max
研究開発費	469	11.83	7.18	7	33
連結会計	470	16.43	8.16	7	40
キャッシュ・フロー計算書	474	15.05	8.11	7	44
税効果会計	473	13.55	7.51	7	40
有価証券時価評価	468	15.58	8.16	7	44
外貨建取引	466	12.12	7.18	7	33
販売用不動産	452	12.11	7.32	7	38
退職給付会計	469	14.95	8.04	7	47

ンプルが少ないことによりそのような形状になっているが，多くの業種で強いグループと低いグループに分かれると考えられる。他産業と比べて影響が高いとする回答の度数が高かったのは，電気機器産業である。

表6-4は，一般企業向けの各設問のそれぞれに設けられた8つの会計基準ごとにその選択値の合計を全設問についてとった結果を示す。設問は全部で11問，うち4問はプラスかマイナスかを聞く質問なので絶対値をとり合計すると，最大61（3×4問＋7×7問＝61），最小7（0×4問＋1×7問＝61）である。

平均からみてもっとも影響の大きかったのは，連結会計中心の開示制度への移行（表6-4　連結会計）であり，続いて，有価証券・デリバティブの時価評価やキャッシュ・フロー計算書の導入である。時価主義の影響が一般的には会計基準の変更の問題として重視されたが，連結会計中心の開示制度への移行やキャッシュ・フロー計算書の導入などの影響も強かったという結果は，連結会計が単なる個別財務諸表の合算である以上の影響を秘めるもので，今後この関連の分析が必要であることを示すものと考えられる。

3 金融業向けアンケート

表6-5は，金融業向けアンケートについて設問別に結果を整理したもので

§1 アンケート調査の概要と結果

表6-5 金融業向けアンケート結果(1)

設問	標本数	平均	標準偏差	Min	Max
融資基準(審査基準), 融資額	46	18.15	9.81	8	42
債権管理	46	18.30	8.79	8	39
長期・短期資金(資産)運用	47	16.80	8.80	8	40
株式持合い構造	46	13.10	6.97	8	34
提携, 統合	47	12.23	8.08	8	41
子会社と関連会社の管理方法	48	20.89	11.24	8	46
人材政策	46	12.08	5.04	8	26

ある。これらの設問は，影響の程度を7段階で質問しているので，最低は，すべて記載があれば8，最大は56で，一般企業と合計は同じである。平均からみて，もっとも影響の大きかったのは，子会社と関連会社の管理方法の見直しであり，続いて融資基準(審査基準)，融資額などの見直し，債権管理への影響が続く。子会社と関連会社の管理方法の影響が強い結果は，一般企業と同様である。

図6-3は，子会社と関連会社の管理方法の見直しについて，銀行業のヒストグラムを示したものである。

銀行業では，20から30の範囲に最も多くの企業が入っている。証券業や保険業ではサンプルが十分でないため，横に水平となっているが，おおむね影響が高いと感じる企業と低いと感じる企業に同じ業種でも分かれる。保険業では，高いとする企業の水準がほかの2業態よりもいくらか低い。

表6-6にあるように，金融機関向けの設問は，一般企業向けの設問と同じ内容を金融機関向けに書き直したものとなっている。プラスの影響かマイナスの影響かを質問した「銀行利率，融資枠への影響」と一般企業に設問のない「長期・短期資金(資産)運用への影響」をのぞいて

図6-3 子会社と関連会社の管理方法(銀行)

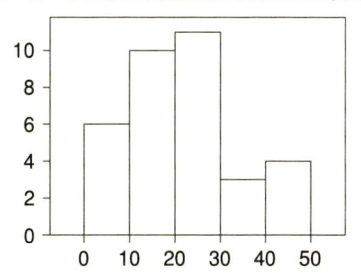

第6章　会計制度改革の影響に関するアンケート調査

表6-6　一般企業と金融業の平均値の比較(1)

金融業(平均値)	一般企業(平均値)
債権管理への影響　(18.30)	取引先企業について与信基準と決済条件などの見直し　(15.13)
株式持合い構造への影響　(13.10)	株式持合い構造への影響　(15.86)
他社との提携，統合などに関する事業環境への影響　(12.23)	事業再編や他社との提携などへの影響　(15.89)
子会社と関連会社の管理方法の見直し　(20.89)	子会社と関連会社の管理方法への影響　(18.76)
人材政策への影響　(12.08)	人事政策への影響　(14.02)

比較すると「子会社と関連会社の管理方法の見直し」は両アンケートとも高くなっているが，「株式持合い構造への影響」や提携に関する設問，「人事政策への影響」は，金融業で低くなっている。また，一般企業と金融業を比較すると金融業のほうが，影響の強弱がより明確で，影響が強かったものは平均が相対的に高い水準となっている。

表6-7では基準ごとの回答結果を整理した。金融業では，有価証券・デリバティブの時価評価が最も高く，次に連結会計中心の開示制度への移行が高い。

表6-8では，一般企業と金融業の基準ごとの回答の平均値を比較した。平均の高いものから順にみると，連結会計中心の開示制度への移行はほぼ同程度で少し一般企業が高い。有価証券・デリバティブの時価評価は，両者とも高いが，金融業のほうがかなり高い。キャッシュ・フロー計算書の導入は，一般企業では高いが，金融業では低めである。金融業でキャッシュ・フロー計算書の導入と同程度の水準に，税効果会計の導入や退職給付会計の導入があり，金融業においては，これら基準の変更はそれほど大きく影響していないと考えられる。一般企業の退職給付会計の導入は，金融業と同じ程度の水準ながら，相対的には，強い影響があったとみられる。これは全般に一般企業では金融業より，影響の有無を判断するとした場合の基準値が低めと考えられるからである。

§1 アンケート調査の概要と結果

表6-7 金融業向けアンケート結果(2)

基準	標本数	平均	標準偏差	Min	Max
研究開発費	44	9.22	3.12	7	20
連結会計	45	16.28	7.59	7	38
キャッシュ・フロー計算書	45	14.31	7.39	7	39
税効果会計	43	14.41	7.07	7	31
有価証券時価評価	45	17.13	7.75	7	37
外貨建取引	45	11.26	5.35	7	28
販売用不動産	43	11.20	4.27	7	23
退職給付会計	44	14.93	7.05	7	32

表6-8 一般企業と金融業の平均値の比較(2)

基準	一般企業平均	金融業平均
研究開発費	11.83	9.22
連結会計	16.43	16.28
キャッシュ・フロー計算書	15.05	14.31
税効果会計	13.55	14.41
有価証券時価評価	15.58	17.13
外貨建取引	12.12	11.26
販売用不動産	12.11	11.20
退職給付会計	14.95	14.93

4 要約と課題

　会計基準の変更の影響が大きかったのは，一般企業，金融業ともに「子会社と関連会社の管理方法」である。一般企業では，余剰資金の運用への影響，事業再編や他社との提携などへの影響，取引先企業について与信基準と決済条件などの見直し，株式持合い構造への影響がこれに続く。また，会計基準の側から見ると連結会計中心の開示制度への移行は両者共に高い。有価証券・デリバ

ティブの時価評価は,両者とも高いが,金融業のほうがより高い。

　会計基準に対する影響に関する企業担当者の印象は,アンケートを実施する時点によって変化するのではないかと考えられる。たとえば,ある企業からは,時価主義への移行と持ち合い解消の関係について,当初思ったほど持合い解消の動きは大きくなかったという回答があった。時価主義への移行直後は,時価主義への移行に対する不安が高かったが,調査時点では,それほどでもなかったということは十分に考えられる。今回のアンケートに関しては,何人かの企業担当者から,直接会計基準の変更で企業行動が変化するわけではないとの指摘があった。一方で企業が会計基準の変更を前にして敏感に反応するという現実から,回答者の主観と企業の財務諸表上の結果がどの程度対応するのかなど検討されるべき課題は多い。

（井上　研司）

§2
インセンティブ・システムに関する調査結果

1 はじめに

　経営の効率化が求められる中，日本企業においては賃金制度の見直しが進められており，業績連動型報酬制度が多くの企業で採用されている。このような業績連動型報酬制度において，会計情報は重要な役割を果たしていると考えられる。本アンケートは，従業員の成果配分制度について，会計数値連動型報酬制度導入の有無，導入時期，原資算定基準，従業員の報酬総額における業績連動部分の割合，成果配分制度変更の有無などを確認している。また，経営者報酬についても同様の項目を確認すると同時に株価連動型報酬制度導入の有無を尋ねている。本アンケートの第1の目的は，従業員への会計数値連動型報酬制度，経営者への会計数値連動型報酬制度，経営者への株価連動型報酬制度を比較することにより，企業の業績連動型報酬制度導入の実態を明らかにすることである。

　第2の目的は，これまでに行われた会計基準の変更がインセンティブ・システムにどのような影響を与えたかを実証分析するための材料を提供することにある。すなわち，「第4章　インセンティブ・システムに与えた影響」における乙政，首藤による新会計基準設定前後における，会計利益と経営者報酬の相関比較分析へのデータを提供することである。ここでは，第4章との重複を避けて，企業の業績連動型報酬制度導入の実態に絞って紹介するものである。

第6章　会計制度改革の影響に関するアンケート調査

アンケート調査表の骨子

分野	NO	質問文	回答方法[1]
従業員に対する成果配分制度について	質問1	売上高や利益などの会計数値をベースにして，従業員にボーナスなどを支給する成果配分制度を設けている企業があります。貴社は成果配分制度を導入していますか。	SA
	質問2	従業員に対する成果配分制度を導入したのはいつですか。	SA
	質問3	原資の算定に用いる会計数値は，貴社単独の会計数値ですか，それとも連結の会計数値ですか。中心となるものについてお答えください。	SA
	質問4	成果配分制度において，その原資を決定する方法をお聞きします。原資の算定基準となる会計数値のなかで中心となるものを一つお答え下さい。	SA
	質問5	従業員の報酬総額(基本給＋賞与＋ストックオプションなど長期インセンティブ)における業績連動部分の割合について教えてください。	SA
	質問6	一旦導入した成果配分制度に変更を加えたことがありますか。	SA
	質問7	成果配分制度における原資の決定方法に，最も大きな変更を加えた年度はいつですか。	SA
	質問8	成果配分制度を大きく変更する以前は，どのような会計数値に基づいて原資を算定していましたか。原資の算定基準となっていた会計数値のなかで中心となるものを，単独の数値か，連結の数値かを明確にした上で一つお答え下さい。	SA
経営者に対する	質問9①	貴社は株価連動型報酬制度(ストックオプションなど)を設けていますか。	SA
	質問9②	貴社は会計数値連動型報酬制度を設けていますか。	SA
	質問10	報酬額の算定に用いる会計数値は，貴社単独の会計数値ですか，それとも連結の会計数値ですか。中心となるものについてお答えください。	SA
	質問11	利益などの会計数値に連動した経営者報酬制度を設けている企業にお聞きします。会計数値連動型報酬制度におい	SA

202

§2 インセンティブ・システムに関する調査結果

業績連動型報酬制度について		て，報酬額を決定するとき算定基準となる会計数値のなかで中心となるものを一つお答え下さい。	
	質問12	経営者の報酬総額(基本給＋賞与＋ストックオプションなど長期インセンティブ)における業績連動部分の割合について教えてください。	SA
	質問13	経営者の会計数値連動型報酬額を決定する場合に，何らかの基準となる数値は設定されていますか。	MA
	質問14	一旦導入した会計数値連動型報酬額を決定する方法に変更を加えたことがありますか。	SA
	質問15	現在の会計数値連動型報酬額を決定する方法に，最も大きな変更を加えた年度はいつですか。	SA
	質問16	会計数値連動型報酬制度を大きく変更する以前は，どのような会計数値に基づいて報酬額を算定していましたか。基準となる会計数値のなかで最も中心となるものを単独の数値か，連結の数値かを明確にした上で一つお答え下さい。	SA

注)1．回答方法において，SAは単数回答，MAは複数回答，FAは自由記述回答を意味する。(FA以外についても各設問に自由記述欄を設けている。)

アンケート調査票の配布対象・方法および回収状況

配布数	2667
抽出条件	一部，二部上場企業，ナスダック・ジャパン，東証マザーズ上場企業(金融業については，非上場企業含む)
発送日	2002年8月8日
締切日	2002年9月6日
回収数(回収率)	644(24.1%)

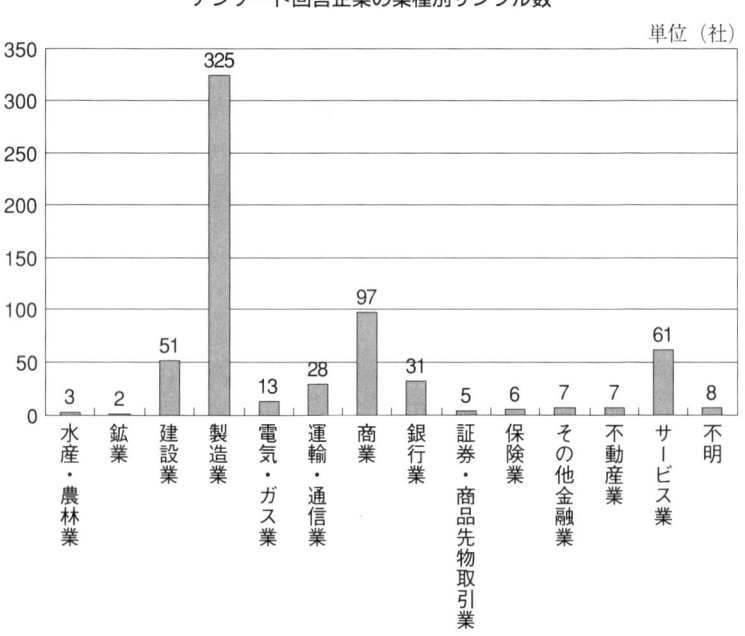

アンケート回答企業の業種別サンプル数

単位（社）

業種	サンプル数
水産・農林業	3
鉱業	2
建設業	51
製造業	325
電気・ガス業	13
運輸・通信業	28
商業	97
銀行業	31
証券・商品先物取引業	5
保険業	6
その他金融業	7
不動産業	7
サービス業	61
不明	8

2 アンケート結果

2.1 業績連動型報酬制度設定の有無

従業員に対しては会計数値連動型報酬制度が1/3強の企業に設けられている。

経営者に対しては会計数値連動型報酬制度が9％にしか設けられていないのに対し，株価連動型報酬制度が22％に設けられている。これは，"経営者は企業よりも株主に対して責任を持っている"と考えている企業が相対的に多いからと解釈できる。

次に20以上のサンプル数を得た建設業，製造業，運輸・通信業，商業，銀行業，サービス業について業種別に比較すると，商業は従業員に対する会計数値連動型報酬制度，経営者に対する会計数値連動型報酬制度および株価連動型報酬制度のすべての項目において設定企業の比率が全体平均を上回っており，業績連動型報酬制度設置に積極的といえる。逆に建設業，製造業，銀行業はすべての項目において全体平均を下回っている。また，サービス業は従業員に対す

§2 インセンティブ・システムに関する調査結果

る業績連動型報酬制度設置は進んでいないが，経営者に対する業績連動型報酬制度設置には積極的であるといえる。

図6-4 業績連動型報酬制度設定の有無

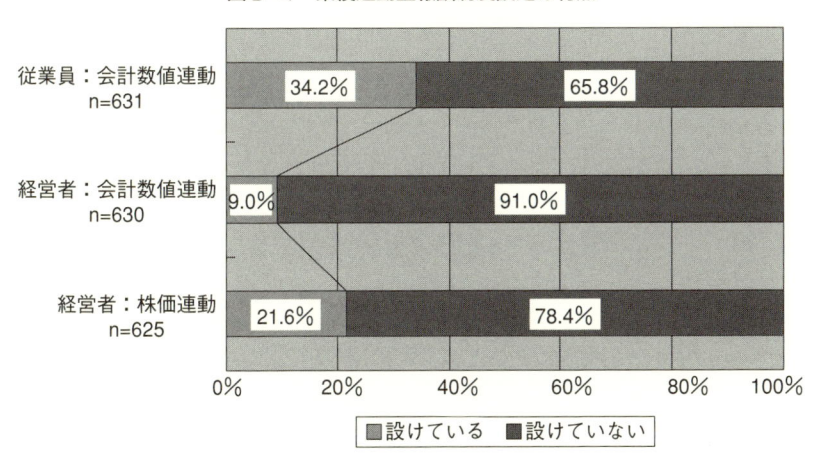

区分	設けている	設けていない
従業員：会計数値連動 n=631	34.2%	65.8%
経営者：会計数値連動 n=630	9.0%	91.0%
経営者：株価連動 n=625	21.6%	78.4%

図6-5 業種別 業績連動型報酬制度設定企業の比率

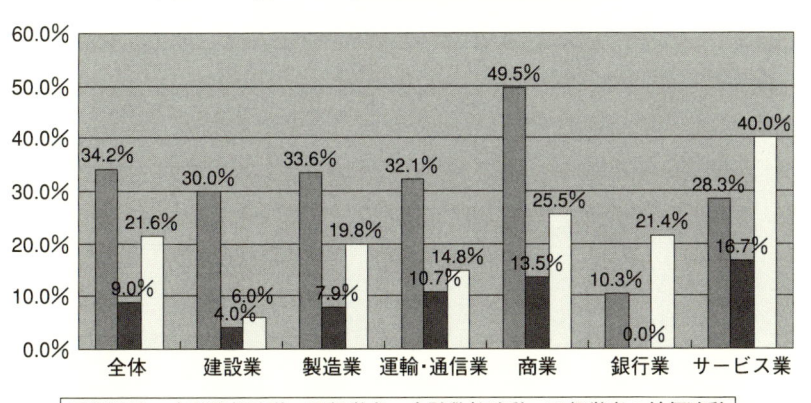

業種	従業員：会計数値連動	経営者：会計数値連動	経営者：株価連動
全体	34.2%	9.0%	21.6%
建設業	30.0%	4.0%	6.0%
製造業	33.6%	7.9%	19.8%
運輸・通信業	32.1%	10.7%	14.8%
商業	49.5%	13.5%	25.5%
銀行業	10.3%	0.0%	21.4%
サービス業	28.3%	16.7%	40.0%

2.2 業績連動型報酬制度設定の時期(時期は暦年)

　従業員に対する会計数値連動型報酬制度設定の時期は、半数の企業が2000年以降の設定であり設定企業数は年々増加の傾向にある。

　経営者に対しては、会計数値連動型報酬制度、株価連動型報酬制度とも約7割の企業が2000年以降の設定であるが、会計数値連動型は設定企業数が漸増傾向にあるのに対し、株価連動型は2000年をピークとして設定企業数が減少傾向である。(本調査は2002年8月8日〜9月6日にかけて実施したものであり、2002年の実績については1月〜8月頃までの実績と考えられる。)

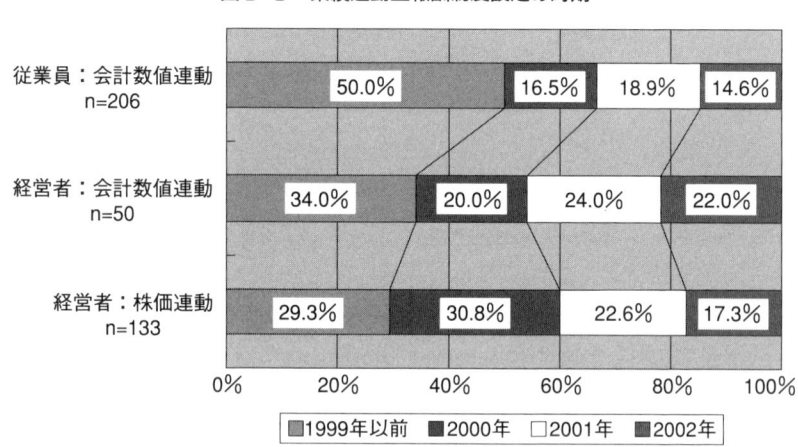

図6-6　業績連動型報酬制度設定の時期

	1999年以前	2000年	2001年	2002年
従業員:会計数値連動 n=206	50.0%	16.5%	18.9%	14.6%
経営者:会計数値連動 n=50	34.0%	20.0%	24.0%	22.0%
経営者:株価連動 n=133	29.3%	30.8%	22.6%	17.3%

2.3 会計数値連動型報酬制度における報酬総額にしめる連動部分割合

　従業員に対する報酬総額にしめる連動部分割合は、50%弱の企業が20%未満の連動割合、90%弱の企業が40%未満の連動割合である。一方、経営者に対する報酬総額にしめる連動部分割合はバラツキがみられる。これは"経営者報酬は従業員報酬よりも業績を反映すべき"と考えている企業が相対的に多いからと解釈できる。

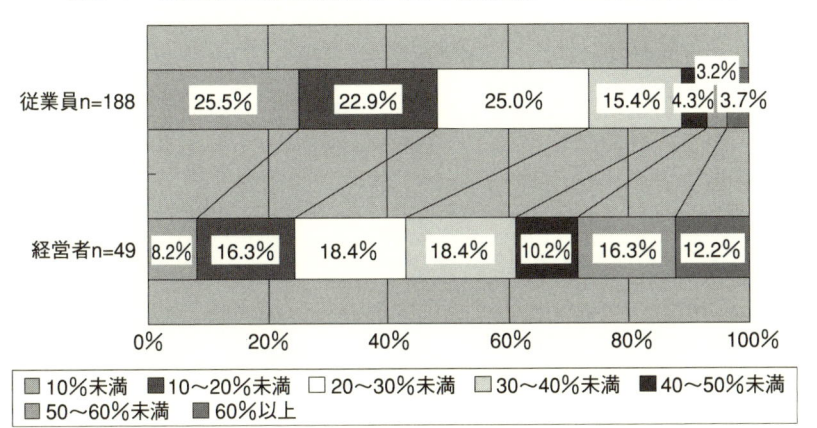

図6-7 会計数値連動型報酬制度における報酬総額にしめる連動部分割合

従業員 n=188: 25.5% | 22.9% | 25.0% | 15.4% | 4.3% | 3.7% | 3.2%
経営者 n=49: 8.2% | 16.3% | 18.4% | 18.4% | 10.2% | 16.3% | 12.2%

凡例：■10%未満　■10～20%未満　□20～30%未満　■30～40%未満　■40～50%未満　■50～60%未満　■60%以上

2.4 会計数値連動型報酬制度の(原資)算定基準：単独数値か連結数値か

従業員に対する会計数値連動型報酬制度の算定基準については，2割弱の企業が連結数値・8割強の企業が単独数値である。一方，経営者に対する算定基準は5割強の企業が連結数値・5割弱の企業が単独数値である。これは，"従業員は自社のみの業績に責任を持っている"と考えている企業が多く，"経営者は連結企業全体の業績に責任を持っている"と考えている企業と"経営者は

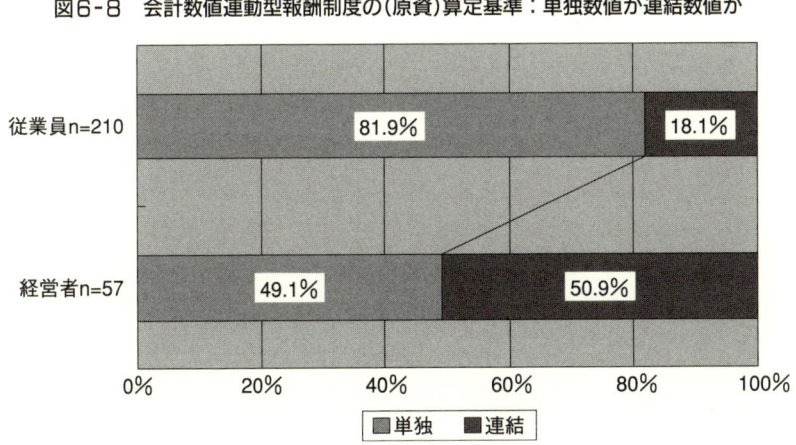

図6-8 会計数値連動型報酬制度の(原資)算定基準：単独数値か連結数値か

従業員 n=210: 単独 81.9% | 連結 18.1%
経営者 n=57: 単独 49.1% | 連結 50.9%

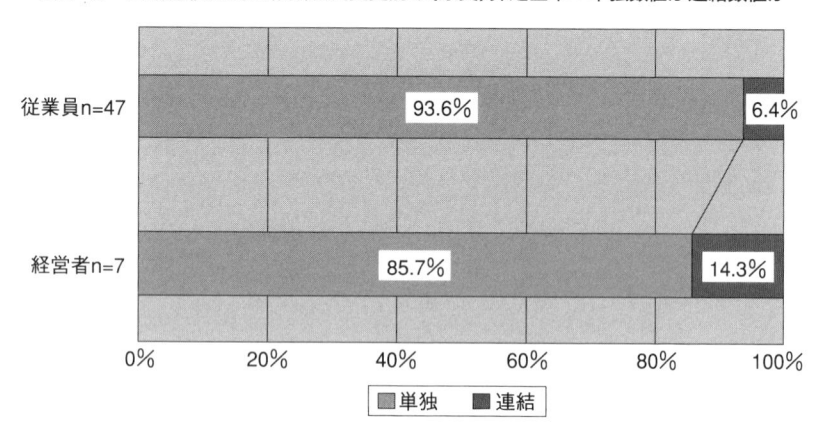

第6章 会計制度改革の影響に関するアンケート調査

図6-9 会計数値連動型報酬制度変更前の(原資)算定基準：単独数値か連結数値か

従業員n=47　93.6%　6.4%
経営者n=7　85.7%　14.3%

■単独　■連結

自社のみの業績に責任を持っている"と考えている企業がほぼ等しいからと解釈できる。

次に会計数値連動型報酬制度に大きな変更を加えたことがある企業に対して，制度変更前の算定基準についてたずねた。従業員に対する算定基準については，6％の企業が連結数値・94％の企業が単独数値であり，経営者に対する算定基準については，86％の企業が連結数値・14％の企業が単独数値である。特に経営者に対する算定時基準について，制度を変更して連結数値の利用を進めていることがうかがえる。

2.5 会計数値連動型報酬制度(原資)算定基準：使用する会計数値

従業員に対する会計数値連動型報酬制度の算定に使用する数値については，それぞれ40％弱の企業が営業利益か経常利益を使っている。一方，経営者に対する使用数値については，1/3強の企業が当期純利益を使っており最も多い。これは，"従業員は企業と契約しており営業利益または経常利益に責任を持っている"と考えている企業が多く，"経営者は株主と契約しており配当の原資となる当期純利益に責任を持っている"と考えている企業が多いからと解釈できる。

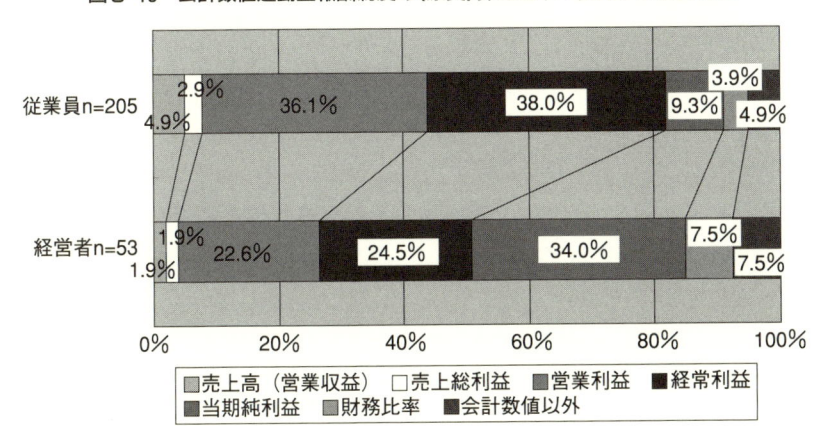

図6-10 会計数値連動型報酬制度の(原資)算定基準：使用する会計数値

従業員n=205: 2.9% | 4.9% | 36.1% | 38.0% | 9.3% | 3.9% | 4.9%
経営者n=53: 1.9% | 1.9% | 22.6% | 24.5% | 34.0% | 7.5% | 7.5%

■売上高（営業収益）　□売上総利益　■営業利益　■経常利益
■当期純利益　■財務比率　■会計数値以外

3 要約と課題

3.1 アンケート結果の要約

　本アンケートの目的は，従業員および経営者に対する業績連動型報酬制度導入の実態を明らかにすることであり，次のような事実が観測された。

　従業員に対する会計数値連動型報酬制度については，1/3強の企業が導入しており，新たに導入する企業数は年々増加している。また，報酬総額にしめる連動部分割合は約9割が40％未満の割合である。そして，原資算定基準には8割強の企業が単独数値を用いており，営業利益か経常利益を使用している企業が多い。

　経営者に対する業績連動型報酬制度については，会計数値連動型報酬制度が9％にしか設けられていないのに対し，株価連動型報酬制度が22％に設けられている。ただし，会計数値連動型報酬制度を新たに導入する企業数は年々増加している。また，経営者に対する報酬総額にしめる連動部分割合はバラツキがみられ，従業員におけるケースと比較すると連動部分割合は相対的に高くなっている。そして，原資算定基準として，連結数値・単独数値を用いる企業はそれぞれ5割程度であり，当期純利益を使用している企業が最も多い。

3.2 今後の課題

本アンケートでは，多くの企業の方にご協力いただき，業績連動型報酬制度の導入実態について興味深い情報を収集することができた。

しかしながら，経営者に対する会計数値連動型報酬制度については導入企業数が50社であった。導入企業数は年々増加傾向にあるものの，調査を行うにはやや時期尚早であり，充分な分析を加えるサンプル数を確保したとはいえない。より信頼性の高い研究を行うために，会計数値連動型報酬制度の導入がさらに浸透した時点で改めて調査を行い，時系列で観察していくことが必要であろう。

(中川　隆哉)

終章
総括と展望

　1999年から2002年にかけて，多くの新しい会計基準が設定された。おそらく，会計基準がこれほど変化した時代は過去になかっただろう。須田・百合岡(2002)のクラスター分析によれば，日本は2002年3月期を境にして，フランコ・ジャーマン型会計基準からアングロ・アメリカ型会計基準に転換したという。2000年前後に新しく設定された会計基準をまとめると表7-1のようになる。

表7-1　2000年前後に設定された新会計基準

適用開始	項目	主な内容
2000年3月期	研究開発費	①研究開発費の範囲の明確化 ②発生時に費用として処理 ③ソフトウェア制作費の会計処理の整備
2000年3月期	連結会計	①連結財務諸表中心の開示制度 ②支配力基準による連結範囲の決定
2000年3月期	キャッシュフロー計算書	営業キャッシュフロー・財務キャッシュフロー・投資キャッシュフローに区分したキャッシュフロー計算書の作成
2000年3月期	税効果会計	個別財務諸表と連結財務諸表に税効果会計を導入し，繰延税金資産と繰延税金負債を計上
2001年3月期	売買目的有価証券の評価	売買目的有価証券を時価評価し，評価差額を損益に計上
2001年3月期	外貨建取引等会計処理	①外貨建金銭債権債務については，短期・長期の区分をせず，決算時の為替相場により円換算する ②外貨建有価証券の換算については，満期

終章　総括と展望

		保有目的の債券は決算時の為替相場により円換算する
2001年3月期	販売用不動産の強制評価減	「販売用不動産等の強制評価減の要否の判断に関する監査上の取扱い」に従い，強制評価減を徹底する
2001年3月期	退職給付会計	①退職給付債務を予測給付債務で計上 ②退職給付見積額を積立方法・給付形態を問わず，統一して処理 ③過去勤務債務および数理計算上の差異の規則的な費用処理
2002年3月期	その他有価証券の評価	その他有価証券を時価評価し，評価益を資本の部に直接計上

　本書は，この劇的な会計制度改革の経済的帰結を実証分析した。すなわち新しい会計基準の経済的影響を，①証券市場に与えた影響，②企業経営に与えた影響，③政府規制に与えた影響に分けて調査したのである。それぞれの調査結果を以下で要約し，それが会計基準設定について示唆することを述べる。

(1) 証券市場に与えた影響の分析結果

　本書では第1に，会計情報と株価の一般的関係を分析した。そもそも利益情報や資産情報が株価と無関連ならば，新しい会計基準の設定が証券投資意思決定に与えた影響を調査しても意味がないからである。そこで，利益情報と資産情報の株価関連性を1965年から2001年までの長期間について観察したところ，利益・純資産モデルの株価説明力が，利益モデルおよび純資産モデルよりも大きいことが判明した。これは，損益計算書(利益情報)と貸借対照表(資産情報)が補完しあって投資家に株価関連情報を提供することを意味しており，いずれかの情報提供に偏った基準設定は望ましくない，ということを示唆している。

　第2に，新しい会計基準が設定された前後のビッド・アスク・スプレッドの変化を調査した。ビッド・アスク・スプレッドに影響を及ぼす要因(出来高など)をコントロールして，ビッド・アスク・スプレッドの水準を計数化したところ，2000年4月を基準時点としたときに最も大きなマイナスの値が観察された。つまり，新しい会計基準が設定された後の期間におけるビッド・アスク・

スプレッドが，それ以前の期間に比べて小さくなり，株式の市場流動性が高まったということである。とりわけ，連結範囲の拡充と減損会計の早期適用が，ビッド・アスク・スプレッドの低下に結びついた。これは，新しい会計基準設定のベネフィットを示す証拠となる。

また，研究開発費会計基準に従い研究開発費を即時費用処理すれば，研究開発資産はオフ・バランスとなるが，そのような項目の多い企業ほど，ビッド・アスク・スプレッドが大きいこともわかった。これは，研究開発費を無条件に即時費用処理しても会計情報の有用性は増加しない，ということを示唆している。

第3に，研究開発型企業について，研究開発費会計基準と退職給付会計基準の公開草案が発表された前後の株価変動を分析した。その結果，研究開発型企業の株価は，研究開発費会計基準の公開草案が発表されたとき有意に下落し，退職給付会計基準の場合は統計的に有意な変化が観察されなかった。つまり，研究開発費会計基準は，研究開発型企業のビッド・アスク・スプレッドと株価変動の両方に悪影響をもたらしたのである。これは，研究開発費会計基準のコストを示す証拠となる。

（2）企業経営に与えた影響の分析結果

新会計基準が企業経営に与えた影響について，本書では第1に，退職給付会計基準が研究開発型企業の研究開発投資に与えた影響を調査した。その結果，退職給付会計基準は企業の研究開発投資に有意な影響を与えていないことがわかった。研究開発活動は企業の生命線であり，退職給付会計基準の設定には左右されないのであろう。ただし，研究開発型企業は退職給付会計基準の適用にあたって，研究開発投資に支障がないよう退職給付債務を裁量的に計上することが判明した。ここに，企業の戦略的会計行動が観察されたのである。

第2に本書は，新しい会計基準の設定と株式相互持合いと企業業績の三者関係を分析した。その結果，連結会計と時価会計の影響が大きい企業ほど，持合い株式を多く放出していることがわかった。ジャーナリズムが指摘するように（「日本経済新聞」2002年3月22日付），新しい会計基準の設定は，確かに株式相互持合いの解消を促している。さらに注目すべきは，持合い株式の放出割合と

企業業績(トービンのq)の間に，統計的に有意な正の関係が観察されたことである。これは，企業業績が高まるように持合い株式が放出されている，ということを意味する。すなわち，新しい会計基準の設定を契機として，各社は企業業績を高める方向で持合い株式を合理的に放出していると解釈される。これは，新しい会計基準設定のベネフィットを示す証拠として位置づけられよう。

　第3に本書では，有価証券の時価評価基準が社債契約に与える影響を分析した。1996年1月から2001年9月までに発行された無担保社債1779銘柄について，有価証券時価評価に係る公開草案が公表される前後の社債契約を調べたところ，財務制限条項は公開草案の公表後に統計的に有意に減少していることがわかった。しかも，有価証券の時価評価の影響が大きい企業の社債ほど，財務制限条項が設定されていない。時価会計によれば，利益と純資産額のボラティリティは増大し，財務制限条項に抵触する確率が高まるからであろう。

　これまで設定されていた財務制限条項がなくなれば，(他の条件が等しい限り)その社債のリスクは増大する。もし社債投資家が合理的なら，それに見合うリターンを要求するだろう。その結果，社債の利率は増加すると考えられる。そこで，公開草案の公表前後の社債利率を調査したところ，特約を設定している社債の利率は変化していないが，特約を設けていない社債については，利率が有意に増加していたのである。要するに，有価証券の時価評価基準により，財務制限条項を設定する慣行は後退し，起債会社は利率の増加という形で追加的なコストを負担したのである。

　第4に本書では，新しい会計基準の設定がインセンティブ・システムに与える影響を分析した。最初に，1986年から2001年までの個別財務諸表の利益と経営者報酬の関係を分析した。その結果，経営者報酬は会計利益と連動していることが明らかになった。次に，経営者報酬と会計利益の関係を，個別財務諸表と連結財務諸表の利益について比較した。その結果，2000年以前は個別財務諸表の利益が大きな説明力を持ち，連結会計中心の開示制度が導入された2000年3月期以降は，個別財務諸表利益の相対的説明力が小さくなった。これは，経営者報酬制度で連結会計利益が活用されていることを示唆する。もし，連結会計中心の開示制度を契機にして，各企業がインセンティブ・システムを変更したのであれば，新しい会計基準の設定で企業は追加的なコストを負担したこと

になる。

　さらに本書では，アンケート調査のデータを用いて，インセンティブ・システム（業績連動型の経営者報酬制度と従業員向けの成果配分制度）の導入に積極的な企業について分析をした。その結果，①退職給付会計基準の影響が小さい企業ほどインセンティブ・システムを積極的に導入し，②外国法人持株割合が高く，持合い株式放出割合の大きい企業ほど，インセンティブ・システムを積極的に導入していることが判明した。インセンティブ・システムの構築に向けて，退職給付会計基準はネガティブな影響を与えたのである。

(3) 政府規制に与えた影響の分析結果

　新会計基準が政府規制に与えた影響について，本書では第1に，税効果会計基準の設定が銀行の自己資本比率規制に及ぼした影響を分析した。その結果，①税効果会計が銀行の不良債権処理を促進し，②銀行は，自己資本比率規制に抵触する可能性を見据えて，裁量的に繰延税金資産を計上していることがわかった。①は税効果会計基準の社会的ベネフィットを示し，②は規制コストの増加を示唆している。

　次に，銀行の税効果会計実務に対する証券市場の反応を観察したところ，証券市場は，銀行が計上した繰延税金資産を一般に資産として評価したが，自己資本比率の低い銀行が計上した繰延税金資産に対してはネガティブな評価を下している。さらに，1999年に観察されなかった繰延税金資産の追加的株価説明力が2000年では観察され，2001年にいたっては，裁量的に計上された繰延税金資産が別個に評価されていることが明らかになった。

　続いて本書では，有価証券の時価評価基準などが銀行の貸出行動に与えた影響を分析した。そして，地方銀行は全般的に健全な貸出行動を行っており，「時価会計導入により貸出規律が高まり非効率貸出が減少する」という仮説と整合的な結果を得た。他方，大手銀行については，収益性と無関係に（あるいは収益性に反して），危険貸出を増加させていることが明らかとなった。すなわち大手銀行の場合，収益性と無関係に非効率3業種への貸出しを増やし，時価会計などの導入後も貸出規律の向上は観察されなかったのである。自己資本比率規制の影響を考慮した分析でも，同一の結果が得られた。

(4) 今後の展望

 以上で要約したように,本書では,会計制度改革の経済的帰結を実証分析した。これらの実証研究を総合して解釈すると,第1に,新しい会計基準の設定は,証券市場においてベネフィットをもたらし,逆に社債契約と報酬契約および政府規制に関連して追加的なコストを発生させた,ということが指摘されよう。たとえば,連結会計基準の設定によりビッド・アスク・スプレッドは低下したが,他方では,それが報酬契約の変更を促し,企業に追加的なコストを負担させたのである。言い換えれば,新しい会計基準は,財務会計の意思決定支援機能を改善し,財務会計の契約支援機能を改善するには至らなかったのである[1]。

 第2に,新しい会計基準の適用における企業の戦略的行動に注目したい。研究開発型企業は退職給付会計基準の適用にあたって,研究開発投資に支障がないよう退職給付債務を裁量的に計上することが示された。持合い株式を保有している企業は,有価証券の時価評価基準を契機にして,企業業績が高まるよう持合い株式を放出している。新しい会計基準設定の衝撃は,企業の戦略的行動によって緩和されるのである。企業は思ったほど実直でもなく,脆弱でもない。新しい会計基準は,このようなソフトな適用環境を予定して設けられるべきであろう。

 第3に,会計制度改革の経済的帰結は一様でなく,その内容によって経済的影響の度合いが異なるという点が指摘されよう。たとえば,有価証券の時価評価基準の経済的影響が相対的に大きいと考えられる。本書では,有価証券の時価評価基準を契機にして,企業業績を高める方向で持合い株式が放出されたことを確認し,それを基準設定のベネフィットとして理解した。他方では,時価評価基準により財務制限条項の設定が回避され,社債利率が増加し,企業は追加的なコストを負担したのである。このように有価証券の時価評価基準による経済的影響は,他の会計基準よりも顕著であり,相対的に大きなベネフィットとコストを誘発したと解釈される。

 最後に,研究開発費会計基準を設定したベネフィットが,証券市場で観察さ

---

 1) 財務会計の意思決定支援機能と契約支援機能については,須田(2000,1章)を参照されたい。

れなかったことを問題にしたい。本書の実証研究により,研究開発型企業の株価は,研究開発費会計基準の公開草案が発表されたときに著しく下落し,さらにオフ・バランスの研究開発資産が多い企業ほど,ビッド・アスク・スプレッドは大きいということが明らかになった。前者は会計基準の設定による資金シフト(序章を参照)を示し,後者は,研究開発費の会計基準設定が市場における情報の非対称性を拡大させたことを示唆する。いずれも,効率的で公正な証券市場を構築するには支障がある。われわれは,さらに実証研究を積んで,研究開発費会計基準のあり方を再検討すべきであろう。

《引用文献》
須田一幸・百合岡靖裕(2002)「クラスター分析による会計基準の国際的類型化」『関西大学　商学論集』第47巻第4・5号合併号, 35-65頁.
須田一幸(2000)『財務会計の機能―理論と実証―』白桃書房.

(須田　一幸)

索　引

[あ　行]

異常利益 …………………………………18
イベント日 ………………………………49
インセンティブ・システム 122, 129, 145, 201
インフレーション会計 …………………43

エイジェンシーコスト …………70, 103, 105
エイジェンシー問題 ……………122, 149
エントレンチメント効果 ………………68

追い貸し …………………176, 177, 182
Ohlsonモデル ……………………22, 26

[か　行]

外貨換算調整勘定 ………………………29
会計基準の国際的調和化 ……………190
会計数値連動型報酬制度 ……………206
外国人投資家 …………………………150
回収可能性 ……………………………162
格付け …………………………………101
株価関連情報 ……………………………28
株価関連性 ………………………159, 166
株価連動型報酬制度 …………………206
株式市場の流動性 ………………………31
株式所有構造 ……………………………69
株式持ち合い ……………………………66
株式リターン ……………………………18
頑健性 …………………………………101
頑健性テスト …………………………169
関連会社 ………………………………195

基準書公表日 ……………………………44
業績報酬弾力性 ………………………123
業績連動型報酬制度 …………………201
銀行貸出行動 …………………………176
金融商品に係る会計基準 ………………66
金融商品に係る会計基準の設定に関する意見書 ……………………………………90

クリーンサープラス会計 ………………16
繰延税金資産 …………………160, 164

経営者報酬 ……………………………201
経営者報酬額 …………………………133
経営者報酬契約 ………………………122
経営者報酬制度 ………………141, 145
経済的帰結 …………………………4, 119
契約支援機能 ……………………90, 102
研究開発活動 ……………………………39
研究開発投資 ……………………52, 194
研究開発費 …………………38, 46, 52, 57
減損会計 …………………………………39

公開草案公表日 …………………………44
交差項 …………………………………166
コーポレート・ガバナンス ……………66
子会社 …………………………………195
コスト・ベネフィット分析 ………………5
固定効果モデル ………………………182
コントロール変数 …………………75, 94

[さ　行]

最小二乗法 ………………45, 60, 113, 135
財務上の特約 ……………………90, 92, 106
財務制限条項 ……………………………90
裁量的会計行動 ………………………165
残差リターン ……………………………45
残余利益モデル …………………………22

J検定 …………………………………135
時価会計制度導入 ………………179, 180
事業リスク ………………………………72, 76
自己資本比率規制 ………158, 160, 163, 184
自己相関 …………………………………20, 35
市場モデル ………………………………45
四半期利益 ………………………………32
実体的裁量行動 …………………………53
社債管理会社 ………………94, 107, 109

索 引

社債契約……………………………90,105
社債の格付け………………………94,107
重回帰分析……………………………116
重回帰モデル…………………………112
順位回帰………………………………37
純資産額維持条項……………………91
情報の非対称性……………………31,35
新会計基準………………………42,76,147

成果配分制度…………………………201
税効果会計………………………38,47,158
政治コスト……………………………174
設備投資……………………………44,194

相関分析………………………………77
相対情報内容………………………134,141
その他有価証券……………………66,148
ソルベンシー・マージン比率規制………158

[た 行]

ダービン―ワトソン比………………25
退職給付会計…………………………147
退職給付会計基準………………38,47,52
タイムトレンド付き利益―簿価モデル…22
多重共線性……………………60,97,169
ダミー変数…………………………35,113
弾力性アプローチ…………………122,127

テクニカル・デフォルト……………105

投資機会集合…………………………152
同時方程式…………………………62,80
トービンの q ………………………74

[な 行]

内生変数………………………………59

二段階最小二乗法…………………62,80

[は 行]

パネル推計……………………………182
パネル分析……………………………171

非効率業種向け貸出…………………179
ビッド・アスク・スプレッド………31,34

負債コスト………………………105,107,109
不良債権処理…………………………163
分散の不均一性………………………169

平均残差リターン……………………45
米国会計基準…………………………37

包括利益………………………………29
簿価モデル……………………………22

[ま 行]

未認識退職給付債務………………55,63

持ち合い株式放出割合………………80
持分法適用範囲………………………37
持分プーリング法……………………43

[や 行]

有価証券時価評価基準………………81
有価証券の時価評価…………………90

[ら 行]

ランダムウォーク……………………21
ランダム効果モデル………………171,182

利益維持条項…………………………91
利益―簿価モデル……………………22
利益モデル……………………………22
リカートスケール……………………190
リスクフリーレート…………………18

連結会計情報…………………………132
連結会計制度…………………………81
連結範囲………………………………37

ロジット・モデル……………………96

[わ 行]

割引率…………………………………18

《編著者紹介》

須田　一幸（すだ　かずゆき）

　1978年福島大学経済学部卒業，1984年一橋大学大学院博士課程単位取得，2000年博士(経営学)(神戸大学)。京都産業大学と関西大学および神戸大学に勤務し，現在，早稲田大学大学院ファイナンス研究科教授。1987年から1988年までロチェスター大学客員研究員。1996年から1997年までアルバータ大学商学部客員教授。
　著作は『財務会計の機能―理論と実証―』(白桃書房)，『財務会計入門』(有斐閣)，『現代会計学入門』(白桃書房)など多数。
　1993年日本会計研究学会学会賞，2000年日本会計研究学会太田黒澤賞，2003年日本経営分析学会学会賞を受賞。
　ディスクロージャー研究学会常任理事。2003年から公認会計士試験第2次試験委員。

〈検印省略〉

平成16年10月20日　初版発行　　略称―会計改革

会計制度改革の実証分析

編著者　　須　田　一　幸
発行者　　中　島　治　久

発行所　　**同文舘出版株式会社**
東京都千代田区神田神保町1-41　〒101-0051
電話 営業(03)3294-1801　編集(03)3294-1803
振替00100-8-42935　http://www.dobunkan.co.jp

©K. Suda　　　　　　印刷・製本　萩原印刷
Printed in Japan 2004
ISBN 4-495-18291-9